10 생각하는 수학 제2판

수학과 창의성 계발을 위한

# 발문의 실제

김향숙 · 박정미 · 박진석
배화수 · 방승진 · 박혜정 지음
인제대학교 창의력교육센터



KM 경문사

# 머리말

21세기 지식정보사회의 패러다임에 내재되어 있는 핵심 가치 중의 하나는 단순히 지식을 전수받아 보급하는 차원을 넘어서 누가 핵심 지식을 어떻게 창출해 낼 것인가라는 것이다. 이러한 시대적 요청에 따라, 지식정보시대를 앞당기는 근본 토대 중의 하나는 교육에 있다고 믿는 사람이 많다.

종종 교실 내 활동은 실제 문제 상황의 소우주가 되지 못하고 있으며 많은 교수·학습 활동은 진정한 현실 문제해결의 맥락과 연결되어 있지 않다. 이것은 학생들이 교실에서 그들이 배운 것을 실제 문제 상황에 적용하는 것을 어렵게 만들며, 또한 학생들은 종종 왜 학교에서 배우는 지식이 어떻게 가치가 있는지에 대한 의문없이 강의 내용상의 사실, 개념 그리고 원리를 기억하기를 강요받는다.

물론 주어진 지식을 암기하여 기억에 저장하는 것과 같은 학습 또한 중요한 학습의 한 형태이다. 그러나 지식이 폭주하는 현 시대에서 더욱 중요하며 우리의 교육에서 더 강조해야 할 부분은 학습자와 교수자가 실제로 문제를 발견할 수 있도록 하고, 복잡하고 역동적인 문제구조와 문제해결활동에 관해 창조적으로 생각하도록 하고, 문제해결에 적합한 정보를 조직화하고, 그리고 일련의 의사결정 활동이 실제문제해결로 도달되도록 해야 한다는 것이다. 즉, 이제는 지식전달을 지양하고 지식창출이라는 새로운 화두에 부응할 수 있도록 교수학습활동상의 무엇이 어떻게 혁신되어야 할 것인가에 대하여 고민해야만 한다.

현재를 포함한 미래는 CQ(창의력 지수)의 시대가 될 것으로 예견하고 있는 가운데 변화와 혁신의 사회 속에서 무엇보다도 지식창출의 기반이 되는 창의력이 21세기의 경제프론티어의 자질에 으뜸임을 부인할 수 없다. 지식 및 생산물을 산출하고 그것을 가치화할 수 있는 힘이 바로 창의력에서 비롯되기 때문이다.

인제대학교 창의력교육센터가 현재까지 개발한 '생각하는 수학'시리즈 18권 중의 하나로 이 책이 만들어 지게 되었다. '생각하는 수학'시리즈는 Mathematica, 엑셀, GSP, Flash, 종이접기, 문제일반화, 통계, 발문, PBL, 퍼즐, 기하 다시보기 등의 다양한 주제를 다루면서 탈교과서 위주의 수학을 위한 교수학습 자료제공에 목적을 두고 있으며, 특히 이 시리즈들은 수학교실에서 학생과 교사가 하나 되어 체험을 통해 좀 더 즐거워하며 수학을 하고, 또 수학을 보고, 느끼고, 만지게 함으로써 교실 수업을 살아 있게 하는데 뜻을 두고 개발되었으며, 앞으로도 개발되어 질 것이다.

이 책에서는 창의성을 기르기 위한 다양한 방법들 중에서 가장 기본이 되는 발문에 대해서 깊이 있게 다루어 보았다. 발문에 대한 이론적 배경으로 발문의 뜻과 수학교과에서 활용 가능한 다양한 발문의 유형을 알아본 후, 실제 현장에서 활용할 수 있는 발문을 수업 단계별·내용별 수준을 고려하여 개발하고 현장 교사들이 쉽게 실제 수업에 적용할 수 있도록 하는 데 역점을 두었다. 이를 통해서 학생들의 창의력과 자기주도적인 문제해결력을 향상시키는 데 목적이 있다.

제2판은 제1판의 내용 중 1장의 1.8절과 1.9절의 내용을 보완하고, 2장의 2.1절에 도입시 발문을 위한 새로운 참고자료 및 활동지를 추가하였으며, 3장의 각 절마다 수업진행시 발문에 도움이 되는 새로운 활동지들을 넣어서 제1판의 내용을 보완하여 집필하였다.

부족하고 어설픈 내용들을 계속 수정하면서 추가할 생각이므로 독자들의 많은 조언을 부탁드린다.

끝으로 이 책이 나오기까지 애쓰신 창의력교육센터 연구원과 좋은 의견을 주신 교사분들께 감사를 전하며, 현장에서 이를 기반으로 더 발전된 발문들이 개발될 수 있기를 바라고, 다양한 발문의 종류를 활용하여 학생들의 창의적인 사고력 향상에 도움이 될 수 있기를 기대한다.

2007년 8월
신어산 자락에서
저자 씀

# 차 례

## Chapter 1 이론적 배경 / 1



## Chapter 2 수업 진행 및 내용에 따른 발문 / 21

Chapter 1

# 이론적 배경

## 1.1 발문이란?

발문에 대해 학자들은 매우 다양하게 정의하고 있다. 하지만 궁극적인 뜻은 모두가 유사하며, 대표적인 몇 개의 예를 들면 다음과 같다.

발문이란, 학습자가 사고하고 추론하고 상상하고 스스로 문제해결에 도달할 수 있도록 교사가 미리 대답을 준비해 두고 학생으로부터 그것을 이끌어 내려고 하는 의도적인 문제 제기를 말한다.

최부현(1995)은 발문을 '학습자의 학습을 조성해 나갈 수 있도록 하는 교사의 물음, 즉 수업 목표를 향하여 학습자의 사고 활동을 유발시키기 위한 문제 제기'라고 하였다. 또 브라운과 에드먼슨(Brown & Edmonson)은 발문이란 정보에 대한 요구로 언어적 행동뿐만 아니라 몸, 동작, 얼굴 표정, 신체적 접촉까지도 포함하고 있는 것으로 언어적 반응을 일으킬 것을 의도한 모든 진술이라고 한다.

이와 같은 논의를 종합적으로 정리해 보면 발문은 '학생들로 하여금 생각할 수 있도록 하는 모든 질문'이라고 할 수 있다.

## 1.2 발문의 목적

수업 시간의 67%는 교사와 학생의 상호 작용에 의하여 이루어지며, 수업의 질은 발문의 질에 의하여 결정된다고 한다. 발문의 목적에 대해서는 학자에 따라 다양하게 제시되고 있는데 몇몇 학자들이 주장하고 있는 발문의 목적은 다음과 같다.

피터(Peter)는 발문의 목적을 다음과 같이 제시하고 있다.

가. 의사 소통의 촉진
나. 주제에 대한 관심의 집중
다. 교과에 대한 지식 및 이해의 평가
라. 교과에 대한 본질적 내용의 재검토 활성화
마. 특별한 종류의 사고 및 의식 활동의 촉진

콜과 찬(Cole & Chan, 1987)이 주장하는 발문의 목적은 다음과 같다.

가. 학습자의 언어적 상호 작용을 장려하여 의사소통을 활발히 한다.
나. 주제의 특징 및 특이한 점에 관심을 집중시킨다.
다. 교과에 대한 학생의 지식과 이해 정도를 평가한다.
라. 교과 속의 본질적인 내용을 복습하도록 하는데 도움을 준다.
마. 특정한 사고 유형과 인지적인 활동을 자극한다.
바. 학생의 사회적인 행동을 통제한다.

또한 블라서(Blosser, 1973)는 발문의 목적으로 분석, 비교, 정의, 해석 또는 판단을 요구하고 반성적 사고를 자극하며 이해와 태도의 개발에 도움을 주고 평가의 힘과 습관을 개발하여, 개인 또는 학습 진단 정보의 배경 및 흥미, 성취도를 결정하고 흥미의 창출, 목적의 각성, 정신의 개발을 제시하고 있다.

이상의 내용을 종합해 보면 발문은 교사가 학생들의 학습 정도를 확인할 수 있는 방법일 뿐만 아니라, 학습자의 사고 활동을 자극하여 학습 내용을 깊이 있게 이해할 수 있도록 하며 사고력 및 성적 향상을 위해서도 도움이 된다는 것을 알 수 있다.

## 1.3 발문의 방법

### 가. 좋은 발문의 조건

문제해결을 위한 교사의 발문은 다양하여야 하며, 다음의 내용에 유의하여 발문하여야 한다.

1) 명확하고 간결한 발문이어야 한다.
2) 구체적인 발문이어야 한다.
3) 학생들의 사고를 자극하는 발문이어야 한다.
4) 개인차를 고려한 발문이어야 한다.
5) 생각하는 틈을 주는 발문이어야 한다.
6) 교사가 하나의 응답을 기대하는 발문은 피해야 한다.

또한 학자별로 주장하고 있는 발문의 방법을 정리하면 다음과 같다.

1) 한 번에 한 발문을 하라.(Wright & Nuthall)
2) 발문하는 속도와 주어진 문제에 알맞게 기다리는 시간을 가져라.(Brophy & Good)
3) 교사의 발문에 대다수의 학생이 답할 수 있는 사고 과정을 주기 위해 응답할 학생을 지명하기 전에 발문을 하는 것이 효과적이다. (Evertson & Brophy)

### 나. 발문에 대한 학생의 반응을 처리하는 요령

**1) 교사의 진지한 자세가 필요하다.**

학생들의 반응이 실망적인 것일 때도 진지하고 적극적으로 반응해 주어야 한다.

**2) 성급한 처리를 하지 않는다.**

학생들의 반응이나 질문을 교사가 일단 반복하고 그에 대한 자신의 반응을 보이는 것이 항상 필요한 것은 아니다.

**3) 인격을 존중해 주어야 한다.**

학생의 반응이 분명히 쓸모없는 것일 때 조소하거나 면박을 주거나 또는 무시해서는 안 된다. 스스로 그것이 의미 있는 반응임을 알도록 도와주어야 한다.

**4) 다수의 반응을 유도해야 한다.**

항상 한 학생 이상의 반응을 구하는 것이 좋다.

**5) 정답 이후의 처리가 중요하다.**

정답이 제기되었을 때 긍정적인 반응을 보이는 데서 그치지 말고 다른 정답도 생각해 보도록 격려하라. 필요에 따라 즉석에서 다른 정답을 같이 찾아보는 것이 중요하다.

**6) 여유와 아량을 보여주어야 한다.**

오답의 경우에는 생각하는 입장, 자료의 조건, 변인의 성질 등을 달리 했을 때는 정답이 될 수 있다고 합의하는 아량을 베풀어야 한다.

**7) 단답을 기피해야 한다.**

"맞았어요" 또는 "틀렸어요" 식으로만 반응하지 않는지 살펴보아야 한다.

**8) 참신한 아이디어를 칭찬해 줄 필요가 있다.**

개성 있고 참신한 반응을 환영한다는 것을 학생들이 알게 하는 것이 좋다.

**9) 교사의 편견 배제**

정답인지 아닌지 그리고 좋은 의견인지 아닌지를 항상 교사인 당신이 판정하려고 하는 것은 아닌가를 신중하게 생각해야 한다.

## 1.4 발문의 분류

발문을 분류하는 데 널리 알려진 몇 가지 방법을 제시하면 다음과 같다.

### 가. 수업 과정에 초점을 둔 분류

수업 과정에 초점을 둔 발문의 분류로는 동기화, 제시, 발전, 요약, 적용 등이며, 교수 과정에서 그 목표를 달성하기 위한 발문에 대해 박병학은 기능별로 한정된 발문, 관련된 발문, 부정적 발문으로 구분하였다.

### 나. 인지적 과정에 따른 분류

과제를 해결하기 위하여 학생이 거쳐야 하는 인지 과정에 따른 분류 방식으로써, 블룸(Bloom)은 6개 인지 특성에 따른 수업 목표의 도달과 관련된 분류로 지식 수준, 이해 수준, 적용 수준, 분석 수준, 종합 수준, 평가 수준의 6단계로 분류하였다. 샌더스(M. M. Sanders)는 발문을 기억, 번역, 해석, 적용, 분석, 종합, 평가로 분류하였고, 올리히(Orlich)는 기억, 이해, 문제해결, 분석, 창조, 판단으로 분류하였으며, 아서너(Aschner)는 기억, 추리, 창조적 사고, 판단으로 분류하였다.

### 다. 사고의 유형에 따른 분류

사고의 유형에 따른 발문은 인지적 발문과 확산적 발문으로 나눌 수 있다.

인지적 발문은 사회적 사실에 관한 특정한 인물, 장소, 시간, 사건의 특징, 개념과 용어의 정의, 방법적 지식 등의 단순한 재생을 요구하는 발문으로 흔히 누가, 무엇을, 어디서를 묻는 일이 많다. 긴 응답을 요구하여도 외운 것에 의존하여 답하게 되며, 이미 말했거나 들었던 것을 반복하게 되고 어떤 사실이나 아이디어를 기억하게 되며, 이미 학생들에게 제공한 분류와 근거에 의해서 분류하도록 요구하는 발문으로 일반적으로 일선 현장에서 주로 사용하는 발문이다.

확산적 발문은 일반 사회 현상에 관한 여러 문제와 관련하여 자기 나름대로의 의견을 제시하고 다양한 자료를 동원하여 상상적이며, 창의적인 사고를 제한 없이 답하도록 하는 발문이다. 또한 기대한 대답의 한계를 짓기에 자료가 불충분한 상태에서 학생들의 개연적 예측을 하도록 계획된 것이다. 사고를 중시하는 연구 이론에 따른 수업에서의 이 확산적 발문은 학생들의 사고를 유발하고 촉진시킬 수 있는 발문이다.

또한 사고 유형에 따르는 발문의 분류는 다음 <표 1>과 같이 암기, 해결, 창조 수준에 의거하여 분류할 수 있다.

▌〈표 1〉 사고 유형에 따른 발문의 분류 ▌

| 구분 / 사고 수준 | 암기 수준 | 해결 수준 | 창조 수준 |
|---|---|---|---|
| 블라서의 발문 | 인지 기억적 발문 | 수렴적 발문 | 확산적,<br>평가적 발문 |
| 타바의 발문 | 기술적 발문 | 추론적 발문 | 일반화 |
| 사이몬과 보이어의 발문 | 자료 재생 | 자료 처리, 평가 | |
| 미니스와 샤블의 발문 | 재생적 발문 | 추론적 발문 | 적용적 발문 |

## 라. 블라서의 발문의 분류

사고 수준에 따라 유형을 분류하는 견해는 매우 다양한데, 그 중 블라서(P. E. Blosser)의 견해는 학생들이 응답할 때 이루어지는 사고 수준을 고려한 것으로서 매우 의미가 있다고 판단된다. 그의 발문 분류 체계(Question Category System, 1973) 중 사고와 관련된 발문 범주로는 크게 폐쇄적 발문(closed questioning)과 개연적 발문(open questioning)이 있다. 폐쇄적 발문은 다시 단순한 사실을 기억하게 하는 발문인 인지·기억적 발문과 주어지거나 기억된 자료를 분석·종합하게 하는 수렴적 발문으로 나뉘며, 개연적 발문도 다시 정보가 충분하지 않은 상태에서 학생이 자료를 산출하고 고안하는 확산적 발문과 과학적 근거나 합의, 학생의 합리적 사고 조작에 따라 가치를 판단하게 하는 평가적 발문으로 나뉜다. 구체적인 사항은 다음과 같다.

### 1) 인지 기억적 발문

인지 기계적 기억, 또는 선택적 기억 등과 같은 과정들을 사용해서 기억하는 내용물과 사실 및 공식의 단순한 재생이라고 정의되고 있다. 이러한 것들은 더 넓은 범주인 폐쇄적 발문에 속하는 것으로 간주되고 있다.

교사가 인지 기억적 발문을 하게 되면 학습자들은 학습한 내용 중에서 기억에 남아 있는 부분 등을 말하며, 깊은 수준의 사고를 하지 않게 된다. 즉, 인식, 기억, 회상 등으로 사실, 공식과 같은 것들을 단순하게 재생하도록 요구하는 발문이다. 이러한 발문에서는 응답이 이미 보았거나 들은 것을 반복하거나 복제하고, 사실이나 아이디어를 회상하는 것으로 이루어진다.

#### 2) 수렴적 발문

주어지거나 기억된 자료의 분석과 종합을 이루게 하며 번역, 관련, 설명, 결론, 도출 등과 같은 정신적 활동을 자극하려는 발문이다. 수렴적 발문은 학습자들에게 사실을 연상하고, 관계를 지으며, 구분하고, 예시하고, 재편성하며, 전에 얻은 자료를 사용하여 어떤 것을 설명하는 것과 같은 활동을 하도록 하기 위해서 사용된다.

#### 3) 확산적 발문

상당한 수준의 사고를 요하는 발문이다. 따라서 학습자들은 상상적이고 창의적인 대답을 하게 된다. 확산적 발문은 자료나 과제 등에서 어떤 방법이나 대답의 형태를 제한시킬 만큼 충분한 정보를 제공하지 않은 상태에서 학생 스스로 자료를 산출하게 되고, 고안하고, 종합하고, 정교하게 하고, 함축된 것을 끄집어내게 하는 등의 확산적인 정신적 조작을 이끌어 내기 위함이다. 교사가 이 발문을 하게 되면 교사 자신도 학습자들의 대답을 알지 못하게 된다. 이 단계의 발문은 교사도 학습 내용을 충분히 알지 못하면 효과적으로 대처하기 어렵다.

발문의 예를 들면 다음과 같다.

- 국민에게 자유만 주어지고 의무가 부과되지 않는다면 어떻게 될까?
- 만일 우리에게 석탄과 기름이 떨어진다면 어떤 일이 일어날 것이라고 생각하는가?

### 4) 평가적 발문

평가적 발문은 사실적 문제보다도 가치의 문제를 다룬다. 이러한 발문들은 개인이 반응에 대해서 정당화를 요구하는 발문이다. 판단을 하는 기준 또는 준거는 교사, 과학적 근거, 합의에 의해서 결정된 명시적인 것이거나 학습자 자신의 사고를 조작하는 내재적 준거와 같은 암시적인 것이다. 실험 설계에서의 방법, 절차를 평가하고, 가치를 판단하고, 비판하고 의견을 말하게 하는 것도 평가적 발문이다. 행동의 계획, 입장 선택 및 정당화, 새로운 방법의 설계, 가설의 형성, 가치 문제에 대한 판단 등에 관한 답변이 나오도록 한다.

발문의 예를 들면 다음과 같다.

- 공무원이 과로로 순직하는 경우가 가끔 있다. 이런 일에 대하여 어떻게 생각하는가?
- 이러한 가정을 검증하는 데 어떤 절차를 거치는 것이 좋은가?
- 여러분이 살고 있는 지방의 인구 밀도와 크게 차이가 나는 다른 지방의 인구 밀도를 확인하고 이유를 알아보자.

이상에서 볼 때 인지 기억적 발문과 수렴적 발문, 즉 폐쇄적 발문은 흔히 자료의 이해를 돕거나 확고히 하는 데 사용되며, 교사가 답을 결정해 놓고 묻는다. 이에 비해 확산적 발문과 평가적 발문, 즉 개방적 발문은 흥미를 자극하고 동화시키며 통찰, 감식, 태도 등을 발달시키는 데는 물론이고 새로운 아이디어, 주제 등을 소개하고, 기술된 정보 이상을 넘어선 것들의 지식과 이해를 요구할 때도 사용된다. 그리고 학습자가 답하는 것이 무엇이 될지는 알 수 없다.

이를 표로 정리해 보면 다음과 같다.

▌〈표 2〉 Blosser의 발문 분류 체계 ▌

| Ⅰ단계 | Ⅱ단계 | Ⅲ단계 |
|---|---|---|
| 폐쇄적 발 문 | 인지·기억적 사고 | 1. 기억 : 반복·복사·기억된 정의 포함<br>2. 변별 또는 명명·관찰 |
| | 수렴적 사고 | 1. 연결·구별·분류<br>2. 재구성<br>3. 적용<br>4. 종합<br>5. 폐쇄적 예측 : 조건 또는 증거에 대해서 한계가 주어져 있음<br>6. 비판적 판단 : 학생들에게 일반적으로 알려진 기준을 사용 |
| 개연적 발 문 | 확산적 사고 | 1. 의견 제시<br>2. 개연적 예측 : 반응을 제한하는데 증거가 불충분<br>3. 추론 또는 시사 |
| | 평가적 사고 | 1. 정당화 : 행위, 행동의 계획, 입장 선택<br>2. 계획 : 새로운 방법, 가설의 구성, 결론<br>3. 판단 A : 가치의 문제, 정의적 행동과 연결<br>4. 판단 B : 인지적 행동과 연결 |

## 1.5 발문 제시 조건과 내용

발문을 사용할 경우 발문의 조건들을 생각해보는 것이 체계적 수업 설계를 위해 도움이 될 수 있다. 항상 이렇게 계획할 수는 없겠으나 다음은 수업 계획을 세울 때 참고로 검토해 보아야 할 내용들이다.

가. 발문 타당성 : 이 발문이 수업 목표 달성에 도움이 되는가?

나. 횟수의 적절성 : 학년, 교과, 수업 방법 등에 비추어 발문 횟수와 양은 적절한가?

다. 종류의 타당성 : 학습 과제의 성격, 학습 장면에 비추어 타당한 종류의 발문인가?

라. 주제와 관련성 : 학생에 따라 발문 주제가 적절하고 차별적인가?

마. 형식의 적합성 : 발문의 형식, 문장 구조가 원하는 답변을 도출 하는데 적합한가?

바. 대상의 균형성 : 발문 목적에 따라 전체, 개인, 집단 등에 대한 균형적 발문인가?

사. 투입의 적시성 : 발문 투입 시점이 활동, 상황, 단계에 적절한가?

아. 매너의 신뢰성 : 친근하고, 언어적이며, 내포가 담겨 있는 신뢰를 주는 발문인가?

자. 과정의 수준성 : 발문의 과정이 1차적인가, 2차3차적인 수준인가?

차. 답변의 대비성 : 이 발문에 대한 학생들의 답변 형태 예상 및 대책 정도는 어떠한가?

## 1.6 폴리아(G. Polya)의 문제 해결 단계에 따른 발문

수학 학습은 거의 대부분이 문제 해결의 연속이며, 문제 해결력을 향상시키는 것이 수학 학습의 목적이라고 해도 과언이 아니다. 이 문제 해결력의 향상은 또한 실제로 많은 문제들의 해결을 통해서 이루어진다. 여기에서 많은 문제들의 해결은 일정한 과정을 밟아서 행해지며, 이 문제 해결에 대한 단계를 폴리아는 4단계로 나누고 각 단계마다 구체적인 발문을 제시하여 문제해결을 하도록 하고 있다. 문제를 해결하기 위한 사고의 네 가지 단계에 따른 주요한 발문은 <표 3>과 같이 나타낼 수 있다.

▌〈표 3〉 사고의 네 가지 단계에 따른 발문 ▌

| 단 계 | 발 문 |
|---|---|
| 이 해 | · 미지인 것은 무엇인가?<br>· 자료는 무엇인가?<br>· 주어진 조건은 무엇인가?<br>· 그림을 그려보면?<br>· 적절한 기호를 붙이면?<br>· 조건은 만족될 수 있는가?<br>· 주어진 조건은 미지의 것을 구하는 데 충분한가?<br>· 조건을 여러 부분으로 분리하여 쓸 수 있는가? |

| 단 계 | 발 문 |
|---|---|
| 계 획 | · 관련된 문제를 알고 있는가?<br>· 미지인 것을 살펴보아라! 그리고 친숙한 문제 중 미지인 것이 같거나 유사한 문제를 생각해 보아라.<br>· 관련된 문제로 지난 번에 풀어본 문제를 활용할 수 있을까?<br>· 문제를 풀 수 없다면 먼저 어느 정도 그와 관련된 문제를 풀어 보아라.<br>· 자료는 모두 활용했는가? 조건은 모두 활용했는가?<br>· 이와 관련된 정리를 알고 있는가?<br>· 문제를 다른 말로 표현할 수는 없는가?<br>· 정의를 생각하라.<br>· 문제에 담겨 있는 핵심적인 개념은 모두 고려되었는가? |
| 실 행 | · 그 단계가 올바른지 명확히 알 수 있는가?<br>· 그것이 옳다는 것을 증명할 수 있는가?<br>· 각 단계가 옳지 못할 때에는 계획을 수정하라. |
| 검 증<br>(뒤돌아보기) | · 결과를 점검할 수 있는가? 논증 과정을 점검할 수 있는가?<br>· 결과를 다른 방법으로 구할 수 있는가?<br>· 그것을 한눈에 알 수 있는가?<br>· 결과나 방법을 어떤 다른 문제에 활용할 수 있는가? |

## 1.7 인지 단계의 사고 과정과 질문의 형태

학교 교육에서 핵심적으로 중시하는 인지적 영역의 여러 질문 단계를 블룸(Bloom) 등의 6가지 분류 단계를 중심으로 살펴보면 <표 4>와 같다.

▌〈표 4〉 인지 단계의 사고 과정과 발문 형태 요약 ▌

| 단계 | 질문의 예 | 핵심 단어 | 사고 형태 |
|---|---|---|---|
| 지식 | · 용어를 정의하라.<br>· 개념의 뜻은 무엇인가? | 무엇? | 기억하기/<br>회상하기 |
| 이해 | · 두 용어의 차이를 말하라.<br>· 그래프를 보고 자기 용어로 설명해 보라. | 비교하다<br>다시 말하다 | 수렴적 사고 |
| 적용 | · 어떤 정보를 이용할 것인가?<br>· 문제 해결에 어떻게 사용할 수 있는가? | 어떻게? | 확산적 사고 |

| 단계 | 질문의 예 | 핵심 단어 | 사고 형태 |
|---|---|---|---|
| 분석 | · 이런 결론을 내린 이유는 무엇인가?<br>· 이 정리의 주요 내용은 무엇인가? | 왜? | 확산적 사고 |
| 종합 | · 이 사실을 요약해서 정리하면?<br>· 공식화하면 어떻게 되겠는가? | 창안하다 | |
| 평가 | · 두 문제를 비교하면?<br>· 각자가 내린 결론과 분단에서의 결론이 일치하는가? | 판단하다 | 평가적/<br>판단적 사고 |

## 1.8 발문의 활용과 비계 설정(Scaffolding)

비계[1] 설정에서는 '공동의 문제 해결', '상호 주관성', '따뜻함과 반응'과 더불어 '언어의 매개'를 중요한 구성 요소로 볼 수 있다.

이 중에서 발문의 활용과 관련된 '따뜻함과 반응'에서는 아동의 과제에 대한 집중과 도전하려는 태도는 성인이 따뜻하고 반응적일 때, 그리고 언어적으로 칭찬해 주고 자신을 북돋워줄 때 최대화된다고 한다.

또한, 비계설정에서는 '언어 매개'의 중요성이 강조된다. Sigel(1982)은 언어를 매개로 한 '거리두기 전략(distanscing strategies)'이 아동의 문제 해결을 증진시킬 수 있는 효과적인 교수 방법임을 제안한다. 그에 의하면 '거리 두기'는 성인의 언어적 진술을 정신적 조작의 요구 수준에 따라 다음과 같이 세 단계로 나누어 질 수 있다. 이는 발문의 활용에 있어서 교사가 알아야 할 요소들이기도 하다.

### 가. 낮은 단계의 거리두기

성인이 인접한 환경에 놓여 있는 사물들에 대해 언급하거나 질문한다.(예: "이것은 무엇으로 만들었니?", "이 모자는 빨간 모자구나."와 같이 명명하기나 묘사하기)

1) 비계 : 건물을 짓는 동안 일꾼들의 발판이 되는 일시적인 구조물과 같은 것으로, 교수・학습에서의 교사나 유능한 동료와 상호작용하는 동안의 도움・지원(support)에 대한 은유적 표현이다.

### 나. 중간 단계의 거리두기

성인이 인접 환경에 놓여 있는 두 가지 양상들의 관계에 대해 언급함으로써 어떤 것을 자세히 설명하는 말을 한다.(예: "어떤 것이 더 크지?", "이 둘은 삼각형 모양이고 이 둘은 사각형이구나."와 같이 비교하기, 분류하기, 관련짓기)

### 다. 높은 단계의 거리두기

성인이 아동에게 인접 환경에 놓여 있는 것을 넘어서서 가정을 세우거나 생각을 정교하게 가다듬도록 요구한다.(예: "앞에 있는 숫자들의 관계를 미루어볼 때 다음에는 어떤 숫자가 와야 할까?", "다음에는 무엇을 해야 할까?"와 같이 추론하기, 계획하기)

Sigel의 언어를 매개로 한 '거리 두기' 전략은 교수·학습에서 교사의 비계설정 중 특히 '질문하기'에 많은 시사점을 준다.

## 1.9 NCTM의 발문 예와 발문 활동 규준

다음은 '수학 지도를 위한 규준[2](Professional Standards for Teaching Mathematics)'에 나타난 수학의 교수·학습을 개선하기 위한 여러 가지 제언들이다.

특히, 2000년 「학교 수학의 원리와 규준」의 6가지 학교 수학의 원리는

- 평등의 원리(The Equity Principle)
- 교육과정의 원리(The Curriculum Principle)

2) 2000년 NCTM에서 제안한 '학교 수학을 위한 원리와 규준'에서는 학교 수학을 위한 6개의 원리와 10개의 규준을 들고 있다. 규준들은 어떠한 수학 수업이 학생으로 하여금 알게 하고, 또한 하도록 하는가에 대한 기술들을 담고 있다. 또한 10개의 규준은 하나로 연결된 총체적인 수학의 이해와 능력을 설명하고 있는데, 크게 내용 규준과 과정 규준으로 나누어진다. 내용 규준에서는 학생들이 배워야 할 내용을 명시하고 있으며, 과정 규준에서는 내용 지식을 획득하고 사용하는 방법을 강조하고 있다.

- 교수의 원리(The Teaching Principle)
- 학습의 원리(The Learning Principle)
- 평가의 원리(The Assessment Principle)
- 기술 공학의 원리(The Technology Principle)

이다. 2000년 교육과정 및 평가기준은 <표 5>와 같다.

〈표 5〉 2000년 교육과정 및 평가 기준 개요(Pre K-12)

| | |
|---|---|
| 수와 연산 | · 수, 수의 표현 방법, 수 사이의 관계, 수체계를 이해한다.<br>· 연산의 의미와 연산들의 관계를 이해한다.<br>· 계산을 능숙하게 하고, 합리적으로 어림한다. |
| 대수 | · 패턴, 관계, 함수를 이해한다.<br>· 대수적 기호를 사용하여 수학적 상황과 구조를 표현하고 분석한다.<br>· 수량적 관계를 표현하고 이해하는데 수학적 모델을 사용한다.<br>· 다양한 상황이나 맥락에서 변화를 분석한다. |
| 기하 | · 2차원 및 3차원 기하 도형의 특징과 성질을 분석하고, 기하 관계에 대한 수학적 논의를 전개한다.<br>· 좌표 기하와 다른 표현 체계를 사용하여 위치를 나타내고 공간적인 관계를 기술한다.<br>· 수학적 상황을 분석하기 위하여 변환을 적용하고 대칭을 사용한다.<br>· 문제해결을 위해 시각화, 공간적 추론, 기하 모델을 사용한다. |
| 측정 | · 사물의 측정 가능한 속성과 측정의 단위, 체계, 과정을 이해한다.<br>· 적절한 기법, 공학적 도구, 공식을 사용하여 측정값을 결정한다. |
| 자료의 분석과 확률 | · 자료로부터 다루어질 수 있는 문제를 명확히 하고, 이러한 문제를 해결하기 위해 관련된 자료를 수집, 조직, 표현한다.<br>· 자료를 분석하는 적절한 통계적 방법을 선택하여 사용한다.<br>· 자료에 기초하여 추론과 예상을 개발하고 평가한다.<br>· 확률의 기초적인 개념을 이해하고 적용한다. |
| 문제 해결 | · 문제해결을 통하여 새로운 수학적 지식을 형성한다.<br>· 수학 및 다른 상황에서 일어나는 문제를 해결한다.<br>· 문제를 해결하는 다양하고 적절한 전략을 적용한다.<br>· 수학적 문제해결 과정을 모니터하고 반성한다. |
| 추론과 증명 | · 추론과 증명을 수학의 기본적인 측면으로 인식한다.<br>· 수학적인 가설을 세우고 조사한다.<br>· 수학적인 주장과 증명을 개발하고 평가한다.<br>· 다양한 형태의 추론과 증명 방법을 선택하고 사용한다. |

| | |
|---|---|
| 의사<br>소통 | · 의사소통을 통하여 수학적 사고를 조직하고 강화한다.<br>· 자신의 수학적 사고를 조리 있고 명확하게 동료, 교사, 다른 사람들에게 의사소통한다.<br>· 다른 사람의 수학적 사고와 전략을 분석하고 평가한다.<br>· 수학적 아이디어를 명확히 표현하기 위해 수학적 언어를 사용한다. |
| 연결성 | · 수학적 아이디어 사이의 연결성을 인식하고 사용한다.<br>· 수학적 아이디어들의 상호 관계와 이것들이 어떻게 결합하여 일관된 전체를 이루는지를 이해한다.<br>· 수학 이외의 맥락에서 수학을 인식하고 적용한다. |
| 표현 | · 수학적 아이디어를 조직하고 기록하고 의사소통하는 데 표현을 창조하여 사용한다.<br>· 문제를 해결하기 위해 수학적 표현을 선택하고 적용하고 변환한다.<br>· 물리적, 사회적, 수학적 현상을 모델링하고 해석하는 데 수학적 표현을 사용한다. |

다음은 「학교수학의 원리와 규준」의 10개의 규준 중에서 발문 활동에 관련된 내용이다. 그 구성 내용은 수학 교수학습에서 발문 활동을 중심으로 하여 학생이 스스로 수학적 지식을 구성해 나가도록 교사가 적절한 환경을 설정하여 지도하는 데 초점을 맞추고 있다. 그 구체적인 내용은 다음과 같다.

## 가. 발문 예

### 1) 수학에 대한 감각을 형성하기 위해서 함께 활동하도록 학생을 도와야 한다.

"설아가 말한 것에 대하여 다른 사람은 어떻게 생각하지?"
"같은 생각인가, 다른 생각인가?"
"누가 같은 생각을 하고 있지만 다른 방법으로 설명할 사람은 없는가?"
"그 질문을 학급의 다른 사람에게 한 번 해보겠니?"
"다른 사람들이 이야기하는 것을 이해하겠니?"
"너는 그것이 갖는 의미를 다른 사람에게 확신시킬 수 있겠니?"

**2) 학생이 어떤 사실이 수학적으로 정확한지 아닌지를 결정하는 데 자신감을 갖도록 도와야 한다.**

"왜 그렇게 생각하지?"
"왜 그것이 사실이지?"
"어떻게 그런 결론에 도달하였지?"
"그것이 사리에 맞는가?"
"그것을 보여줄 모델을 만들 수 있는가?"

**3) 학생이 수학적으로 조리 있게 설명하는 방법을 깨우치도록 도와야 한다.**

"그것은 항상 그렇게 될까?"
"모든 경우에 그것이 사실일까?"
"반례를 생각해 볼 수 있겠니? 어떻게 그것을 증명할 수 있지?"
"어떤 가정을 세웠지?"

**4) 학생이 추측하고, 발명하며, 문제를 해결하는 방법을 터득하도록 도와야 한다.**

"만약 ……라면 어떤 일이 일어날까? 만약 그렇지 않다면?"
"패턴을 찾을 수 있겠니?"
"여기에서 가능성이 있다면 그 가능성은 무엇일까?"
"다음 말을 예상할 수 있을까?"
"바로 앞의 것은 어떨까?"
"그가 어떻게 해야 한다고 생각하지?"
"친구의 해결 방법과 너의 방법은 어디가 어떻게 다르고, 무엇이 같지?"

**5) 학생들이 수학과 아이디어, 그리고 그 응용을 서로 관련지어 생각하도록 도와야 한다.**

"이것이 어떻게 관련되어 있지?"
"우리가 전에 배운 어떤 생각이 이 문제를 푸는 데 도움이 될까?"
"전에 이와 같은 문제를 푼 적이 있었는가?"
"지난 신문에서 수학이 사용된 것이 있었는가?"

"나에게 그 예를 보여줄 수 있겠니?"

## 나. 발문 활동 규준

### 1) 규준 2에서 발문 활동시 교사의 역할을 다음과 같이 말하고 있다.

수학 교사는 다음과 같은 사항에 유의하여 교실에서의 질문 및 발문 활동을 조화롭게 이끌어 나가야 한다.

가) 각 학생들의 사고 활동을 이끌어내고, 촉진하며 적극적으로 참여하도록 하는 발문과 과제를 설정해야 한다.
나) 학생의 생각을 주의 깊게 듣는다.
다) 학생들에게 자기 생각을 말과 글로 명료화하고 정당화해 보도록 요구한다.
라) 학생들이 토의 활동 중에 내놓은 아이디어 가운데서 더 깊이 추구해 보아야 할 것을 결정한다.
마) 언제, 어떻게 학생의 아이디어에 수학적 기호와 언어를 결부시켜야 할지를 결정한다. 또 정보를 제공할 때, 주제를 명료화할 때, 모델화 할 때, 도와 주어야 할 때, 학생에게 어려운 문제와 씨름하게 할 때 등의 시점을 결정해야 한다.
바) 학생이 토의 활동에 참여하는 것을 주의 깊게 살피고 언제 어떻게 각각의 학생들이 참여하도록 격려해야 할지 결정해야 한다.

### 2) 규준 3에서 발문 활동에서의 학생의 역할을 다음과 같이 말하고 있다.

수학 교사는 학생들이 다음과 같이 할 수 있도록 학급에서의 발문 활동을 증진시켜야 한다.

가) 교사에 대하여 또는 상호간에 주의 깊게 듣고 대답하며 질문한다.
나) 조리 있게 설명하고, 서로 관련지어 보며, 문제를 해결하고 상호간의 의사교환을 하기 위하여 다양한 도구를 이용한다.
다) 문제와 질문을 만들어 본다.
라) 추측하고 해결을 제시한다.

마) 추측을 검증하기 위해 예와 반례를 탐구해 본다.
바) 특정한 표현, 해결, 추측, 그리고 대답의 타당성에 대해서 그들 자신과 상호간에 납득시키도록 노력한다.
사) 수학적 증거를 신뢰하고 타당성을 결정하기 위해 논의한다.

**3) 규준 4에서 발문 활동을 강화하기 위한 도구를 다음과 같이 말하고 있다.**

수학 교사는 발문 활동을 향상시키기 위하여, 다음 도구를 이용하는 것을 용인하거나 격려해야 한다.

가) 컴퓨터, 계산기, 다른 도구들
나) 모델로 이용된 구체물
다) 사진, 도표, 표, 그림표
라) 이미 고안된 것 또는 관습적으로 사용하던 기호
마) 은유, 유추, 이야기
바) 기록된 가정, 설명, 논쟁
사) 구두 설명과 극화하여 나타내기

## 1.10 카다기리 시게오(片桐重男)의 발문 분석 일람표

카다기리 시게오는 다음과 같이 4개의 영역으로 나누어 발문을 하는 방법을 제시하고 있다.

### 가. 물체를 형성 · 파악하는 단계

A 11 어떤 사실(까지)을 알 수 있는가, 또는 이용할 수 있는가?(문제를 명확히 하려는 태도)
A 12 어떻게 되어 있으면 알겠는가, 그것을 분명하게 말할 수 있는가?(문제를 명확히 하려는 태도)
A 13 무엇을(어디서부터) 모르는가?(구하려 하는가)(문제를 명확히 하려

는 태도)

A 14 이상하다고 여겨지는 것이 있는가?(의문의 눈으로 보려는 태도)

## 나. 방법에 관련된 수학적인 생각의 발문

T 11 어떤 점이 같은가, 공통적인 것은 무엇인가?(추상화의 생각)

T 12 말의 뜻이 무엇인지 분명하게 하여라. 일상어로 말해 보아라.(추상화의 생각)

T 13 무엇(어떤 조건)이 중요한가?(추상화의 생각)

T 14 어떤 경우(상태)의 것을 생각해야 하는가? 어떤 경우(상태)의 것으로 보는가?(이상화의 생각)

T 15 그림으로(수로) 나타내어 보아라.(도형화, 수량화의 생각)

T 16 간단한(작은) 수로 치환해 보아라.(단순화의 생각)

T 17 조건을 간단히 해서(일부 조건을 무시하고) 생각해 보아라.(단순화의 생각)

T 18 예를 들면 어떤 것인가?(구체화의 생각)

## 다. 내용에 관련된 수학적인 생각의 발문

I 11 무엇을 먼저 정하지 않으면 안 되는가?(함수적인 생각)

I 12 어떤 조건이 불필요한가? 포함되지 않은 것이 있는가?(함수적인 생각)

## 라. 개괄적인 해결 방안을 구상하는 단계

### 1) 수학적인 태도의 발문

A 21 어떤 방법으로 할 수 있을 것 같은가?(해결 방법을 구성하려는 태도)

A 22 결과가 어떻게 될 것 같은가?(해결 방안을 구상하려는 태도)

### 2) 방법에 관련된 수학적인 생각의 발문

T 21 이미 알고 있는 방법과 마찬가지로 할 수 없겠는가?(유추적인 생각)

Chapter 2

# 수업 진행 및 내용에 따른 발문

이 장에서는 1장의 이론적인 내용을 바탕으로 여러 가지의 발문의 분류 방법 중에서 교과 수업의 진행과 수업 내용에 따라 발문을 다음과 같이 분류하여 개발·적용하고자 한다.[3] 아울러 학생들의 수준을 고려한 수준별 발문을 개발하여 활용하고자 한다.

**수업 진행 및 내용에 따른 발문**

2.1 도입시 발문

- 2.1.1 수업 목표 제시시 발문 - 동기 부여, 수업 방향 예견
- 2.1.2 전시 학습 상기시 발문 - 출발점 행동 확인
- 2.1.3 과제 확인시 발문 - 관련 정착 의미 부여

2.2 전개시 발문

- 2.2.1 교과 내용을 설명하기 위한 발문
  - 개념 지도, ICT 활용, 조작 활동
- 2.2.2 토론 활동시 발문
  - 브레인스토밍 활용, 육색모자기법 활용, PMI 기법 활용
- 2.2.3 문장제 문제 해결을 위한 발문

3) 여기에서 개발된 발문들은 본 교사가 실제 수업을 하면서 학생들의 응답에 따른 발문으로, 학생들의 수준과 학급 분위기에 따라 더 다양한 답들이 나올 수도 있다. 이에 모든 학생들에게서 나올 수 있는 모든 경우의 수를 다룰 수 없음을 밝힌다. 따라서 이를 활용하고자 하는 현장의 교사들은 이를 기반으로 현장에 적합한 발문들을 개발할 수 있기를 바란다.

2.2.4 증명 문제를 해결하기 위한 발문

2.2.5 계산 문제를 해결할 때의 발문

- 학생과 함께 풀 때, 교사가 일방적으로 풀어줄 때

2.3 정리시 발문

2.3.1 수업 내용 정리 발문

- 목표 도달 확인, 지식의 오류 교정

2.3.2 과제 제출 발문

- 학습된 지식의 내면화, 유사 문제 제시 발문(형성된 지식 체계의 확산)

그림 1 수업진행4) 및 내용에 따른 발문유형

## 2.1 도입시 발문

수업을 도입할 때의 발문을 나누어 보면 수업 목표 제시, 전시 학습 정리, 과제 확인으로 크게 나눌 수 있다.

**도입시 발문**

2.1.1 수업 목표 제시시 발문
- 동기 부여
- 수업 방향 예견

2.1.2 전시 학습 상기시 발문

2.1.3 과제 확인시 발문

### 2.1.1 수업 목표 제시 때의 발문

수업 목표 제시 때의 발문은 크게 두 가지로 나뉜다.

4) 창의성 수업은 교과 내용에 따라 수업 모형이 달라지며, 수업 모형에 따라 각 단계도 달라질 수 있으나 여기에서는 편의상 도입, 전개, 정리로 구분한다.

첫째는 동기 유발을 위한 발문이고, 둘째는 수업 내용 예견에 대한 발문이다.

각각에 대한 예들을 살펴보면 다음과 같다.

### 1) 동기 유발에 대한 발문

다음은 동기 유발에 대한 발문 [5]의 예이다.

#### 가) 순서쌍과 좌표

다음은 순서쌍과 좌표에 대한 동기 유발에 대한 발문이다. 여기에서는 수학자 데카르트에 대한 일화(**참고자료 2.1** 참조)를 잠깐 소개를 해주는 것이 학생들의 흥미 및 수학에 대한 관심을 끄는데 도움이 될 것이다(**참고자료 2.2** 참조).

| 단원 | Ⅴ. 함수 | 소단원 | 2. 함수의 그래프와 활용<br>§1. 좌표 | 단계 | 7-가 |
|---|---|---|---|---|---|
| 수업<br>목표 | 교과내용목표 | 순서쌍과 좌표를 나타낼 수 있다. | | | |
| | 사고기능목표 | 순서쌍과 좌표를 나타내는 방법을 기호화할 수 있다. | | | |

: (한 개의 평면에 무당벌레가 있는 아래 그림을 제시하면서) 아래 평면에서 무당벌레의 위치를 어떻게 나타낼 수 있겠습니까?

5) 교사의 발문에 대한 표시

학생: 위에 있어요.

: 좀더 구체적으로 표현할 수 있겠습니까?

학생2: 오른쪽 위에 있어요.

: 좀더 정확하게 표현할 수는 없겠습니까?

학생1: (망설이다가) 전체를 네 등분으로 나누어서 오른쪽 위에 있다고 하면 될 것 같은데요.

학생2: 전체를 8등분이나 더 잘게 나누면 더 정확하게 나타낼 수 있을것 같은데요.

: 예, 좋습니다. 그럼 친구들이 이야기한 것처럼 한 번 나누어 봅시다.

학생1: (직접 나와서 구역을 나누어 본 다음) 정확하게 나누기 위해서는 자가 필요할 것 같아요.

: 예, 좋습니다. (모눈종이로 된 그림을 제시한 다음) 그럼, 다음의 그림처럼 나누면 어떻게 되겠습니까?

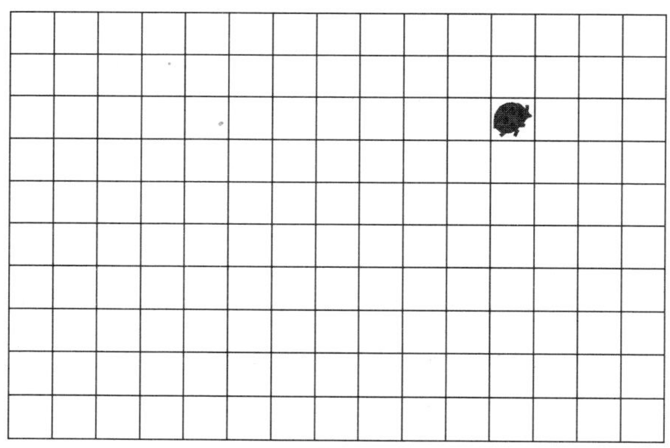

학생들: 선생님! 좋아요….

학생2: 선생님! 그런데 눈금을 헤아리기가 너무 힘이 들고 나타내기가 좀 복잡할 것 같습니다.

: 그럼, 그 문제를 해결하기 위해서는 어떠한 방법을 사용할 수 있겠습니까?

학생1: 조금 전 친구가 이야기를 한 것처럼 크게 몇 개의 부분으로 구분을 하는 것이 좋을 것 같습니다.

학생2: 각 칸마다 이름을 지어주면 될 것 같습니다.

: 예, 좋은 생각입니다. 이번 시간에 우리가 배울 내용은 평면상에 나타나 있는 물건의 정확한 위치를 나타낼 수 있는 편리한 방법을 배우고자 합니다. 그럼 지금부터 순서쌍과 좌표라는 용어에 대해서 공부를 하여 보도록 합시다(**참고자료 2.1**과 **2.2** 참조). 일찍이 데카르트라는 수학자가 천장 위를 날아다니는 파리의 위치를 정확하게 나타내고 싶어서 이러한 방법을 생각해 내었다고 합니다.

**[참고자료 2.1 : 좌표를 만들어낸 데카르트 참조]**
**[참고자료 2.2 : 좌표계를 이용한 발문 예시 참조]**

(이하 생략)

## [참고자료 2.1] 좌표를 만들어 낸 데카르트

### 아르키메데스의 묘비

눈뜨기 힘든 아침시간, 같은 또래의 보통 소년들과는 달리 제 좋을 때까지 침대에 누워 휴식을 취해도 좋다는 허락을 교장선생님으로부터 받은 한 소년이 있었다. 그가 바로 17세기 근대 수학의 기수, 데카르트이다.

프랑스의 사상가, 철학자, 수학자, 물리학자인 데카르트. 그는 투렌라에 출생하여 근세 사상의 기본틀을 처음으로 확립함으로써 근세철학의 시조로 일컬어지며, "나는 생각한다. 고로 존재한다."라는 말로 우리에게 더욱더 잘 알려져 있다. 어려서부터 허약하였던 그는 학교생활을 뒤돌아보면서 침대에서 보낸 조용한 아침의 명상이 자신의 철학과 수학의 참다운 원천이었다고 얘기한다.

좌표와 관련된 일화가 있다. 그가 처음으로 도입한 좌표 개념의 발견과 관련된 것인데, 침대에 누워 천장에 붙어 있는 파리를 보고 파리의 위치를 나타내는 일반적인 방법을 찾으려고 애쓰다가 '좌표'라는 발상을 하게 되었다는 것이다.

중학교 1학년 함수 단원을 공부하면서 모눈종이 위에 (1,2),(−2,3)와 같이 좌표를 이용하여 점을 찍어 본 학생은 너무도 당연하고 상식적인 좌표의 사용이 뭐 그리 대단한가 하고 의아해 할 수도 있다. 그러나 우리가 이 일화에서 유심히 보아야 할 것은 천장에 붙어 있는 것이 얼룩과 같이 고정된 것이 아닌 움직이는 물체, 즉 파리라는 것이다. 파리가 움직이면 $x$의 값이 변하면서 $y$의 값이 따라서 변화한다. 만약 파리가 $x$축, $y$축이 만든 직각의 이등분선을 그리며 움직이면 이 직선은 $y=x$라는 식으로 간단히 나타낼 수가 있는 것이다. 직선뿐만 아니라 원, 타원, 쌍곡선과 같은 기하학적 도형도 모두 식으로 나타낼 수 있다.

따라서 이 이야기는 수의 성질을 연구하는 대수학과 도형의 성질을 연구하는 기하학을 하나로 묶어 연구한 데카르트의 수학하는 방법(이를 해석기하학이라 한다)의 발견을 알 수 있는 일화인 것이다. 중학교 수학에서 일차방정식, 이차방정식과 같은 대수 문제는 쉽게 해결하면서 삼각형, 사각형, 원과 같은 도형 문제에서 해를 구하는 데는 어려움을 겪는 학생들이 많이 있다. 특히 전혀 예상치 못했던 보조선을 그어야 풀 수 있는 도형 문제는 수학에 어느 정도 자신감이 있는 학생들에게조차 당혹스러울 때가 많다.

이런 점에서 유클리드 기하학의 '비논리적 비약'에 불만을 느낀 데카르트는 일찍이 대수학에 관심을 두었다. 대수는 기하와는 전개 방식이 좀 다르다. 기하학이 종합적인 데 반해 대수학은 분석적, 또는 해석적이기 때문이다. 예를 들어 방정식을 풀 때, 그 값을 알지 못하는 미지수를 $x$라 놓고 마치 알고 있는 것처럼 취급하여 '$2x+3=7$'와 같은 결론을 얻으면 그 후의 순서는 기계적 조작만으로 그 해를 구할 수 있는 것이다.

## [참고자료 2.2] 좌표계를 이용한 발문 예시

■ 예시 1

1. 다음 점을 좌표계에 나타내게 한다.

A(1, 1)　　B(3, 1)　　C(3, 3)　　D(2, 4)　　E(1, 3)

2. 1의 점들을 이어 다각형을 만들게 한 후, 아래의 발문을 한다.

① 각 점의 첫 번째 좌표에 −3을 더해 보세요. 어떻게 되었나요?
② 각 점의 첫 번째 좌표에 1을 더하고, 두 번째 좌표에 −5를 더해 보세요. 어떻게 되었나요?
③ 모든 좌표에서 1을 빼면 어떻게 될까요?
④ 도형을 위로 세 칸 옮기려면 각 좌표를 어떻게 해야 할까요?
⑤ 각 점의 좌표에 3을 곱하면 도형은 어떻게 될까요?

3. 다음 두 학생의 이야기를 들려주고 함께 생각하게 한 후 발문한다.

학생A : 각각의 좌표에 3을 곱하면, 도형은 커지게 될 거야.
학생B : "커진다"는 게 무슨 뜻이니?

① 2의 도형의 넓이를 구해보세요.
② 2−⑤의 도형의 넓이를 구하고 3−①의 넓이와 비교해 보세요. 도형이 얼마나 커졌나요?
③ 결과를 예상할 수 있었나요? 있다면 그 이유는 무엇일까요?

■ **예시 2**

1. 다음 점을 좌표계에 나타내게 한다.

A(1, 1)　　　　B(3, 1)　　　　C(2, 2)

2. 1의 점들을 이어 삼각형을 만들게 한 후, 아래의 발문을 한다.

① 각 꼭지점의 좌표는 얼마인가?
② 각 점의 좌표에 −3을 곱하세요. 새로운 꼭지점의 좌표는 얼마인가요?
③ 2−②의 좌표로 새로운 도형을 만들어 보세요.
④ 2−③의 새로운 도형에 −3을 곱하면 어떻게 될지 궁금해 하며 나눈 대화입니다. 도형에 어떤 변화가 일어날지 예상해 보고 누가 옳은지 알아보세요.

학생A : 위 아래가 바뀌고 3배로 커질 것 같은데.
학생B : 난 아홉 배 정도로 커질 거라고 생각해.
학생C : 처음모양으로 바뀔 거라고 생각해.
학생D : 맨 위 꼭지점의 좌표는 (9, 18)이 될 거야.

3. 좌표계에 있는 도형을 확대, 축소, 대칭할 수 있는 방법에 대해서도 토론하게 한다.

## 나) 유리수의 덧셈

다음은 유리수의 대소 관계에 대한 복습과 유리수의 덧셈과 뺄셈에 대한 동기 유발을 위한 발문 내용이다(**참고자료 2.3** 참조).

| 단원 | Ⅱ. 정수와 유리수 | 소단원 | 2. 덧셈과 뺄셈<br>§ 1. 유리수의 덧셈 | 단계 | 7-가 |
|---|---|---|---|---|---|
| 수업 목표 | 교과내용목표 | 유리수의 덧셈을 할 수 있다. | | | |
| | 사고기능목표 | 유리수의 덧셈 방법을 알고 이를 계산할 수 있다. | | | |

: (아래의 그림을 제시하면서) 다음과 같은 것을 본 적이 있습니까?

| 오피스디포챔피언십 최종 성적 | | | |
|---|---|---|---|
| 순위 | 선수 | 파 | 스코어 |
| ① | A소렌스탐 | −5 | 211(68−72−71) |
| ② | 박세리 | −1 | 215(73−71−71) |
| | 팻 히스트 | −1 | 215(75−68−72) |
| | 에디보위 | −1 | 215(72−70−73) |
| ⑥ | 장정 | +1 | 217(75−72−70) |
| ⑧ | 김미현 | +2 | 218(74−69−75) |
| ⑳ | 박희정 | +5 | 221(73−73−75) |
| ㉕ | 김 영 | +6 | 222(79−72−71) |
| | 김초롱 | +6 | 222(76−73−73) |
| | 박지은 | +6 | 222(78−71−73) |
| ㊸ | 고아라 | +9 | 225(77−75−73) |
| (51) | 한희원 | +10 | 226(77−73−76) |
| (61) | 강수연 | +12 | 228(77−74−77) |

학생1: 예, 신문에서 보았습니다.

: 다음의 결과에서 누가 우승자인지 알 수 있습니까?

학생1: (어리둥절해하며) 소렌스탐이 우승자입니다.

학생2: 아뇨, 박세리가 우승자입니다.

: 각자 왜 그렇게 생각하는지 설명할 수 있습니까?

학생1: 소렌스탐이 순위가 1이라고 되어 있습니다.

학생2: 박세리의 스코어가 소렌스탐보다 더 많습니다.

: 다른 사람들은 어떻게 생각합니까?

학생2: (어리둥절해하며) 신문이 잘못된 것 같아요.

학생1: 아뇨, 골프의 순위 매기는 방법이 스코어가 적어야 우승자이기 때문에 소렌스탐이 우승자가 맞습니다.

: 예, 잘 알고 있네요. 박세리의 스코어가 더 크지만 골프에서는 스코어가 적은 사람이 우승자가 되지요.

그래서 스코어가 더 적은 소렌스탐이 우승자가 맞습니다.

학생2: (웃으면서) 예.

: 그럼, 이러한 점수는 어떻게 계산하는 것일까요? 혹시 TV나 신문에서 골프 경기를 본 친구가 있습니까?

학생: 예, TV에서 보니까 며칠 동안 한 결과를 모두 더해서 계산하는 것 같았습니다.

: 예, 그렇습니다. 다음과 같은 각 라운드별 점수를 모두 계산해야 합니다.

| | 소렌스탐 | 박세리 |
|---|---|---|
| 1라운드 | -4 | +1 |
| 2라운드 | 0 | -1 |
| 3라운드 | -1 | -1 |
| 계 | ? | ? |

학생들: 열심히 표를 살펴 본다.

: 여러분들은 위의 표와 같은 값들의 계산을 본 적이 있습니까?

학생들: 아니오. 음수가 나오는 것은 아직 배우지 않았습니다.

: 예, 그렇지요. 우리가 이번 시간에 배울 내용은 위의 표와 같은음수를 포함한 유리수들의 덧셈을 배울 것입니다. 우리는 먼저 다음과 같은 결과를 계산하기 위해서 간단한 것에서부터 일반적인 원리를 발견할 것입니다. 그래서 위의 표에서 누가 승자인지를 알아보려고 합니다.

**[참고자료 2.3 : 유리수의 덧셈에 관한 발문 예시 참조]**

(이하 생략)

## [참고자료 2.3] 유리수의 덧셈에 관한 발문 예시

1. 다소의 인원으로 4개의 모둠을 만든 후, 게임을 하여 맞으면 +1, 틀리면 −1점을 나타내는 바둑돌(마분지의 색깔을 이용하여 만든다. 즉, '−' : 파란색, '+' : 빨간색)을 모둠에 나누어 준다.

① 각 모둠별로 4회전까지의 결과가 아래와 같다면, 각 모둠의 정답과 오답의 개수는 어떠하였을까요?

A: +4 (정답 : 개, 오답 : 개)
B: −2 (정답 : 개, 오답 : 개)
C: 0 (정답 : 개, 오답 : 개)
D: −4 (정답 : 개, 오 답 : 개)

② 게임을 다 마친 후 점수가 아래와 같이 나왔는데 실수로 점수기록을 잘못 하였습니다. A모둠이 틀렸는데 B모둠에다 −1점을 기록하였습니다. 그리고 C모둠이 틀린 두 문제를 각각 B, D모둠에 기록하였습니다. 점수를 바르게 고쳐보세요.

A: +9 ⇒ B: +7 ⇒
C: +4 ⇒ D: +4 ⇒

③ 선생님께서 준비한 바둑돌이 모자라군요. 여러분의 점수를 그대로 유지하면서 바둑돌을 걷으려고 하는데 선생님께 몇 개씩 돌려 줄 수 있나요?

④ 다음은 현재점수가 −3점인데 −6점을 빼야 하는 경우입니다.
파란색 바둑돌이 3개뿐인데 6개를 뺄 수 없기 때문에 파란색 바둑돌을 3개 추가하려면 점수를 그대로 유지하기 위해 빨간색 바둑돌 3개도 같이 추가하여야 합니다. 그리고 난 후, 다시 파란색 바둑돌 6개를 제거 하면 빨간색 바둑돌만 3개 남는 것을 알 수 있습니다.

원래 바둑돌 : 파랑 파랑 파랑
추가 할 바둑돌 : 파랑 파랑 파랑 빨강 빨강 빨강
모든 바둑돌 : 파랑 파랑 파랑 파랑 파랑 파랑 빨강 빨강 빨강
제거할 바둑돌 : 파랑 파랑 파랑 파랑 파랑
남은 바둑돌 : 빨강 빨강 빨강

즉, 위를 통해 $(-3)-(-6)=(+3)$을 알 수 있습니다. 다음의 점수기록을 알아보세요.

| 현재 점수 | 상황 | 얻은 점수 | 새로운 점수 | 식 |
|---|---|---|---|---|
| +7 | 더하기 | +2 | | |
| +3 | 더하기 | −4 | | |
| −5 | 더하기 | +1 | | |
| −1 | 더하기 | −2 | | |
| +6 | 빼기 | +3 | | |
| −1 | 빼기 | +5 | | |
| +2 | 빼기 | +8 | | |
| +5 | 빼기 | −3 | | |
| +4 | 빼기 | −6 | | |
| −6 | 빼기 | −2 | | |
| −3 | 빼기 | −8 | | |
| | | | | |
| | | | | |

### 다) 함수의 활용

다음은 함수의 활용 문제에 대한 동기 유발을 위한 발문 내용이다. 학생들은 대부분 문장제 문제를 어렵게 생각하기 때문에 이러한 문장제 문제를 제시할 때에는 문제를 해결하는 과정과 더불어 동기 부여를 잘 하는 것도 필요하다.

| 단원 | Ⅳ. 규칙성과 함수 | 소단원 | 2. 함수의 그래프와 활용<br>§ 3. 함수의 활용 | 단계 | 7-가 |
|---|---|---|---|---|---|
| 수업목표 | 교과내용목표 | 함수를 실생활에 활용할 수 있다. | | | |
| | 사고기능목표 | 함수에 대한 성질을 일반화시킬 수 있다. | | | |

: 우리가 이번 시간에 배울 내용은 우리가 지난 시간에 배운 함수를 이용해서 실제 문제를 해결하는 것입니다. 이번 시간에 배울 내용에 앞서 먼저 다음의 상황을 한번 생각해 봅시다. 만일 여러분에게 '우리 학교에 있는 연못 속의 물고기를 계절별로 모두 헤아리라.'는 과제가 주어진다면 여러분들은 어떻게 해결할 수 있습니까?

학생1: (한참 고민하다가 웃으면서) 물 속의 물고기를 모두 잡아 봐요.

학생2: 그냥 헤아려요.

학생3: 봄, 여름, 가을, 겨울마다 물고기를 전부 헤아려요.

: 어떻게 잡을 것이며, 어떻게 헤아릴 수 있습니까?

학생들: 모두 웃는다.

: 그러면 이와 유사한 문제로 여러분들이 과학자라고 했을 때, 여러분에게 '남극의 모든 펭귄의 수를 조사하라.'라는 과제가 제시되었을 때, 여러분들은 어떻게 문제를 해결할 수 있겠습니까?

학생들: 선생님! 너무 어려워요. 문제가 점점 어려워져요.

: (시간을 준 다음) 수학을 배우는 이유 중에 하나는 우리 실생활의 문제를 좀더 쉽게 해결하기 위함입니다. 그래서 우리는 위와 같은 문제를 해결하는 방법을 이번 시간에 배울 것입니다. (보기 문제를 제시하며) 다음과 같은 방법으로 연못 속 물고기의 수를 추측할 수 있습니까?

**보기 문제**

송어가 없는 어느 호수에 300마리의 송어를 넣은 다음, 며칠 후 100마리의 물고기를 잡았다. 함께 잡힌 물고기 중 송어가 10마리라면, 이 호수에는 몇 마리 정도의 물고기가 살 수 있다고 할 수 있겠는가?

(이하 생략)

### 라) 도수분포표에서의 평균

다음은 도수분포표에서의 평균을 구하는 것에 대한 동기 유발을 위한 발문 내용이다(**참고자료 2.4** 참조).

<table>
<tr><td>단원</td><td>Ⅰ.통계</td><td>소단원</td><td>1. 자료의 정리<br>§ 3. 도수분포표에서의 평균</td><td>단계</td><td>7-나</td></tr>
<tr><td rowspan="2">수업목표</td><td>교과내용목표</td><td colspan="4">도수분포표에서 평균을 구할 수 있다.</td></tr>
<tr><td>사고기능목표</td><td colspan="4">많은 수에 대한 평균을 구하는 방법을 이해할 수 있다.</td></tr>
</table>

: (아래의 자료를 제시하면서) 다음에 주어진 것들은 무엇이겠습니까?

| 번호 | 성적 | 번호 | 성적 | 번호 | 성적 | 번호 | 성적 | 번호 | 성적 | 번호 | 성적 |
|---|---|---|---|---|---|---|---|---|---|---|---|
| 1 | 88 | 7 | 68 | 13 | 84 | 19 | 76 | 25 | 48 | 31 | 66 |
| 2 | 64 | 8 | 72 | 14 | 84 | 20 | 100 | 26 | 88 | 32 | 76 |
| 3 | 94 | 9 | 76 | 15 | 80 | 21 | 58 | 27 | 74 | 33 | 80 |
| 4 | 72 | 10 | 18 | 16 | 24 | 22 | 64 | 28 | 64 | 34 | 76 |
| 5 | 72 | 11 | 96 | 17 | 84 | 23 | 72 | 29 | 76 | 35 | 24 |
| 6 | 76 | 12 | 88 | 18 | 92 | 24 | 76 | 30 | 84 | 36 | 36 |

학생들: 성적 같아요.

학생2: 수학 성적 같아요.

: 예, 우리 반 학생들의 1학기말 고사 수학 성적입니다. 평균이 약 얼마나 되겠습니까?

학생1: 약 65점 정도 될 것 같습니다.

학생2: 아뇨, 제가 보기에는 65점이 더 넘을 것 같아요.

: 왜 그렇게 생각합니까?

학생1: 보니까 대충 그렇게 보여요.

학생2: (한참 시간을 가진 뒤) 모두 더해서 36으로 나누면 그렇게 될 것 같습니다.

: 여러분들은 어느 쪽의 답이 옳다고 생각합니까?

학생들: (모두 웃으며) 학생2의 답이 옳아요.

: 만일, 이 자료가 우리 1학년 학생들 전체를 대상으로 평균을 구한다면 어떻게 할 수 있겠습니까?

학생들: 모두 더해서 학생 수로 나누면 됩니다.

: 예, 맞습니다. 여러분들이 초등학교에서 배운 것처럼 평균이라는 것은 모든 자료의 합에서 자료의 개수를 나눈 것입니다. 그런데 자료의 수가 아주 많을 때에는 모두 더하는 것이 상당히 힘들고 번거로울 수 있겠지요. 이렇게 많은 수의 자료에 대한 평균을 좀 더 쉽게 구할 수 있는 방법은 어떠한 것이 있습니까?

학생: 컴퓨터를 이용해서 계산하면 됩니다.

: 예, 아주 좋은 방법입니다. 그리고 컴퓨터를 사용하지 않고도 평균을 쉽게 구할 수 있는 방법은 무엇이 있습니까?

학생: (한참 시간이 지난 뒤) 지난 시간에 배운 도수분포표를 이용할 수 있을 것 같습니다.

: 도수분포표에서는 계급이 주어져 있을 뿐인데 어떻게 평균을 구할 수 있습니까?

학생들: 계급값을 이용하면 될 것 같습니다.

: 예, 맞습니다. 이번 시간에는 굉장히 많은 자료의 평균을 구하는데 편리한 방법인 도수분포표를 이용한 평균 구하는 방법에 대해서 공부를 하도록 하겠습니다.

**[참고자료 2.4 : 과일가게에서 만난 히스토그램 참조]**

(이하 생략)

## [참고자료 2.4] 과일가게에서 만난 히스토그램

**두 과일가게 중에서 한쪽은 장사가 잘 되고, 한쪽은 그렇지 않은 것 같다. 왜 그럴까?**

시장에 과일가게 두 곳이 나란히 장사를 하고 있다. 한쪽 가게는 장사가 잘 되고 다른 쪽 가게는 찾는 손님이 거의 없는 것 같다. 옆에서 구경하고 있던 학생이 고민을 하고 있다.

**"어! 왜 저 가게만 장사가 잘 될까? 이유를 한 번 알아봐야겠어!"**

☞ 두 가게의 차이점은 무엇인지 적어보자.

☞ 왼쪽 남이네 과일가게가 더 장사가 잘 되는 이유를 적어보자.

경남 교수 학습 지원센터 교육포털(www.gnedu.net) 홈페이지 내 '우수 콘텐츠'의 창의력 개발 콘텐츠(중학교 수학)

### 마) 부채꼴의 넓이

다음은 부채꼴의 넓이의 활용에 대한 동기 유발을 위한 발문 내용이다.

| 단원 | Ⅳ.도형의 측정 | 소단원 | 1. 평면도형의 측정<br>§ 2. 부채꼴의 넓이와 호의 길이 | 단계 | 7-나 |
|---|---|---|---|---|---|
| 수업목표 | 교과내용목표 | 부채꼴의 넓이를 활용한 문제를 해결할 수 있다. | | | |
| | 사고기능목표 | 부채꼴의 넓이를 구하는 방법을 이해하고, 이를 활용할 수 있다. | | | |

: (아래의 그림을 제시하면서) 이번 시간에 배울 내용을 살펴보기 전에 먼저 다음의 그림을 살펴 보세요. 무슨 그림인지 말할 수 있습니까?

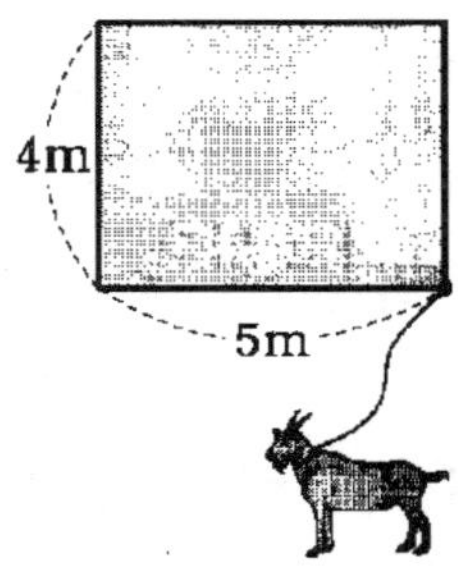


학생: 염소 그림입니다.

: 그런데 염소가 어떠한 모습입니까?

학생: 끈에 매달려 있습니다.

: 그럼, 염소는 어디든지 마음대로 갈 수 있습니까?

학생: 아뇨, 조금밖에 못 움직일 것 같습니다.

: 얼마나 움직일 수 있습니까?

학생: 염소의 목에 걸린 끈의 길이에 따라 다릅니다.

: 예, 그럼 만일 염소가 $6m$ 의 끈으로 묶여 있다면 염소가 얼마나 움직일 수 있습니까?

학생들: 계산이 복잡해요.

학생: 그런데 염소가 움직인다는 것은 염소의 어느 부분을 기준으로 하여야 합니까?

: 예, 매우 좋은 질문입니다. 여러분들 생각에는 어느 부분을 기준으로 하는 것이 좋겠습니까?

학생1: 머리요.

학생2: 다리요.

: 어떻게 하는 것이 여러분들이 가장 쉽게 구할 수 있을지 한 번 생각해 보세요.

학생: 예, 끈을 기준으로 하려면 염소의 목을 기준으로 해야 할 것 같습니다.

: 예, 매우 좋은 생각입니다. 그럼, 염소의 목을 기준으로 하였을 때, 염소가 움직일 수 있는 공간의 모습은 어떠합니까?

학생: 너무 어려워요.

: 한 번 상상해 보세요. 어떠한 모양의 그림이 나오겠습니까?

학생: (한참 생각한 다음) 여러 개의 호 모양이 나올 것 같습니다.

: 좀더 정확하게 말할 수 있습니까?

학생: 예, 호 안에 둘러싸인 넓이, 즉 부채꼴의 모양이 될 것 같습니다.

: (그림의 개형을 그려 주면서) 예, 염소가 움직일 수 있는 공간은 부채꼴의 모양으로 이루어진 도형이 됩니다. 이번 시간에 여러분들이 배울 내용은 이와 같이 여러 가지 부채꼴로 이루어진 도형의 넓이를 구하는 것입니다.

(이하 생략)

### 바) 미지수가 2개인 연립일차방정식의 풀이

다음은 연립일차방정식의 풀이에 대한 동기 유발을 위한 발문의 예이다 (**참고자료 2.5** 참조).

<table>
<tr><td>단원</td><td>Ⅱ.방정식과 부등식</td><td>소단원</td><td>2. 연립일차방정식<br>§ 3. 미지수가 2개인 연립일차방정식의 풀이</td><td>단계</td><td>8-가</td></tr>
<tr><td rowspan="2">수업목표</td><td>교과내용목표</td><td colspan="4">미지수가 2개인 연립일차방정식을 풀 수 있다.</td></tr>
<tr><td>사고기능목표</td><td colspan="4">연립방정식을 이해하고 이를 해결할 수 있다.</td></tr>
</table>

: 우리는 지난 시간에 연립방정식이 무엇인지를 배웠습니다. 연립방정식의 뜻을 말할 수 있습니까?

학생: 예, 연립방정식이란 2개의 미지수를 가지고 있는 한 쌍의 일차 방정식을 말합니다.

: 이번 시간에는 이러한 문제를 해결하는 방법을 알아보겠습니다. 먼저 다음의 문제를 어떻게 해결하면 되는지 생각해 보고 대답 해 봅시다.

**예제**

$$\begin{cases} 4x+y=6 \\ 2x+y=4 \end{cases} \qquad \begin{cases} 2x-y=3 \\ 5x-4y=6 \end{cases}$$

학생: 수를 대입해 보면 구할 수 있어요.

: 그럼, 각각의 답을 구할 수 있습니까?

학생: (열심히 계산한 다음) 답을 구했어요.

: 답을 쉽게 구할 수 있었습니까?

학생들: 아뇨, 복잡하고 시간이 많이 걸려요.

: 그럼, 왜 복잡하게 느껴지는지 말할 수 있습니까?

학생: 미지수가 두 개라서 그런 것 같습니다.

: 그럼 미지수가 한 개인 것은 자신 있게 풀 수 있습니까?

학생들: 예….

: 그럼, 어떻게 하면 좀더 쉽게 풀 수 있습니까?

학생: 미지수를 한 개로 만들면 될 것 같습니다.

: 예, 좋은 아이디어입니다. 그래서 이번 시간에는 이러한 연립방정식을 미지수를 한 개로 해서 풀 수 있는 방법에 대해서 공부를 하려고 합니다.

**[참고자료 2.5 : 마방진의 비밀 참조]**

(이하 생략)

## [참고자료 2.5] 마방진의 비밀

### 마방진이란?

마방진(魔方陣)이란 가로, 세로, 대각선의 합이 모두 같아지도록 수를 나열한 것입니다. 여기서 방(方)은 정사각형, 진(陳)은 나열한다는 뜻으로 마법진이라고도 하는데, 이것은 영어의 magic square를 번역한 말입니다.

### 유래 알아보기

지금으로부터 약 4000년 전 중국 하나라의 우왕이, 지금은 황하의 지류인 '낙수'라는 강의 범람을 막기 위해 강의 제방 공사를 감독하고 있을 때였어요.

한참, 공사를 진행하고 있을 때, 한 마리의 거북이가 강기슭으로 올라왔는데 그 거북이의 등 껍데기에는 아홉 개의 점들이 찍힌 그림이 새겨져 있었다고 합니다. 거북이가 흘러내려온 후, 홍수가 멈추자 사람들은 하늘이 거북이를 시켜 인간세계에 보내준 것으로 믿어 이 무늬를 매우 귀하여 여겼다고 합니다. '낙서(洛書)'라 불리우는 이 그림의 점의 개수 사이에는 신비스러운 관계가 있는데요. 그 비밀이 무엇인지 한번 알아봅시다.

경남 교수 학습 지원센터 교육포털(www.gnedu.net) 홈페이지 내 '우수 콘텐츠'의 창의력 개발 콘텐츠(중학교 수학)

## 사) 삼각형의 외심(1)

다음은 삼각형의 외심에 대한 동기 유발에 대한 발문 내용이다(**참고자료 2.6** 참조).

<table>
<tr><td>단원</td><td>Ⅱ.삼각형의 성질</td><td>소단원</td><td>2. 삼각형의 외심과 내심<br>§ 1. 삼각형의 외심</td><td>단계</td><td>8-나</td></tr>
<tr><td rowspan="2">수업목표</td><td>교과내용목표</td><td colspan="4">삼각형의 외심의 뜻을 알고 이를 구할 수 있다.</td></tr>
<tr><td>사고기능목표</td><td colspan="4">삼각형의 외심을 직관적으로 찾고 이의 성질을 이해할 수 있다.</td></tr>
</table>

: (아래의 그림을 제시하면서) 다음과 같은 것을 본 적이 있습니까?

학생1: 예, 사회 교과서에서 보았습니다.

학생2: 박물관에서도 보았습니다.

: 예, 이 그림은 신라 시대의 수막새입니다(**참고자료 2.6** 참조). 이 수막새의 용도가 무엇인지 알고 있습니까?

학생: (웃으면서) 지붕에 있는 것으로 알고 있는데요.

: 그럼 이 모양은 무슨 모양으로 보입니까?

학생: 원 모양의 것이 깨어진 것 같아요.

: 예, 그럼 이 깨어진 부분을 복원할 수 있는 방법은 없습니까?

학생: 그것은 역사학자들이 하지 않을까요?

학생들: 웃음...

: 그럼, 여러분들이 역사학자라면 이 깨어진 부분을 어떻게 복원할 수 있겠습니까?

학생: (한참을 생각한 다음) 정확하게 복원한다는 것은 어려울 것 같습니다.

: 예, 이번 단원에서 여러분들이 외심에 대한 성질을 배우고 나면 이러한 수막새를 복원할 수 있는 방법도 알게 될 것입니다. 그럼 지금부터 삼각형의 외심에 대해서 알아보도록 합니다.

**[참고자료 2.6 : 새 천년의 미소를 되찾아주자! 참조]**

(이하 생략)

## [참고자료 2.6] 새 천년의 미소를 되찾아주자!

창의는 고고학자가 되는 것이 꿈이랍니다. 그래서 시간이 날 때마다 박물관을 찾아가곤 합니다.

오늘은 경부박물관에서 웃고 있는 사람 모양이 새겨진 수막새를 봤는데 7세기경의 신라시대 유물로 경주 세계문화엑스포의 심벌인 '새천년의 미소'라는 이름이 붙어 있었습니다.

새천년의 미소를 발굴될 때부터 온전한 원 모양이 아니었답니다. 오랜 세월 탓에 여기 저기 깨어져서 불완전한 모양인데도 참 온화한 미소가 정겹게 느껴집니다.

수막새는 기와의 끝부분을 막는 것으로 사실 아무 무늬도 없을 수 있었지만 그런 사소한 부분에 미소를 넣었던 옛 조상의 여유가 느껴집니다.

깨어진 모습 그 불완전함으로도 아름답지만 완전한 예전의 모습이 궁금해집니다. 실력 발휘를 해서 원래의 모습을 찾아줍시다.

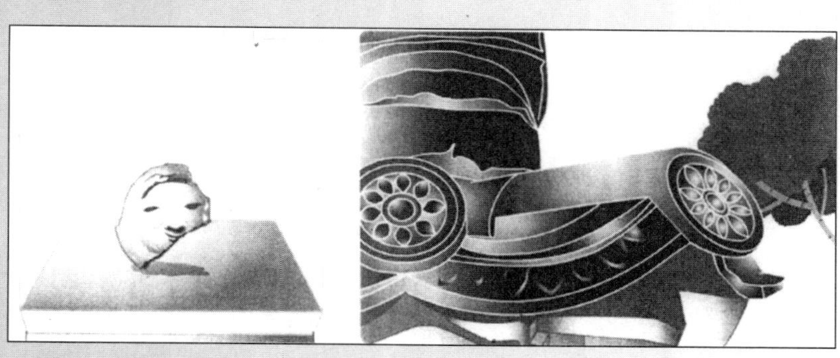

경남 교수 학습 지원센터 교육포털(www.gnedu.net) 홈페이지 내 '우수 콘텐츠'의 창의력 개발 콘텐츠(중학교 수학)

### 아) 삼각형의 외심(2)

다음은 삼각형의 외심에 대한 또 다른 동기 유발을 위한 이야기를 통한 발문 내용이다. 이는 1학년 때 배운 선분의 수직이등분선과도 관계있는 내용이다.

| 단원 | Ⅱ.삼각형의 성질 | 소단원 | 2. 삼각형의 외심과 내심<br>§ 1. 삼각형의 외심 | 단계 | 8-나 |
|---|---|---|---|---|---|
| 수업목표 | 교과내용목표 | 삼각형의 외심의 뜻을 알고 이를 구할 수 있다. | | | |
| | 사고기능목표 | 삼각형의 외심을 직관적으로 찾고 이의 성질을 이해할 수 있다. | | | |

: 자. 여러분들은 지금부터 선생님의 이야기를 듣고, 이 마을의 어려운 고민을 해결해 주어야 합니다. 과연 어떻게 해결할 수 있을지 생각해 보고 발표해 주십시오.

**우물은 어디에!!!**

옛날 어느 마을에 세 이웃이 사이좋게 살고 있었다. 그런데 어느 해 심한 가뭄이 들어 냇가의 물이 말라가고 마실 물이 부족하게 되었다. 그래서 세 가족들이 모여서 의논한 결과 우물을 파기로 했다. 처음엔 집집마다 우물을 파기로 했지만 그럴 경우에 우물을 파기도 힘이 들고 시간도 너무 많이 걸리며 수입도 낮아져서 모든 우물에 물이 잘 안 나올 수도 있다는 생각에 결국 세 집에서 같은 거리만큼 떨어진 곳에 한 개의 우물만을 파기로 했다. 다음 그림에서 우물의 정확한 위치는 과연 어느 곳일까?

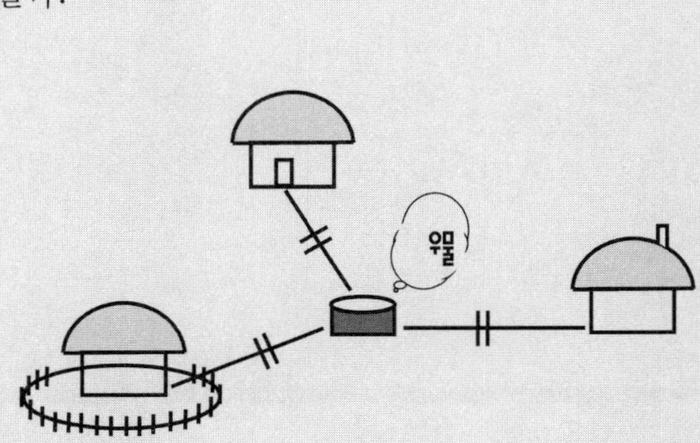

학생: 길이를 재어보면 알아요.

: 길이를 어떻게 잴 수 있습니까?

학생1: 우물을 기준으로 길이를 측정하면 돼요.(학생들 웃음)

학생2: 끈을 3개를 가지고 각자 당겨서 재어보면 될 것 같아요.

학생3: 먼저 두 집에서 같은 거리에 있는 곳을 찾고 그 다음 나머지 한 집을 생각하면 될 것 같습니다.

: 예, 매우 좋은 아이디어들을 제시했습니다. 여러분들은 이 가운데 어느 아이디어가 가장 좋을 것으로 생각됩니까?

학생들: 세 번째 아이디어요.

: 예, 좋은 의견입ㄴ다. 그런데 이 이야기는 재미있으면서도 조금 어렵지요. 여러분들이 이번 시간에 배우는 삼각형의 외심에 대한 성질을 배우고 나면 여러분들은 누구든지 이 마을의 고민을 해결할 수 있을 것입니다. 그럼 지금부터 외심에 대해서 공부를 해 보도록 합시다.

(이하 생략)

### 2) 수업 방향 예견

수업을 도입할 때의 발문 중 수업목표 제시시 발문으로는 앞에서 살펴본 동기유발을 위한 발문과 수업내용 예견에 대한 발문이 있는데, 여기서는 수업내용 예견을 위한 발문에 대해 살펴보자.

수업 방향을 예견하기 위한 발문은 학생들의 창의적인 사고력 향상을 위해서 매우 중요하다. 이는 앞으로 수업을 하는 데 동기 부여뿐만 아니라 수업 내용을 이해하는 데도 매우 필요한 발문들이라 할 수 있다.

#### 가) 정수

다음은 1학년 과정의 음수에 대한 발문 내용이다.

<table>
<tr><td>단원</td><td>Ⅱ. 정수와 유리수</td><td>소단원</td><td>1. 정수와 유리수<br>§ 1. 양수와 음수</td><td>단계</td><td>7-가</td></tr>
<tr><td rowspan="2">수업목표</td><td>교과내용목표</td><td colspan="4">정수의 뜻을 알 수 있다.</td></tr>
<tr><td>사고기능목표</td><td colspan="4">정수에 대한 개념을 알고 이를 분류할 수 있다.</td></tr>
</table>

: (온도계를 제시하면서) 여러분 오늘 우리 교실의 온도가 약 얼마인지 짐작할 수 있겠습니까?

학생1: 예, 뉴스에서 들으니 10℃ 정도 된다고 합니다.

학생2: 우리 교실의 온도는 그보다 더 높을 것 같은데요.

: 예, 좋습니다. 그러면 우리 나라 겨울의 온도는 어떻게 되겠습니까?

학생1: 예, 매우 추워져요.

학생2: 영하로 내려가요.

: 예, 그럼 영하라는 뜻은 무엇이며, 어떻게 표현할 수 있습니까?

학생: (고개를 갸웃거리며) 영하라는 것은 영상에 반대되는 뜻이고, 반대로 -로 표현하면 될 것 같은데요.

: 예, 잘 알고 있네요. 우리가 이번 시간에 배울 내용이 바로 이 개념입니다. 그럼 먼저 내용에 들어가기에 앞서 우리 주변에서 이렇게 음의 개념으로 사용되고 있는 것은 어떠한 것들이 있는지 말할 수 있습니까?

학생들: (잠깐 생각한 다음) 예, 굉장히 많을 것 같습니다.

학생1: 우리가 가진 돈에 대해서 빌린 돈의 개념이 있을 것 같습니다.

학생2: 산의 높이에 비해서 바다의 깊이가 될 수도 있을 것 같습니다.

: 각자 공책에 음의 개념으로 사용되고 있는 것들의 종류를 3가지 씩 적고 서로 소집단에서 의논해 볼 수 있겠습니까?

학생들: 의논을 한다.

: 우리 주위에 음의 개념들이 많이 있음을 알 수 있습니까?

학생들: 예.

: 그럼, 소집단에서 조사한 것 중에서 의문이 나거나 함께 생각해 볼 만한 것들이 있습니까?

학생1: 예, 우리 조에서는 아침에 집에서 학교로 오는 거리를 양(+)라고 하면 학교에서 집으로 가는 거리는 음(−)라는 의견에 대해서 의논을 했는데, 그에 대한 답이 서로 다릅니다.

: 어떻게 다른가요? 먼저 음수로 나타낸다는 의견을 먼저 말할 수 있습니까?

학생1: 예, 방향이 반대니까 음수라고 할 수 있습니다.

: 그럼 왜 상대편에서는 음수가 되지 않는다고 생각하지요? 그 의견을 발표할 수 있습니까?

학생: 예, 둘 다 거리입니다. 거리는 양수이지 음수가 될 수 없기 때문입니다.

: 예, (전체를 대상으로) 여러분들은 어떻게 생각합니까?

학생들: 잘 모르겠습니다.

학생1: 둘 다의 말에 모순이 없는 것 같습니다.

: 예, 둘의 말이 모두 틀린 말은 아닙니다. 먼저 방향을 중심으로 본다면 분명히 등교하는 방향에 대한 반대 방향이니 음의 방향이라고 볼 수 있습니다. 그렇지만 둘 다 거리를 나타내는 말이니 둘 다 양이라고 보아야겠지요. 이 개념에 대해서는 여러분들이 고등학교에 가면 벡터라는 개념을 배울 텐데 그때에 자세히 알게 될 것입니다. 문제가 해결되었습니까?

학생들: 예.

: 예, 우리 주위에는 음이라는 개념을 가진 것들이 많이 존재합니다. 이번 시간에는 이러한 것들을 수를 사용해서 나타내는 방법에 대해서 공부를 하려고 합니다. 우리가 여태까지 공부한 수와 비교해서 공부하면 더 도움이 될 것입니다.

(이하 생략)

### 나) 근사값의 덧셈과 뺄셈

다음은 근사값의 덧셈에 대한 내용 소개를 위한 발문 내용이다.

<table>
<tr><td>단원</td><td>Ⅱ. 근사값</td><td>소단원</td><td>2. 근사값의 덧셈과 뺄셈<br>§ 1. 근사값의 덧셈과 뺄셈</td><td>대상</td><td>8-가</td></tr>
<tr><td rowspan="2">수업목표</td><td>교과내용목표</td><td colspan="4">근사값의 덧셈과 뺄셈을 할 수 있다.</td></tr>
<tr><td>사고기능목표</td><td colspan="4">근사값의 덧셈과 뺄셈의 원리를 발견할 수 있다.</td></tr>
</table>

: 이번 시간에 배울 내용은 근사값에 대한 계산입니다. 그 중에서 덧셈과 뺄셈에 대한 방법을 배우려고 합니다. 여러분들은 덧셈과 뺄셈의 방법을 모두 알고 있지요? 어떻게 계산합니까?

학생들: (웃으면서) 그냥 더하고 빼면 되요.

: 구체적으로 말할 수 있습니까?

학생들: 분수는 통분을 하고, 부호가 다른 수는 부호부터 결정을 해요.

: 예, 매우 잘 알고 있습니다. 그러면 근사값도 그렇게 계산하면 되겠습니까?

학생들: (자신 있게) 예.

: 그럼, 다음의 이야기를 보고 그 내용이 옳은지 한 번 생각해 보세요. 그리고 그 이유도 함께 생각해 봅시다.

**한라산 높이**

아버지와 아들이 높이가 약 1,950$m$가 되는 한라산을 등반하고 있다. 그런데 아들은 한라산 아래에서부터 길이가 약 20$cm$ 정도 되는 돌을 무겁게 들고 올라가고 있다. 아버지가 왜 그 무거운 돌을 힘들게 들고 가느냐고 하자 아들은 이 돌을 한라산 꼭대기에 세워서 한라산의 높이를 20$cm$ 더 높이고 싶다고 하였다.

: 한라산의 높이를 20$cm$ 높이겠다는 아들의 말을 여러분들은 어떻게 생각합니까?

학생1: (웃으면서) 제 생각에는 제일 꼭대기에 올리면 한라산의 높이가 바뀔 것 같아요.

학생2: 제 생각에는 한라산의 높이는 변함없을 것 같습니다.

: 각자 왜 그렇게 생각하는지 이유를 말할 수 있습니까?

학생1: 산의 높이는 해수면에서 가장 높은 곳까지의 높이를 측정하는 것이니까 돌의 높이만큼 산의 높이가 커지는 것은 당연하다고 생각합니다.

학생2: 한라산의 높이가 매우 높기 때문에 작은 돌의 높이는 무시해도 된다고 생각합니다.

: (학생1에게) 그럼, 구체적으로 산의 높이는 얼마라고 이야기할 수 있습니까?

학생1: (자신 없는 듯 머뭇거리며) 예, 1,950+0.2=1,950.2($m$)라고 할 수 있습니다.

: (학생2에게) 그럼, 만일 아들이 들고 올라간 돌의 크기가 약 50$cm$가 된다면 한라산의 높이가 바뀔 수 있겠습니까?

학생2: 글쎄요, 그 정도가 되면 바뀔 수도 있겠네요.

: 왜 그렇게 생각을 합니까?

학생2: 1,950$m$에 비해서 20$cm$는 아주 작은 의미 없는 수이지만 50$cm$는 의미가 있을 것 같습니다.

: 의미가 있다는 말이 구체적으로 무엇을 뜻하는지 말할 수 있습니까?

학생2: 지난 시간에 배운 근사값, 즉 한라산의 높이의 유효숫자에 따라 달라질 것 같습니다.

: 예, 매우 잘 대답했습니다. 한라산의 높이가 1,950$m$라고 했을 때, 이 높이의 유효숫자에 따라서 돌의 높이가 의미가 있을 수도 있고, 의미가 없을 수도 있습니다. 이번 시간에는 이러한 근사값들에 대한 덧셈과 뺄셈을 배우려고 합니다.

(이하 생략)

### 다) 삼각형의 외심에 대한 유일성

다음은 8-나 단계의 외심에 대한 내용으로서 특히 외심이 유일하게 존재한다는 것을 도입하기 위한 발문 내용이다. 일반적으로 학생들은 증명을 어려워하는 경향이 있다. 그런데 학생들이 어려워하고 기피하는 이유 중의 하나는 증명에 대한 필요성을 느끼지 못하는 것이라 할 수 있다. 증명에 대한 필요성도 가지지 못한 채 어려운 논리를 적용해가면서 증명을 한다는 것이 학생들에게는 무의미하게 느껴질 수도 있다. 따라서 이 내용을 지도할 때 교사의 적절한 자료 제시와 더불어 증명에 대한 흥미를 먼저 유발하는 것이 필요하다.

여기에서는 먼저 색종이 접기를 통해서 삼각형의 외심의 존재와 개략적인 위치를 추측하게 한 다음, 유일하게 존재한다는 것을 증명하기 위한 기본개념을 알게한다.

☞ 유일하게 존재한다는 것을 증명하는 것은 다음 단원에서 다루기로 한다.

| 단원 | Ⅱ.삼각형의 성질 | 소단원 | 2. 삼각형의 외심과 내심<br>§ 2. 삼각형의 외심 | 대상 | 8-나 |
|---|---|---|---|---|---|
| 수업목표 | 교과내용목표 | 외심의 뜻을 알고 외심이 한 개 존재함을 증명할 수 있다. | | | |
| | 사고기능목표 | 직관적인 사고를 통해서 외심의 존재를 알고, 외심이 한 개만 존재함을 이해할 수 있다. | | | |

: 이번 시간에 여러분들과 배울 내용은 외심이라는 것입니다. 외심이라면 어떠한 생각이 드는지 말해 봅시다.

학생들: (생각한다.)

: 여러분들은 내외라는 말을 들어본 적이 있나요? 그 뜻이 무엇인지 알고 있습니까?

학생1: (자신 있게) 여, 안과 바깥이라는 뜻입니다.

학생2: 부부라는 말을 내외라는 말로도 사용합니다.

(학생들 전체 웃음)

: 예, 좋습니다. 그럼, 여기서 우리가 외심이라고 한 것은 바깥쪽이라는 의미가 있겠지요? 그러면 심이라는 말은 무엇을 뜻하는 말이겠습니까?

학생1: 마음(心)을 뜻할 것 같습니다.

학생2: 중심을 뜻할 것 같습니다.

: 예, 둘 다 좋은 대답을 하였는데 수학적으로 이번 시간에 배울 내용과 관련시킨다면 어느 것이 더 옳을지 말해 봅시다.

학생들: (웃으며) 중심이요.

: 예, 맞습니다. 이번 시간에는 다음과 같은 삼각형에서 외부에 있는 중심을 찾아보는 것입니다. 이 삼각형에서 외부의 중심이라는 말은 무슨 의미이겠습니까?

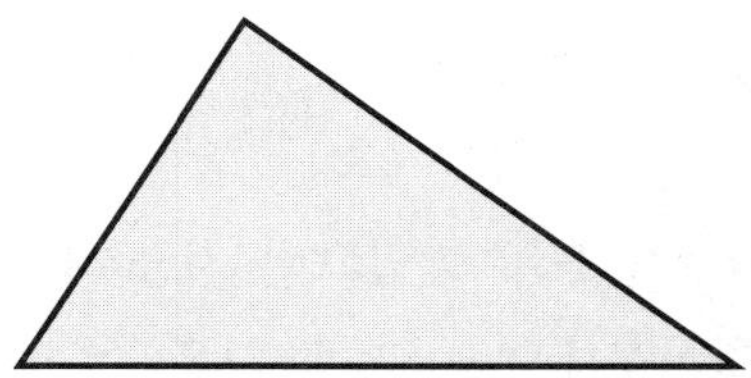

학생: (자신 없는 표정이다.)

: 이 삼각형에서 세 꼭지점을 모두 지나는 원이 있겠습니까?

학생1: (자신 있게) 예, 있을 것 같습니다.

: 원을 어떻게 그릴 수 있습니까?

학생1: 동그랗게요.

학생2: 컴퍼스를 사용해서요.

: 구체적으로 그려볼 수 있습니까?

학생: (자신 없는 듯한 표정을 짓는다.)

: 어렵겠지요. 그렇지만 만일 이 삼각형의 세 꼭지점을 지나는 원이 존재한다면 그 원의 중심을 우리가 뭐라고 할 수 있습니까?

학생1: (자신 있게) 외심이요.

: 예, 맞습니다. 그럼, 지금부터 이 삼각형의 외심을 한번 찾아봅시다. 여러분들 색종이는 모두 준비가 되었습니까?

학생1: (자신 있게) 예.

: 지금부터 각자가 색종이를 삼각형 모양으로 잘라 주세요.
색종이는 어떻게 잘라야 하겠습니까?

학생1: 가위로요.

학생2: 자를 대고 칼로 잘라야 합니다.

: 그 이유는 무엇이겠습니까?

학생1: 칼은 위험하니까요.

학생2: 가위로 자르면 직선을 자르기가 힘이 듭니다.

: 여러분들은 어떻게 생각하나요?

학생1: (멋쩍은 듯) 자로 선을 긋고 가위로 자르면 됩니다.

학생2: 자를 대고 칼로 자르는 것이 더 편리합니다.

: 어렵겠지요. 그렇지만 만일 이 삼각형의 세 꼭지점을 지나는 원이 존재한다면 그 원의 중심을 우리가 뭐라고 할 수 있겠습니까?

학생1: (자신 있게) 외심이요.

: 자, 삼각형을 모두 잘랐으면 지금부터 접기를 통해서 색종이의 외심을 한 번 찾아보세요. 어떻게 찾을 수 있습니까?
(5분의 시간을 준다.)

학생들: (이론적인 것은 별로 생각하지 않은 채) 열심히 접는다.

: 찾은 학생들은 컴퍼스를 이용해서 원을 그려 보세요. 원을 그릴 수 있습니까?

학생들: 예.

: 그럼, 어떻게 중점을 찾았습니까?

학생들: 삼각형을 다음과 같이 각 변의 중점으로 접었어요.

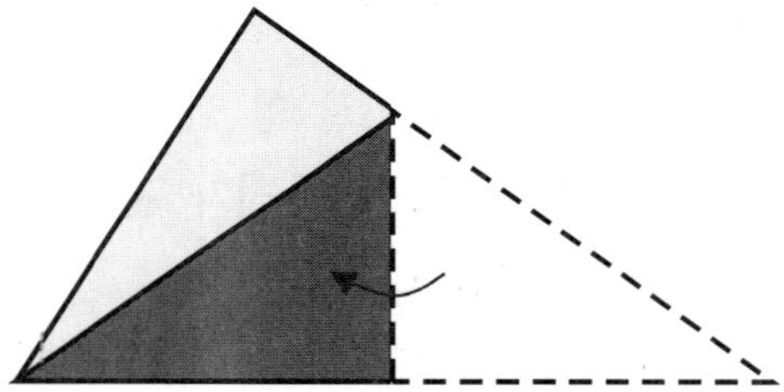

: 그럼, 각 변의 중점으로 몇 번 접어 보았습니까?

학생들: 두 번요. 아니 세 번요.

: 두 개의 변을 각 변의 중점으로 접어 본 학생들은 다시 나머지 한 개의

변을 접어보세요. 두 개의 접힌 선이 만난 그 점을 세 번째의 선이 지나고 있나요?

학생들: (대부분) 예.

: 그런데 일반적으로 두 개의 직선은 평행하지 않는 한, 항상 하나의 점에서 만납니다. 그럼, 세 개의 직선은 어떻게 될 것 같습니까?

학생들: 만나지 못합니다.

학생: 특별한 경우에는 만날 수 있습니다.

: 예, 그런데 여러분들이 방금 접은 삼각형에서는 하나의 점에서 세 개의 선이 만났지요? 정말 일어나기 힘든 상황이 일어났으니 그대로 둘 수는 없겠지요? 그래서 이번 시간에는 왜 이러한 세 개의 선이 한 점에서 만나는지에 대해서 먼저 밝혀 볼 것입니다.

(이하 생략)

### 라) 네 점이 하나의 원 위에 있을 조건

다음은 9-나 단계의 원의 성질에 대한 내용 중 네 개의 점이 하나의 원 위에 있기 위한 조건에 대한 발문 내용이다. 여기에서의 중점 사항은 학습 내용에 대한 충분한 이해를 돕는 것이다. 교과서에는 4개의 점이 하나의 원 위에 있기 위한 조건이 3-4개 정도가 제시되어 있다. 하지만 이는 전혀 연결성이 없는 것처럼 전개되어 있으며, 별다른 이유나 설명 없이 네 개의 점이 하나의 원 위에 있다는 사실만을 증명하게 되어 있다. 교과서에 전개된 대로 증명을 하고 설명을 한다면 대부분의 학생들은 그 증명은 이해를 할 수 있을지 모르나 왜 그 증명이 필요한지, 그리고 앞에서 배운 내용과의 상관성에 대해서는 전혀 모르게 되는 것이 사실이다. 따라서 다음과 같은 발문을 통해서 전체적인 내용 소개와 더불어 그 동기 부여를 정확하게 할 필요가 있다.

| 단원 | Ⅶ. 원의 성질 | 소단원 | 2. 원주각<br>§ 2. 원주각과 호 | 대상 | 9−나 |
|---|---|---|---|---|---|
| 수업목표 | 교과내용목표 | 네 점이 하나의 원 위에 있을 조건을 알 수 있다. | | | |
| | 사고기능목표 | 도형의 성질과 관찰을 통해서 네 점이 하나의 원 위에 있을 조건을 유추할 수 있다. | | | |

**교과내용: 네 점이 한 원 위에 있을 조건**

두 점 C, D가 직선 AB에 대하여
같은 쪽에 있을 때
$\angle ACB = \angle ADB$
이면, 네 점 A, B, C, D는
한 원 위에 있다.

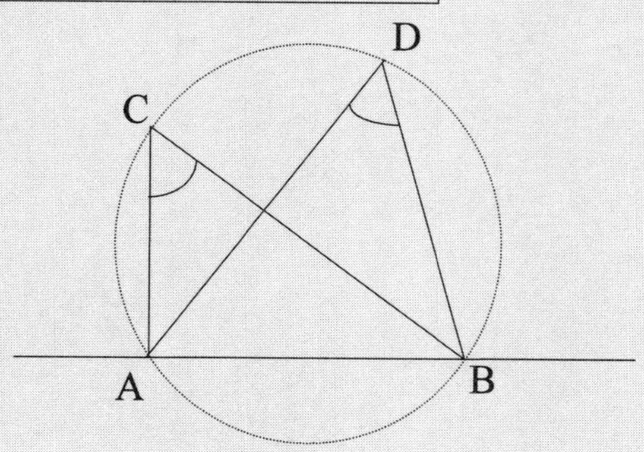

: 먼저 배울 내용에 앞서 다음의 사항에 대해서 한 번 생각해 봅시다. 한 개의 점을 지나는 원은 반드시 존재하나요? 존재한다면 몇 개나 존재하겠습니까?

학생1: (자신 있게) 한 점을 지나는 원은 반드시 있어요.

학생2: 한 점을 지나는 원은 많아요.

: 예, 잘 말했어요. 그럼 두 개의 점을 지나는 원이 존재할까요? 존재한다면 몇 개나 존재하겠습니까?

학생1: 존재합니다.

학생2: 그것도 역시 많이 존재합니다.

: 그림으로 나타내어 볼 수 있습니까?

학생1: (원을 그려 본 다음) 예, 원이 많이 그려집니다.

학생2: 원의 크기와 위치가 다양하게 그려집니다.

[6]: 그 원들의 공통된 성질이 있나요? 있다면 어떠한 성질이 있겠습니까?

학생: (조금 망설이다가) 잘 모르겠는데요.

: 1학년때 배운 작도 부분에서 배운 것을 생각해 보세요.

학생: 예, 맞아요. 두 개의 점을 연결했을 때 생기는 선분의 수직이등분선 위에 원의 중심이 위치합니다.

: 예, 잘 알고 있네요. 다른 학생들도 모두 기억하고 있나요? 있으면 자기말로 한번 이야기 해봅시다.

학생: (자기 말로 이야기한 후 소집단 내에서 의견을 교환한다.)

: 자, 그럼 두 개의 점을 지나는 원은 무수히 많은 것을 알았습니다. 그럼 세 개의 점을 지나는 원은 반드시 존재할까요? 존재한다면 몇 개나 존재하겠습니까?

학생: 무수히 많이 존재할 것 같습니다. (학생들 웃음…)

: 무수히 많은 원들을 직접 그려볼 수 있습니까?

학생1: (직접 그려보고) 존재하지 않는 것 같습니다.

학생2: 잘 그리면 존재하는 것 같습니다.

---

6) : 교사의 심화형 발문 표시(수준별 수업일 경우-심화반에서만 활용)

: 선생님이 하나의 힌트를 주겠는데요, 2학년 때 배운 외심을 기억하고 있습니까?

학생: 예, 알겠습니다. 한 개가 존재합니다.

: 어디에 존재하는지 원의 중심을 찾을 수 있겠습니까?

학생: 예, 세 개의 점을 이은 삼각형의 외심을 찾아서 연결하면 됩니다.

: 그럼 평면상의 세 개의 점을 지나는 원은 항상 존재한다고 할 수 있을까요?

학생1: 예, 항상 존재할 것 같습니다.

학생2: 그런데 세 개의 점이 하나의 직선 위에 있을 때는 곤란합니다.

: 예, 정확하게 말하면 한 직선 위에 있지 않은 세 개의 점을 지나는 원은 항상 한 개가 존재합니다. 자, 그럼 이번 시간의 수업 목표인 한 직선 위에 있지 않은 네 개의 점을 지나는 원은 항상 존재하겠습니까?

학생1: (한참을 생각한 뒤) 예, 존재할 것 같습니다.

학생2: 어려울 것 같습니다.

: 각자 자기 의견에 대한 이유를 설명할 수 있습니까?

학생1: 위의 그림처럼 잘 그리면 원이 존재할 것 같은데요.

학생2: 물론 위의 그림처럼 원을 그리면 그렇겠지만 네 개의 점이 항상 하나의 원 위에 있다고 말하기는 곤란하다고 생각합니다.

: 예, 정확한 지적입니다. 네 개의 점이 항상 하나의 원 위에 있을 수는 없습니다. 그래서 네 개의 점이 하나의 원 위에 있기 위해서는 어떠한 조건이 필요하겠지요? 그 조건은 몇 가지가 있습니다. 이번 시간에 그 조건에 대해서 공부를 하려고 합니다.

(이하 생략)

### 2.1.2 전시 학습 상기에 대한 발문

다음은 수업의 도입시의 발문으로 사용되는 수업 목표 제시 발문, 전시 학습 상기 발문 및 과제 확인 발문 중에서 전시 학습의 내용을 상기하기 위한 발문의 예이다.

여기에서는 마인드맵을 활용한 발문을 하면 전체적인 흐름이나 이번 수업 시간의 수업 내용 도입에 도움이 되며, 또한 학생들의 유연한 사고 활동에도 도움이 된다.

#### 1) 출발점 행동 확인

전시간의 학습을 상기시키기 위한 발문의 목적은 본 수업을 위해 학생들의 지적인 영역의 출발점을 확인하는 면이 강하다. 다음은 이러한 기능을 위한 발문의 예이다.

#### 가) 일차방정식의 풀이

다음은 일차방정식의 풀이를 배우기 이전에 전시간에 학습한 등식의 성질을 상기시키기 위한 발문이다.

<table>
<tr><td>단원</td><td>Ⅳ. 일차방정식</td><td>소단원</td><td>1. 일차방정식<br>§ 3. 일차방정식의풀이</td><td>단계</td><td>7-가</td></tr>
<tr><td rowspan="2">수업목표</td><td>교과내용목표</td><td colspan="4">등식의 성질을 활용하여 일차방정식을 풀 수 있다.</td></tr>
<tr><td>사고기능목표</td><td colspan="4">일차방정식의 해를 구하는 방법을 등식의 성질로부터 유추할 수 있다.</td></tr>
</table>

: 안녕하세요? 이번 시간에 배울 내용은 일차방정식의 풀이입니다. 먼저 지난 시간에 배운 내용에 대해서 한 번 생각을 해볼까요? 지난 시간에 배운 내용에 대해서 기억이 납니까?

학생1: 예, 등식의 성질입니다.

학생2: 방정식의 해에 대해서도 배웠습니다.

: 등식의 성질은 몇 가지이며, 무엇인지 말해 볼 수 있습니까?

학생들: 등식의 성질은 4가지입니다.

학생: 등식의 양변에 같은 수를 더하거나, 빼거나, 곱하거나, 나누어도 등식은 성립한다는 것이었습니다.

: 예, 잘 알고 있네요. 그런데 네 번째 성질에서 주의할 사항이 있었던 것 같은데 무엇이었습니까?

학생: 예, 양변에 나누는 수는 0은 아니어야 합니다.

: 그리고 방정식의 해라는 것이 무엇인지 기억할 수 있습니까?

학생: 예, 방정식을 참이 되게 하는 미지수의 값입니다.

: 그러면 $x+1=5$의 해는 얼마가 되겠습니까?

학생: $x$의 값은 4입니다.

: 어떻게 구했습니까?

학생1: 그냥 보면 알아요.

학생2: 대입해 보면 알아요.

: 그럼, $x+\frac{2}{7}=\frac{4}{9}$의 해나 $2x+1=4$의 해는 어떻게 되는지 구할 수 있습니까?

학생: (머뭇거리면서) 선생님, 좀 복잡하네요.

: 위의 문제와 다른 점이 있습니까?

학생: 아니오. 수만 다르고 방정식의 모양은 거의 같아요.

: 그럼, 왜 이 방정식의 해는 구하기가 어려울까요? 우리가 이번 시간에 배울 내용은 아무렇게나 주어진 모든 일차방정식의 해를 구하는 것입니다. 이것을 하기 위해서 우리는 지난 시간에 배운 등식의 성질을 이용할 것입니다. 등식의 성질을 기호로 나타낼 수 있습니까?

학생들: (다같이) 등식의 성질을 말하고 기호로 나타내어 본다.

**등식의 성질**

1. 등식의 양변에 같은 수를 더하여도 등식은 성립한다.
   $a=b$이면 $a+c=b+c$이다.
2. 등식의 양변에 같은 수를 빼어도 등식은 성립한다.
   $a=b$이면 $a-c=b-c$이다.
3. 등식의 양변에 같은 수를 곱하여도 등식은 성립한다.
   $a=b$이면 $a\times c=b\times c$이다.

2\. 등식의 양변에 0이 아닌 같은 수를 나누어도 등식은 성립한다.
   $a=b$이면 $\frac{a}{c}=\frac{b}{c}$이다.( $c\neq0$)

: 그럼 이 중에서 $x+\frac{2}{7}=\frac{4}{9}$의 해를 구하기 위해서는 등식의 성질 중에서 어느 것을 사용해야 하겠습니까?

(이하 생략)

## 나) 함수의 그래프

다음은 함수의 그래프를 배우기 이전에 전시간에 학습한 순서쌍과 좌표의 내용을 상기시키기 위한 발문이다(**참고자료 2.7** 참조).

<table>
<tr><td>단원</td><td>Ⅳ. 규칙성과 함수</td><td>소단원</td><td>2. 함수의 그래프와 활용<br>§ 2. 함수의 그래프</td><td>단계</td><td>7-가</td></tr>
<tr><td rowspan="2">수업목표</td><td>교과내용목표</td><td colspan="4">함수의 그래프를 그릴 수 있다.</td></tr>
<tr><td>사고기능목표</td><td colspan="4">함수의 그래프의 뜻을 이해하고, 그래프를 그릴 수 있다.</td></tr>
</table>

: 안녕하세요? 이번 시간에 배울 내용은 함수의 그래프를 그리는 것입니다. 지난 시간에 배운 내용에 대해서 한 번 생각해 볼까요? 어떤 용어들을 배웠습니까?

학생1: 순서쌍에 대하서 배웠습니다.

학생2: 좌표와 좌표축에 대해서 배웠습니다.

학생3: 좌표평면에 대해서 배웠습니다.

학생4: 사분면에 대해서 배웠습니다.

: 예, 매우 잘 알고 있네요. 그럼, 용어의 뜻에 대해서 기억나는 대로 한 번 말해 볼까요? 먼저, 순서쌍이라는 것이 무엇입니까?

학생: (1, 2)와 같은 것입니다.

: 좀더 구체적으로 말할 수 있습니까?

학생: 순서를 생각하여 짝지은 두 수의 쌍입니다.

: (1, 2)와 {1, 2}의 차이점은 알고 있습니까?

학생1: 예, 앞의 것은 순서쌍이고, 뒤의 것은 집합입니다.

학생2: 앞의 것은 순서를 생각한 것이고, 뒤의 것은 순서를 무시해도 됩니다.

: 예를 들어서 설명할 수 있습니까?

학생: 예, 앞의 것은 (1, 2)와 (2, 1)은 서로 다른 것이고, 뒤의 집합은 {1, 2}나{2, 1}이나 같은 것입니다. 즉, 앞의 것은 순서를 생각해서 나타낸 것이고, 뒤의 것은 순서를 무시해도 된다는 뜻입니다.

: 예, 매우 정확하고 알고 있네요. 그럼, 좌표는 무엇입니까?

학생: 점을 나타낸 것입니다.

: · 을 뜻하는 말인가요?

학생들: (웃으며) 아니오. P(2)나 Q(2, 4)와 같은 것을 나타냅니다.

: P(2)와 Q(2, 4)의 차이점은 무엇입니까?

학생: P(2)는 수직선 위에 나타낸 좌표이고, Q(2, 4)는 좌표평면에 나타낸 좌표입니다.

: 좌표평면의 뜻은 알고 있습니까?

학생: $x$, $y$축으로 이루어진 평면을 뜻합니다.

: 예, 정확하게 알고 있군요. 그럼, 사분면에 대해서는 알고 있습니까?

학생: 예, 제1사분면, 제2사분면, 제3사분면, 제4사분면이 있습니다.

: 그림으로 나타낼 수 있습니까?

학생: (자신 있게 그림을 그리면서 각 사분면에 해당하는 영역을 짚으며 응답을 한다.)

: 그럼, 좌표평면 위에 원하는 점을 나타낼 수 있습니까?

학생: 예.

: 이번 시간에는 이러한 성질을 이용하여 함수의 그래프를 그리는 방법에 대해서 공부를 할 것입니다.

**[참고자료 2.7 : 그래프로 표현할 수 있나요? 참조]**

(이하 생략)

## [참고자료 2.7] 그래프로 표현할 수 있나요?

1. 날쌘돌이 토끼와 느림보 거북이가 경주를 하네요.
   우리가 아는 이야기 중에는 토끼가 가다가 잠을 자서 거북이가 빨리 가는 것도 있지만, 지금은 둘 다 처음부터 끝까지 각자 같은 속력으로 달린다고 해봅시다.
   누가 이길까요?

2. 이 상황을 우리가 좋아하는 그래프로 표현해 볼까요?
   누구의 그래프인지 골라 볼까요?

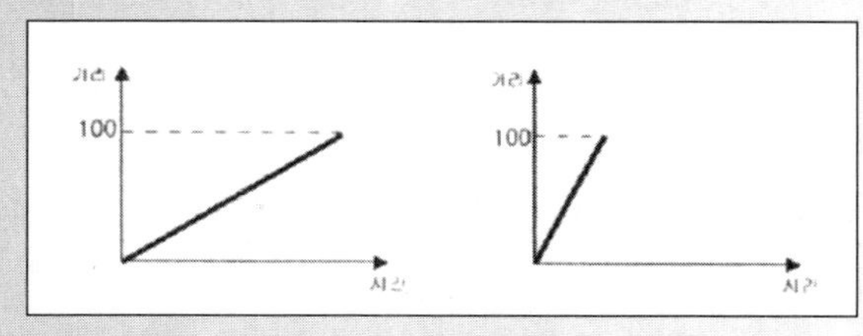


(　　　　　　)　(　　　　　　)

3. 토끼와 거북이의 이동상황을 같은 좌표 평면에 나타내어 보면 다음과 같습니다.

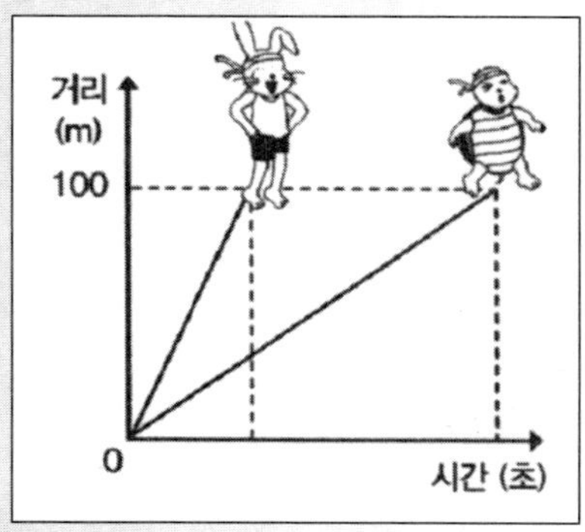


경남 교수 학습 지원센터 교육포털(www.gnedu.net) 홈페이지 내 '우수 콘텐츠'의 창의력 개발 콘텐츠(중학교 수학)

### 다) 뿔의 부피와 겉넓이

다음은 뿔의 부피와 겉넓이를 배우기 전에 전시간에 학습한 기둥의 부피와 겉넓이에 대한 내용을 상기하기 위한 발문이다(**참고자료 2.8** 참조).

| 단원 | Ⅳ. 도형의 측정 | 소단원 | 2. 입체도형의 측정<br>§ 2. 뿔의 부피와 겉넓이 | 단계 | 7-나 |
|---|---|---|---|---|---|
| 수업목표 | 교과내용목표 | 뿔의 부피와 겉넓이를 구할 수 있다. | | | |
| | 사고기능목표 | 각뿔과 원뿔을 이해하고, 각각에 대한 겉넓이와 부피를 유추할 수 있다. | | | |

: 안녕하세요? 이번 시간에 배울 내용은 뿔의 부피와 겉넓이를 구하는 내용입니다. 지난 시간에 배운 내용들을 알고 있습니까?

학생들: 예, 기둥에 대한 것들을 배웠습니다.

: 기둥의 종류는 어떠한 것들이 있었습니까?

학생: 각기둥과 원기둥이 있습니다.

: 지난 시간에 기둥에 대한 어떤 내용을 배웠습니까?

학생: 기둥의 부피와 겉넓이를 구하는 방법에 대해서 배웠습니다.

: 기둥의 부피를 구할 수 있습니까?

학생: 예.

: 어떻게 구할 수 있을까요?

학생: 먼저 기둥의 밑넓이를 구한 다음 높이를 곱하면 됩니다.

: 기둥에는 모두 밑넓이가 존재할까요?

학생: (조금 생각하다가) 예, 모두 존재합니다.

: 다음 그림을 기둥이라고 할 수 있을까요?

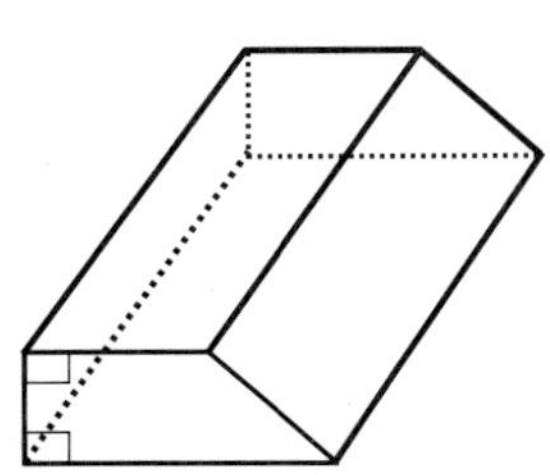

학생: 예.

: 왜 그렇게 생각하나요?

학생: 주어진 입체도형을 세우면 사다리꼴의 밑면이 됩니다.

: 그 다음은 어떻게 구하나요?

학생: 먼저 사다리꼴의 넓이를 구한 다음 높이를 곱하면 됩니다.

: 예, 매우 잘 구하였습니다. 그러면 기둥의 겉넓이는 어떻게 구하면 되겠습니까?

학생: 예, 먼저 전개도를 생각하면 쉽게 구할 수 있습니다.

: 예, 아주 좋습니다. 전개도를 그려서 모두 구할 수 있습니까?

학생: 예.

: 그럼 이번 시간에는 이를 이용하여 뿔에 대한 부피와 겉넓이를 구하도록 하겠습니다. 그럼, 뿔의 모양과 기둥의 모양이 어떻게 다른지 구별할 수 있습니까?

학생들: 예.

: 모양이 어떻게 다른지 말할 수 있습니까?

학생1: 기둥은 밑면이 2개인데 뿔은 밑면이 하나밖에 없어요.

학생2: 각기둥의 옆면은 모두 사각형인데, 뿔의 옆면은 사각형이 되지 않습니다.

: 예, 그럼 지난 시간에 배운 기둥과 비교해서 뿔의 부피부터 생각해 보도록 합시다.

**[참고자료 2.8 : 아르키메데스와 함께! 참조]**

(이하 생략)

## [참고자료 2.8] 아르키메데스와 함께!

### 아르키메데스의 묘비

목욕탕에서 부력의 원리를 발견해 "유레카! 유레카!"로 유명한 고대 그리스의 과학자 아르키메데스. 그는 한 번 연구에 빠지면 다른 것은 신경을 쓰지 않는 집중력 탓에 결국 죽음에까지 이르고 말았다.

당시 자중해를 장악한 로마가 마침내 아르키메데스가 사는 그리스 시라쿠사에도 쳐들어왔다. 로마 군을 이끌던 마르켈루스는 아르키메데스의 명성을 익히 들었던 터라 반드시 살려 두라고 명령을 내렸다.

시라쿠사에 로마 군이 도착했을 때 아르키메데스는 모래 위에 열심히 원을 그리며 연구에 몰두해 있었다. 이때 아르키메데스를 잘 알지 못하는 로마병사 하나가 그의 앞에 멈춰 섰다. 그러자 아르키메데스는 고함을 쳤다.

"누구냐? 원을 밟지 말고 저리 비켜라." 적군인 줄도 모르고 고래고래 소리를 지는 괴팍한 노인을 본 병사는 기가 막혔다.

'지금 대 로마군이 이 마을을 점령한 터에 상황 파악도 못하고 호통을 치다니, 건방지군.'

로마 병사는 그 자리에서 칼을 뽑아 아르키메데스를 베어 버렸다.

며칠 뒤 아르키메데스가 자신의 병사에 의해 죽었다는 소식을 듣고 마르켈루스는 안타까움에 한숨을 쉬었다. 그는 점령국의 과학자인 아르키메데스에게 최대한 예우를 갖춰 장례를 치어 주었다. 그리고 아르키메데스가 생전에 말한 대로 '원기둥에 구와 원뿔이 내접한 모양'의 그림을 묘비에 세워 주었다.

▸ 아르키메데스의 묘비에 그려진 원기둥에 구와 원뿔이 내접한 그림은 원뿔, 구 그리고 원기둥 사이에 어떤 관계가 있음을 보여줄까?

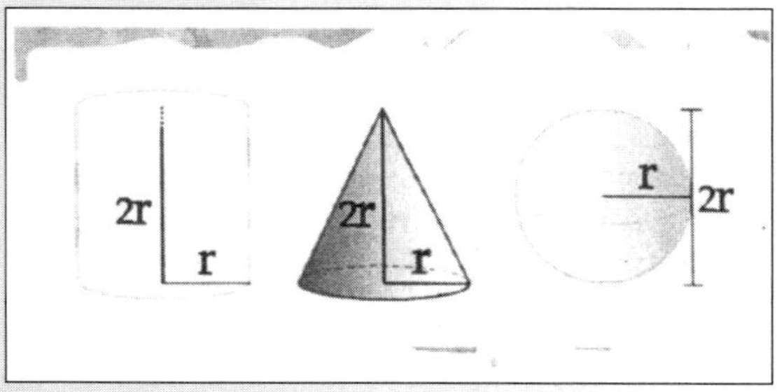


반지름이 같고 높이가 같은 세 개의 도형인 원뿔, 구 그리고 원기둥 사이에 숨어있는 비밀을 찾아보자.

경남 교수 학습 지원센터 교육포털(www.gnedu.net) 홈페이지 내 '우수 콘텐츠'의 창의력 개발 콘텐츠(중학교 수학)

### 2.1.3 과제 확인시 발문

이 절에서는 수업도입시 발문 중 과제를 확인할 때 발문에 대해 알아본다.

과제는 전시 학습 관련 정착 의미를 부여하는 방법으로 운영할 수 있다. 이러한 과제는 앞의 학습 내용의 복습과 더불어 심화 학습, 그리고 예습을 위하여 필요하다.

#### 1) 관련 정착 의미의 부여

다음은 학생들이 가진 지식과의 관련 정착 의미를 부여하기 위한 발문의 예이다.

#### 가) 자료의 정리와 자료의 관찰(프로젝트 학습 결과물)

다음은 과제 내용 중에서 프로젝트 학습의 결과 처리를 위한 발문으로 과제를 이행한 후에 할 수 있는 발문의 예이다. 프로젝트 학습에 대한 과제는 통계 단원을 모두 배우고 난 다음 제시하였으며 학생들이 과제 해결을 위해서 소요한 시간은 일주일이다.

| 단원 | Ⅰ. 통계 | 소단원 | 전 단원 | 단계 | 7-나 |
|---|---|---|---|---|---|
| 수업목표 | 교과내용목표 | 주어진 자료를 정리하고 그 결과를 구할 수 있다. | | | |
| | 사고기능목표 | 자기 자신의 원하는 자료의 결과를 유추하고 문제를 해결할 수 있다. | | | |

**[참고자료 2.9~2.14] 참조**

: 여러분, 과제는 모두 해결했습니까?

학생들: 예.

: 과제를 해결하기가 어떠했습니까?

학생1: 어려웠어요.

학생2: 하지만 정말 재미있었어요.

: 먼저 어려운 점들을 이야기해 보겠습니까?

학생1: 시간이 너무 많이 걸리고 직접 조사하고 그래프를 그리고 하는 것

이 힘들었어요.

학생2: 주제를 정하는 것도 힘이 들었어요.

학생3: 친구들과 의논도 하지 않고 혼자서 하는 일이 힘들었어요.

: 다음은 좋았던 점에 대해서 한 번 이야기를 해보겠습니까?

학생2: 제가 평소에 궁금한 것을 해결할 수 있어서 좋았습니다.

: 평소에 궁금한 사항이 무엇이었습니까?

학생2: 예, 저는 제가 학교에 오는 데까지 걸린 시간이 우리 반에서 몇 번째 정도인지가 궁금했고, 또한 우리 반 친구들의 등교 시간도 궁금했습니다.

: 궁금한 것은 모두 해결을 했습니까?

학생2: 예, 조금 힘들긴 했지만 제가 원하는 결과를 얻을 수 있어서 매우 좋았습니다.

: 발견한 사항은 어떠한 것들이 있었습니까?

**(참고자료 2.11 프로젝트 학습 과제물 1 참조)**

학생: 예, 제가 알게 된 사실은 우리 반 친구들의 평균 등교 시간은 18분 정도이며, 저는 적게 걸리는 쪽에서 약 15번째에 해당되었습니다.

: 그 이외에 더 궁금한 사항은 없었습니까?

학생: 아뇨, 매우 많았습니다. 친구들의 교통 수단에 대해서도 궁금했지만 그것은 막대 그래프로 나타날 것 같아서 하지 않았고 요즈음 우리가 아침 독서 운동을 매우 강조하고 있는데, 우리 반 친구들의 하루 독서 시간도 조사를 해보고 싶었습니다.

: 그래요. 좋은 생각입니다. 그럼, 혹시 이번 과제로 독서 시간에 대해서 조사를 한 친구가 있습니까?

학생1: 예, 제가 독서 시간에 대해서 조사를 하였습니다.

: 그럼, 간단하게 본인이 조사한 것을 발표할 수 있습니까?

**(참고자료 2.12 프로젝트 학습 과제물 2 참조)**

학생1: 예, 저는 우리 반 친구들을 대상으로 독서 시간을 조사하였는데, 조사 방법은 직접 친구에게 물어서 조사를 하였습니다.

: 여러분들은 약 몇 시간 정도가 나올 것이라고 추측하나요?

학생들: 10분, 20분, 2시간, 전혀 읽지 않는다 등

: 여러분들이 굉장히 다양한 의견을 제시하였는데, 실제로 조사한 내용으로 평균이 약 몇 시간 정도 나왔습니까?

학생1: 예, 제가 구한 바로는 평균이 약 67분 정도 나왔습니다.

: 그리고 또 다른 발견으로는 어떠한 것이 있었습니까?

학생1: 예, 저는 이 친구들을 기준으로 독서를 적게 하는 쪽에서 약 32번째 정도가 된다는 것을 알았습니다.

: 약 몇 번째라는 것은 어떠한 방법을 사용해서 구하였습니까?

학생: 예, 저는 누적도수분포표에서 저의 독서량을 중심으로 구해 보았습니다.

: 예, 매우 잘했습니다. 그런데 한 친구가 조금 전에 제시한 여러분들의 독서 시간은 하루의 평균 독서 시간이었습니다. 그러면 지금 당장 우리 반의 1주일간의 독서 시간에 대한 평균을 구하고 싶다면 어떻게 하면 가장 빨리 구할 수 있겠습니까?

학생1: 모두 적어서 제출해요.

학생2: 도수분포표를 만들어요.

학생3: 손을 들어서 조사를 해요.

: 예, 좋은 의견들입니다. 이 중에서 어느 의견이 가장 편리할 것 같습니까?

학생들: 손을 들어서 조사를 하는 것이요.

: 예, 그럼 지금부터 여러분의 독서 시간에 대한 시간을 조사할 테니 각자 1주일 동안 평균 얼마나 독서를 하는지 생각하세요. 그런데 선생님이 어떻게 묻는 것이 좋겠습니까?

학생1: 1시간부터 물으면 돼요.

학생2: 전혀 읽기 않는 것부터 차례대로 물으면 돼요.

: 그 밖에 다른 의견은 없습니까?

학생: 계급을 정해서 물으면 빠를 것 같습니다.

: 그렇지요. 그럼 지금부터 계급을 정해서 조사를 하고 평균을 조사해 보도록 합시다.

[중간 생략]

: 그 이외에 또 다른 주제는 어떠한 것이 있었습니까?

학생1: 저는 콩나물의 길이를 조사하여 보았습니다.

학생2: 한 사람이 하루에 마시는 물의 양을 조사해 보았습니다.

: 콩나물의 길이를 구한 친구는 왜 그러한 주제를 선택하게 되었습니까?

**(참고자료 2.13 프로젝트 학습 과제물 3 참조)**

학생: 예, 저는 어머니와 콩나물을 다듬다가 불현듯 숙제 생각이 나서 모든 콩나물의 길이를 측정하였습니다.

: 얻은 사실은 어떠했습니까?

학생: 저는 우리 집에서 사온 콩나물 중에서 50개를 측정하여 얻은 길이의 평균은 약 14.5$cm$ 정도였으며, 그 과정이 매우 힘들었습니다. 그리고 콩나물 50개를 측정해서 자료를 구하는 것도 이렇게 힘이 드는데 우리 나라 인구 조사를 하는 일은 정말 힘이 들겠다는 생각이 들었습니다.

: 예, 매우 좋은 경험을 하였네요. 11월에 실시되는 인구 센서스에 열심히 협조해야겠습니다. 다음은 하루에 마시는 물의 양을 조사한 친구는 어떠한 것들을 발견하였습니까?

**(참고자료 2.14 프로젝트 학습 과제물 4 참조)**

학생: 예, 제가 조사한 것은 우리 반 친구뿐만 아니라 인터넷 친구들을 대상으로 50명을 조사하였는데, 하루 평균 마시는 물의 양은 948 $ml$ 정도로 나타났습니다. 저는 이보다 훨씬 적은 물을 마셨는데 물을 많이 마시는 것이 몸에 좋다고 하니 저도 앞으로는 물을 많이 마셔야겠다는 생각이 들었습니다.

**[참고자료 2.9 : 프로젝트 학습 과제 해결 양식(A4) 참조]**
**[참고자료 2.10 : 프로젝트 학습 결과 처리표 참조]**
**[참고자료 2.11 : 프로젝트 학습 과제 결과물 1 참조]**
**[참고자료 2.12 : 프로젝트 학습 과제 결과물 2 참조]**
**[참고자료 2.13 : 프로젝트 학습 과제 결과물 3 참조]**
**[참고자료 2.14 : 프로젝트 학습 과제 결과물 4 참조]**

(이하 생략)

## [참고자료 2.9] 프로젝트 학습 과제 해결 양식(A4)

<table>
<tr><th colspan="2">창의성 학습 활동지 형식 (미니프로젝트 학습)</th></tr>
<tr><td>날 짜</td><td>2007년 월 일 ~ 월 일</td></tr>
<tr><td>작성자</td><td>1학년 ( )반 ( )번 이름 ( )</td></tr>
<tr><td colspan="2">1. 주제<br><br>2. 선택하게 된 동기 및 배경<br><br>3. 조사 방법 및 계획<br><br>4. 조사한 내용<br><br>5. 더 알고 싶은 점 및 느낀 점</td></tr>
</table>

## [참고자료 2.10] 프로젝트 학습 결과 처리표

<table>
<tr><td>프로젝트 주제</td><td colspan="2"></td></tr>
<tr><td colspan="3">다음 기준에 따라 등급을 매기시오.( 3-좋음, 2-보통, 1-부족함)<br>* 전 소집단원들이 모두 우수하다고 인정할 때에는 1점의 가산점을 부여할 수 있다.</td></tr>
<tr><td colspan="3">1. 아이디어 및 계획</td></tr>
<tr><td colspan="2">* 학습에 도움이 되는가?</td><td></td></tr>
<tr><td colspan="2">* 아이디어는 창의적인가?</td><td></td></tr>
<tr><td colspan="2">* 아이디어가 프로젝트에 적합한가?</td><td></td></tr>
<tr><td colspan="2">* 계획이 세부적인가?</td><td></td></tr>
<tr><td colspan="2">* 학생들의 능력에 적합한가?</td><td></td></tr>
<tr><td colspan="2">* 동기는 충분한가?</td><td></td></tr>
<tr><td colspan="2">총점</td><td></td></tr>
<tr><td colspan="3">2. 실행 및 발표</td></tr>
<tr><td colspan="2">* 진행되는 단계가 잘 제시되었는가?</td><td></td></tr>
<tr><td colspan="2">* 내용 전달이 정확했는가?</td><td></td></tr>
<tr><td colspan="2">* 발표시 기자재 및 자료는 잘 사용했는가?</td><td></td></tr>
<tr><td colspan="2">* 학생들의 질문에 대한 답은 충분했나?</td><td></td></tr>
<tr><td colspan="2">* 발표 내용이 흥미롭고 다른 학생들의 관심을 끌었는가?</td><td></td></tr>
<tr><td colspan="2">총점</td><td></td></tr>
<tr><td colspan="3">3. 결과물 및 결과</td></tr>
<tr><td colspan="2">* 최종결과물이 학습의 정도를 반영하는데 충분한가?</td><td></td></tr>
<tr><td colspan="2">* 본인의 학습에 도움이 되었는가?</td><td></td></tr>
<tr><td colspan="2">* 일반 학생들의 학습에 도움이 되었는가?</td><td></td></tr>
<tr><td colspan="2">총점</td><td></td></tr>
<tr><td colspan="3">4. 교사의 평가</td></tr>
<tr><td colspan="3">*창의성 요소(유창성, 융통성, 독창성, 정교성)에 대한 평가 포함</td></tr>
<tr><td>장점</td><td colspan="2"></td></tr>
<tr><td>단점</td><td colspan="2"></td></tr>
<tr><td>전체 평가</td><td colspan="2"></td></tr>
</table>

## [참고자료 2.11] 프로젝트 학습 과제 결과물 1

### 통계 보고서

1학년 (2)반 (28)번 (문교언)

**1. 주제(조사내용)**

집에서 학교까지 등교할 때 걸리는 시간

**2. 주제 선택 동기 및 배경**

나는 집에서 학교까지의 등교할 때 걸리는 시간이 10분이라서 학교를 빨리 오는데 다른 소수의 아이들은 지각을 할 때가 있어서 아이들이 등교하는 시간이 알고싶어졌다

**3. 조사 방법**

친구들에게 전화를 하여서 물어보기도 하고, 컴퓨터 대화창을 통해서 친구들에게 물어보았다

**4. 조사 자료 기록표**

| 번호 | | 번호 | | 번호 | | 번호 | | 번호 | |
|---|---|---|---|---|---|---|---|---|---|
| 1 | 3 | 11 | 10 | 21 | 10 | 31 | 10 | 41 | |
| 2 | 25 | 12 | 5 | 22 | 15 | 32 | 20 | 42 | |
| 3 | 10 | 13 | 5 | 23 | 10 | 33 | 15 | 43 | |
| 4 | 5 | 14 | 20 | 24 | 25 | 34 | 25 | 44 | |
| 5 | 20 | 15 | 15 | 25 | 10 | 35 | 25 | 45 | |
| 6 | 25 | 16 | 20 | 26 | 15 | 36 | 10 | 46 | |
| 7 | 15 | 17 | 15 | 27 | 5 | 37 | 15 | 47 | |
| 8 | 25 | 18 | 20 | 28 | 15 | 38 | 5 | 48 | |
| 9 | 15 | 19 | 25 | 29 | 10 | 39 | 20 | 49 | |
| 10 | 10 | 20 | 25 | 30 | 20 | 40 | 25 | 50 | |

5. 조사한 내용

(1) 도수, 상대도수, 누적도수분포표

| 계급 | 도수 | 상대도수 | 누적도수 |
|---|---|---|---|
| 0 이상 ~ 5 미만 | 1 | 0.025 | 1 |
| 5 ~ 10 | 5 | 0.125 | 6 |
| 10 ~ 15 | 9 | 0.225 | 15 |
| 15 ~ 20 | 9 | 0.225 | 24 |
| 20 ~ 25 | 7 | 0.175 | 31 |
| 25 ~ 30 | 9 | 0.225 | 40 |
| 합계 | 40 | 1 | 40 |

(2) 도수분포표에서 평균 구하기

$$\frac{(2.5\times1)+(7.5\times5)+(12.5\times9)+(17.5\times9)+(22.5\times7)+(2}{40}$$

$$=\frac{37.5+112.5+157.5+247.5+2.5}{40}=\frac{715}{40}=\text{약 }17.9$$

(3) 히스토그램과 도수분포다각형

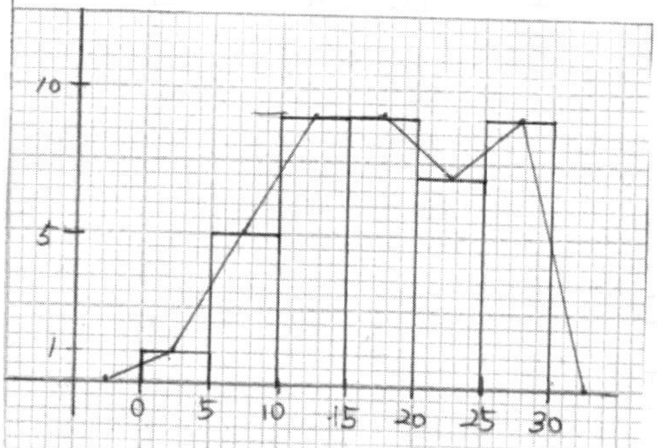

(4) 누적도수 그래프

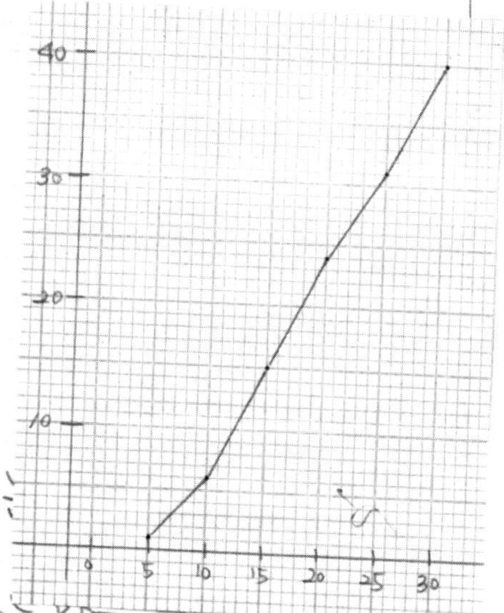

6. 느낀점 및 더 알고 싶은 점

의외로 등교시간이 많이 걸리는 그만큼 학교가 먼 거리인 것 친구들은 버스타고 가는데.. 라는 말을 ... 이번에 등교시간을 조사해본 계기로 친구들의 등교할 때의 교통수단을 알고싶다

## [참고자료 2.12] 프로젝트 학습 과제 결과물 2

# 통계 보고서

1학년 (2)반 (4)번 (김병근 )

### 1. 주제(조사내용)

1-2반 학생들의 하루의 독서시간

### 2. 주제 선택 동기 및 배경

나는 독서에 매우 관심이 있고, 아침독서 운동도 시행되는 때에 우리반 아이들이 얼마나 독서를 많이 하는지 알고 싶어 이 보고서를 작성한다.

### 3. 조사 방법

우리 반 아이들에게 직접 물어 보는 방식으로 조사하였다.

### 4.조사 자료 기록표

(단. 판타지소설, 하이틴소설, 만화책을 읽는 시간은 뺐다.)

(단위 : 분)

| 번호 | | 번호 | | 번호 | | 번호 | | 번호 | |
|---|---|---|---|---|---|---|---|---|---|
| 1 | 60 | 11 | 20 | 21 | 30 | 31 | 60 | 41 | 60 |
| 2 | 60 | 12 | X | 22 | 30 | 32 | 90 | 42 | |
| 3 | X | 13 | 30 | 23 | 120 | 33 | 0 | 43 | |
| 4 | 120 | 14 | 30 | 24 | 60 | 34 | 60 | 44 | |
| 5 | X | 15 | 30 | 25 | 30 | 35 | 30 | 45 | |
| 6 | 0 | 16 | 30 | 26 | 0 | 36 | 60 | 46 | |
| 7 | 0 | 17 | 0 | 27 | 60 | 37 | 0 | 47 | |
| 8 | 180 | 18 | 120 | 28 | 180 | 38 | 210 | 48 | |
| 9 | 60 | 19 | 120 | 29 | 60 | 39 | 120 | 49 | |
| 10 | 60 | 20 | 0 | 30 | 30 | 40 | 0 | 50 | |

5. 조사한 내용

(1) 도수, 상대도수, 누적도수분포표

| 계급 | 도수 | 계급값 | 상대도수 | 누적도수 |
|---|---|---|---|---|
| 0~30 | 9 | 15 | 0.25 | 9 |
| 30~60 | 8 | 45 | 0.22 | 17 |
| 60~90 | 11 | 75 | 0.31 | 28 |
| 90~120 | 4 | 105 | 0.11 | 32 |
| 120~150 | 0 | 135 | 0 | 32 |
| 150~180 | 0 | 165 | 0 | 32 |
| 180~210 | 2 | 195 | 0.05 | 34 |
| 210~240 | 1 | 225 | 0.02 | 35 |
| 계 | 35 | | 1 | 35 |

(2) 도수분포표에서 평균 구하기

| |
|---|
| 9*15=135 |
| 8*45=360 |
| 11*75=825 |
| 4*105=420 |
| 2*195=390 |
| 1*225=225 |
| =135+360+825+420+390+225=2355 |
| =2355/35=67.28 |

평균은 67.28분이다.

(3) 히스토그램과 도수분포다각형

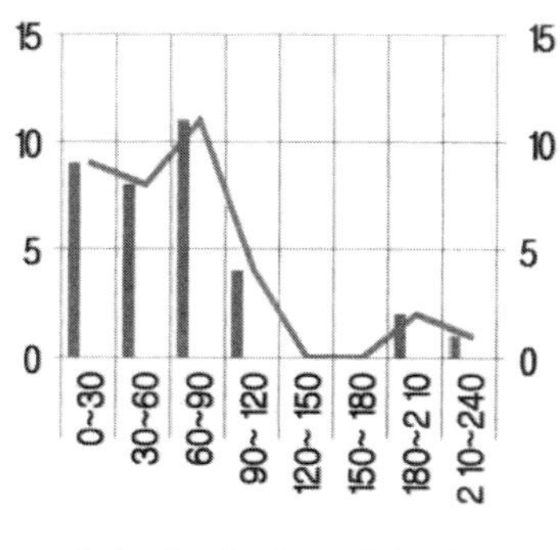


9,17,28,32,32,32,34,35

(4) 누적도수 그래프

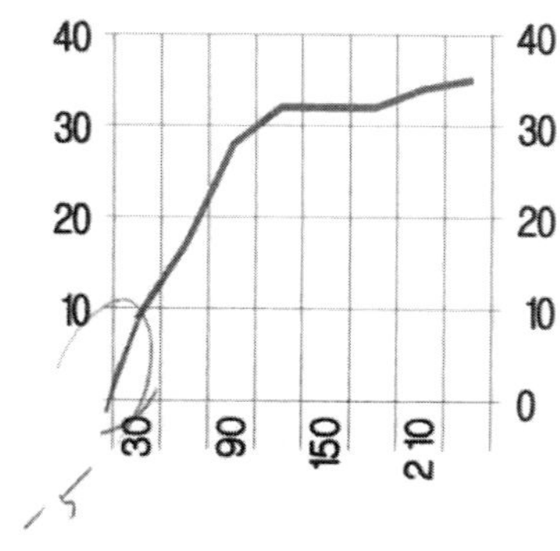


6. 느낀점 및 더 알고 싶은 점

이 보고서를 쓰며 우리반 아이들이 책을 별로 읽지 않는 아이들이 있고, 있다해도 판타지소설, 하이틴 소설, 만화책등을 읽는다는 것이 안타까웠다.

앞으로 좋은 책을 많이 읽어 미래를 대비해야 되겠다.

## [참고자료 2.13] 프로젝트 학습 과제 결과물 3

# 통계 보고서

1학년 ( 2 )반 ( 8 )번 ( 박 수 정 )

**1. 주제(조사내용)**

콩나물의 길이

**2. 주제 선택 동기 및 배경**

어머니께서 콩나물 머리를 벗기고 꼬리를 떼라고 하셨다.
그러다가 콩나물 길이가 궁금했다.
콩나물 길이를 재어 통계 보고서를 작성해 보고 싶었다.

**3. 조사 방법**

1. 쟁반위에 나란히 콩나물을 편다.
2. 콩나물길이를 자로 재어본다.
3. 기록을 한다.

**4. 조사 자료 기록표**

( 단위: cm )

| 번호 | | 번호 | | 번호 | | 번호 | | 번호 | |
|---|---|---|---|---|---|---|---|---|---|
| 1 | 16.2 | 11 | 12.2 | 21 | 14.8 | 31 | 12.5 | 41 | 16.1 |
| 2 | 14.0 | 12 | 15.2 | 22 | 13.0 | 32 | 14.8 | 42 | 18.3 |
| 3 | 11.5 | 13 | 17.1 | 23 | 11.5 | 33 | 16.5 | 43 | 10.5 |
| 4 | 11.0 | 14 | 11.5 | 24 | 16.1 | 34 | 14.5 | 44 | 13.7 |
| 5 | 13.0 | 15 | 12.0 | 25 | 12.2 | 35 | 15.2 | 45 | 15.7 |
| 6 | 15.6 | 16 | 15.1 | 26 | 15.0 | 36 | 18.7 | 46 | 16.2 |
| 7 | 15.8 | 17 | 11.5 | 27 | 14.3 | 37 | 15.0 | 47 | 10.2 |
| 8 | 12.8 | 18 | 14.3 | 28 | 14.2 | 38 | 14.3 | 48 | 18.6 |
| 9 | 17.5 | 19 | 14.5 | 29 | 13.8 | 39 | 15.3 | 49 | 13.2 |
| 10 | 12.0 | 20 | 13.1 | 30 | 12.5 | 40 | 15.5 | 50 | 20.2 |

5. 조사한 내용

(1) 도수, 상대도수, 누적도수분포표

| 계급(cm) | 도수 | 상대도수 | 누적도수 |
|---|---|---|---|
| 10 ~ 12 | 7 | 0.14 | 7 |
| 12 ~ 14 | 13 | 0.26 | 20 |
| 14 ~ 16 | 19 | 0.38 | 39 |
| 16 ~ 18 | 7 | 0.14 | 46 |
| 18 ~ 20 | 3 | 0.06 | 49 |
| 20 ~ 22 | 1 | 0.02 | 50 |
| 합계 | 50 | 1 | |

(2) 도수분포표에서 평균 구하기

$$\text{평균} = \frac{11\times7+13\times13+15\times19+17\times7+19\times3+21\times1}{50}$$
$$= 14.56(\text{cm})$$

(3) 히스토그램과 도수분포다각형

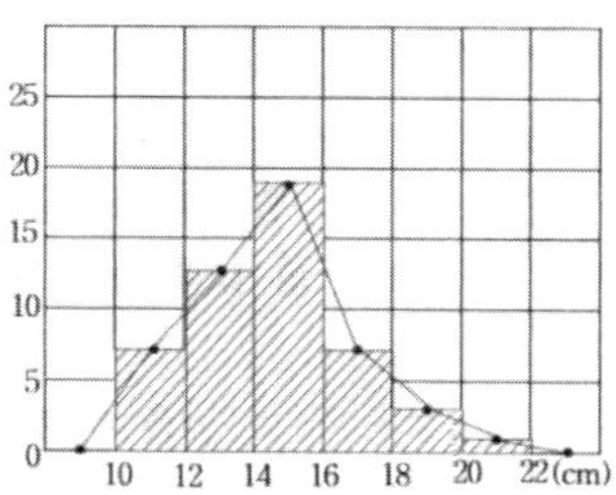


(4) 누적도수 그래프

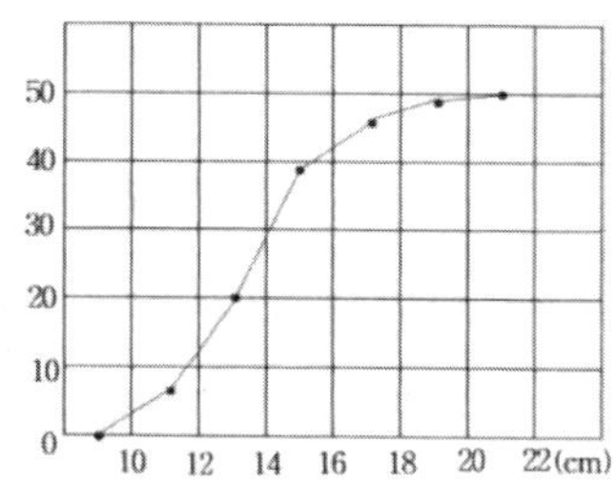


6. 느낀 점 및 더 알고 싶은 점

느낀 점: 콩나물 50개의 길이를 조사하는 시간도 생각보다 많이 걸렸다. 우리나라 하루 재배 콩나물 길이의 평균을 구해 본다는 것은 상상할 수가 없겠구나!

알고 싶은 점: 11월 현재 전국 인구 조사가 실시되고 있다. 많은 시간과 인건비가 들 것이다. 이렇게 조사한 통계 자료 결과가 궁금하다.

## [참고자료 2.14] 프로젝트 학습 과제 결과물 4

# 통계 보고서

1학년 ( 2 )반 (36)번 (임하경 )

### 1. 주제(조사내용)

한사람이 하루에 물마시는 양

### 2. 주제 선택 동기 및 배경

물은 지구에 사는 사람이라면 꼭 마셔야 하는것이다.
하지만 사람들중에서는 물을 너무많이 마시는 사람도 있고 거의먹지않는 사람도 있다.
사람이라면 꼭 필요한물!
내 주위사람들이 하루에 평균 얼마정도의 물을 마시는지 알아보고 나도 그에 맞게,
내 건강을 위해 실천하고 싶어서 이 주제를 선택하게 되었다.

### 3. 조사 방법

① 내가 직접 그사람에게 가서 물어본다. (17명)
② 인터넷 상으로 메신저를 통해 알아본다. (33명)
↑위의 방법을 통해 50명의 하루물마시는 양을 공책에 메모하였다.

### 4. 조사 자료 기록표

(단위 : ml)

| 번호 | | 번호 | | 번호 | | 번호 | | 번호 | |
|---|---|---|---|---|---|---|---|---|---|
| 1 | 800 | 11 | 850 | 21 | 1500 | 31 | 850 | 41 | 1000 |
| 2 | 750 | 12 | 1000 | 22 | 800 | 32 | 1050 | 42 | 950 |
| 3 | 900 | 13 | 950 | 23 | 650 | 33 | 950 | 43 | 750 |
| 4 | 650 | 14 | 600 | 24 | 1100 | 34 | 1000 | 44 | 700 |
| 5 | 700 | 15 | 1100 | 25 | 1000 | 35 | 1200 | 45 | 1100 |
| 6 | 700 | 16 | 1000 | 26 | 1000 | 36 | 450 | 46 | 950 |
| 7 | 800 | 17 | 500 | 27 | 700 | 37 | 1300 | 47 | 1000 |
| 8 | 1000 | 18 | 700 | 28 | 900 | 38 | 1000 | 48 | 650 |
| 9 | 1200 | 19 | 950 | 29 | 1200 | 39 | 800 | 49 | 750 |
| 10 | 900 | 20 | 1400 | 30 | 1000 | 40 | 950 | 50 | 900 |

### 5. 조사한 내용

#### (1) 도수, 상대도수, 누적도수분포표

| 계급→하루에 마시는 물의 양 | 도수 | 누적도수 | 상대도수 |
|---|---|---|---|
| 400 이상 ~ 600 미만 | 2 | 2 | 0.04 |
| 600 ~ 800 | 12 | 14 | 0.24 |
| 800 ~ 1000 | 16 | 30 | 0.32 |
| 1000 ~ 1200 | 14 | 44 | 0.28 |
| 1200 ~ 1400 | 4 | 48 | 0.08 |
| 1400 ~ 1600 | 2 | 50 | 0.04 |
| 합 | 50 | · | 1 |

#### (2) 도수분포표에서 평균 구하기

식) $\dfrac{500\times2+700\times12+900\times16+1100\times14+1300\times4+1500\times2}{50}$

$= \dfrac{1000+8400+14400+15400+5200+3000}{50} = \dfrac{47400}{50} = 948$

답) 948ml

#### (3) 히스토그램과 도수분포다각형

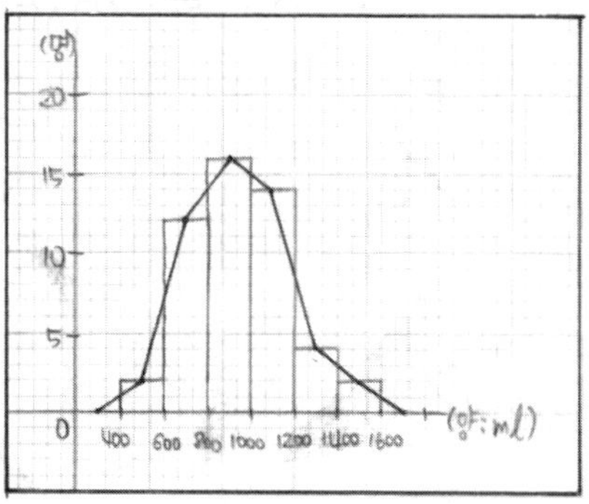


#### (4) 누적도수 그래프

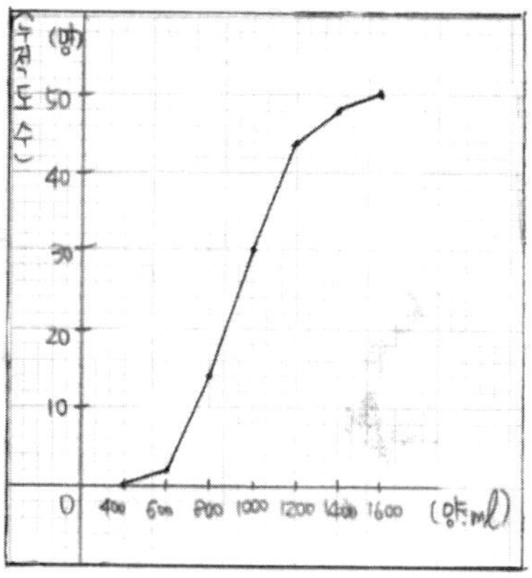


### 6. 느낀점 및 더 알고 싶은 점

사람마다 물을 마시는 양이 거의 비슷해서 놀랐다. 다 천차만별일줄 알았는데...
이렇게 물 마시는 양을 조사하는 것도 흥미로운 것 같다.
이젠 나도 하루에 1L 씩은 꼭 마시도록 해야겠고,
다음에 이런 기회가 또 있다면 '군것질에 들어가는 돈'도 조사해보고 싶다.
내가 얼만큼 군것질을 많이 하나 비교해 볼수 있을것 같다.
앞으로 물을 규칙적으로 섭취하도록 노력해야겠다.

### 나) 부채꼴의 호의 길이와 넓이

다음은 과제 내용 중에서 심화 학습을 위한 것으로 원의 넓이를 다양한 방법으로 생각할 수 있도록 하기 위한 발문 방법이다(**참고자료 2.15** 참조).

<table>
<tr><td>단원</td><td>Ⅳ. 도형의 측정</td><td>소단원</td><td>1. 평면도형의 측정<br>§ 3. 부채꼴의 호의 길이와 넓이</td><td>단계</td><td>7-나</td></tr>
<tr><td rowspan="2">수업목표</td><td>교과내용목표</td><td colspan="4">부채꼴의 호의 길이와 넓이를 구할 수 있다.<br>(과제내용: 원주율 $\pi$의 뜻과 원의 넓이 구하는 방법 조사하기)</td></tr>
<tr><td>사고기능목표</td><td colspan="4">원의 넓이와 둘레의 길이를 이용해서 부채꼴의 호의 길이와 넓이를 유추할 수 있다.</td></tr>
</table>

: 지난 시간에 배운 다각형에 이어 이번 시간에는 원에 대해서 배우기로 했지요? 그러면 수업 내용에 들어가기 전에 과제를 먼저 확인하도록 해보겠습니다. 과제가 무엇인지 알고 있습니까?

학생: 예, 원주율과 원의 넓이를 구하는 방법을 조사하는 것이었습니다.

: 원주율이 무엇입니까?

학생: 예, $\pi$(파이)입니다.

: 그럼, $\pi$는 무엇이라고 할 수 있나요? 조사해 온 것들을 발표해 보세요.

학생1: 원의 둘레에 대한 지름의 비율이라고 되어 있습니다.

학생2: 약 3.141592…로 나타나는 수입니다.

학생3: 영국의 수학자 존스라는 사람이 처음으로 사용했다고 합니다.

: (학생1에게) 어떠한 원을 말합니까?

학생1: (조금 망설이다가) 그렇게 되어 있었어요.

: 실제로 원에 대해서 둘레와 지름을 측정해 본 적은 없나요?

학생1: (자신 없이) 예.

: 혹시 실제로 측정을 해본 사람이 있나요?

학생: 예, 저는 원을 그려서 직접 측정을 해보았습니다. 반지름이 약 5$cm$인 원을 그려서 실을 가지고 둘레를 측정해 보니 약 31.54$cm$ 정도가 나왔습니다.

: 또 다른 원을 그려 본 사람은 없습니까?

학생1: 저는 500원짜리 동전을 가지고 원을 그려서 측정했더니 지름은 약 2.5$cm$이고 둘레를 측정해 보니 약 7.6$cm$ 정도 나왔습니다.

: 또 다른 방법으로 측정할 수는 없습니까?

학생: 원 모양으로 된 것은 무엇이든지 가능할 것 같습니다.

: 우리 주변에 있는 물건 중에서 지금 측정 가능한 것은 어떤 것이 있겠습니까?

학생:(주변을 둘러보면서) 동전이요, CD요, 시계의 둥근 부분이요.

: 예, 매우 좋습니다. 그 이외에도 컵의 윗부분도 좋고 원이라면 무엇이든지 좋습니다. 그러면 이렇게 다양한 원모양에서 구할 수 있는 원주율의 값은 모두 같겠습니까?

학생: 예, 거의 비슷해요.

: 그럼, 각자 구한 것들을 모두 발표해 보겠습니까?

학생들: 3.15, 3.17, 3.12, 3.14, 3.08 ⋯.

: 여러분들이 구한 값들이 모두 조금씩 다른 것 같은데 그 이유는 무엇일까요? 각자 측정한 물건과 그 값을 발표해 봅시다.

학생1: 500원짜리 동전 3.15

학생2: CD 3.17

학생3: CD 3.15

학생4: 반지름 5인 원 3.15

학생5: 피자 3.12

: 그럼 물건의 크기에 따라 그 값이 달라진다고 할 수 있습니까?

학생: 아닌 것 같습니다.

: 왜 그렇겠습니까?

학생: 같은 CD를 측정한 값이 서로 달라요.

: 그럼, 그 차이는 무엇입니까?

학생: 측정하는 과정에서 생긴 오차인 것 같습니다.

: 그럼, 원의 크기에 관계 없이 원주율은 항상 일정하다고 말할 수 있겠습니까?

학생들: 예.

: 그 값을 초등학교에서는 약 3.14라고 배웠습니다. 그 값이 정확하다고 말할 수 있습니까?

학생: 아니오.

: 이제부터 원주율은 3.14라는 표현보다는 $\pi$라는 표현을 사용하도록 합니다. 그리고 다음에 주어진 표를 각자 완성하고 과제의 부족한 부분을 모두 완성하도록 하십시오.

| 물체 이름 | 원둘레 | 지름 | 원둘레/지름 |
|---|---|---|---|
| | | | |
| | | | |
| | | | |
| | | | |
| | | | |

: 그럼, 기원전 3000년경 이집트 사람들은 원주율의 값을 구하려고 노력했는데, 그 때는 컴퍼스나 연필, 종이, 줄자, 수의 계산 없이 나일강 주변의 모래 바닥에서 어떻게 원주율을 계산할 수 있었을지 한 번 생각해 봅시다.

**(참고자료 2.15 참조)**

: 그럼 원의 넓이를 구하는 방법은 알고 있습니까?

학생: 예.

: 원의 넓이를 구하는 방법을 말할 수 있습니까?

학생1: 원을 원의 중심이 지나도록 잘게 나누어서 서로 반대 방향으로 놓으면 다음 그림과 같이 됩니다. 그래서 직사각형의 넓이를 구하면 됩니다.

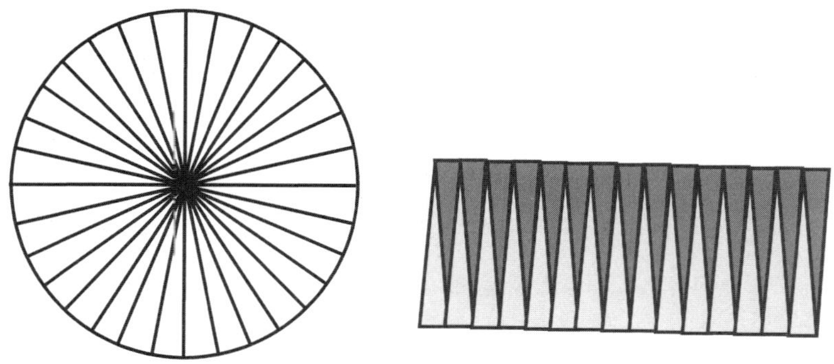

: 예, 매우 잘 구했습니다. 또 다른 방법을 어떠한 것들이 있습니까?

**[참고자료 2.15 : 통계적 확률 참조]**

(이하 생략)

## [참고자료 2.15] 통계적 확률

### 통계적 확률의 정의

수학적 확률은 표본공간의 각 원소가 같은 정도로 일어날 것이 기대된다는 가정 아래에서 정의된 확률이다. 그러나 자연현상이나 사회현상 중에는 각 원소가 같을 정도로 일어날 것이라고 기대될 수 없는 경우가 흔히 있다.

예를 들면 압정을 던질 때 표본공간의 각 원소는 같은 정도로 일어날 것으로 기대되지 않으므로 어떤 사건, 이를 테면 윗면이 나타날 사건에 대한 확률은 수학적 확률로 구할 수 없다.

이와 같은 경우에는 실제로 시행을 여러 번 반복하여 어떤 사건에 대한 상대도수를 그 사건의 확률로 정의한다. 즉, 같은 시행을 $n$번 반복할 때, 어떤 사건 $A$가 일어난 횟수를 $r_n$이라고 할 때, $\lim_{n\to\infty}\frac{r_n}{n}=p$이면 $p$를 사건 $A$의 통계적 확률 또는 경험적 확률이라고 한다.

통계적 확률에서는 실제로 시행횟수 $n$을 무한히 크게 할 수는 없으므로 극한값이 존재하는지를 알 수 없다는 단점을 가지고 있다. 따라서 실제로 통계적 확률을 구할 때, $n$이 적당한 크기일 때의 $\frac{r_n}{n}$의 값을 통계적 확률의 근사값으로 본다.

통계적 확률은 표본공간의 각 근원사건이 같은 정도로 일어날 것이 기대될 때에도 정의된다. 이 경우에 수학적 확률과 통계적 확률이 같아지는 것은 베르누이의 큰 수의 법칙에 의해서 증명된다.

**〈확률론적인 원주율의 해석〉**

아래 그림과 같이 한 변의 길이가 20인 정사각형과 내접하는 반지름의 길이가 10인 원이 있다고 합시다.

이 안에 점을 임의로 찍을 때, 점이 원 안에 들어갈 확률을 $P$ 라고 하면 $P = \dfrac{\text{원의 넓이}}{\square ABCD\text{의 넓이}} = \dfrac{10^2 \cdot \pi}{20^2} = \dfrac{\pi}{4}$ 와 같이 됩니다. 실제로 $n$ 개의 점을 임의로 찍어 그 가운데 $s$ 개가 원 안에 들어갔다면 $\dfrac{\pi}{4} = \dfrac{s}{n}$ 에서 $\pi = \dfrac{4s}{n}$ 가 됩니다.

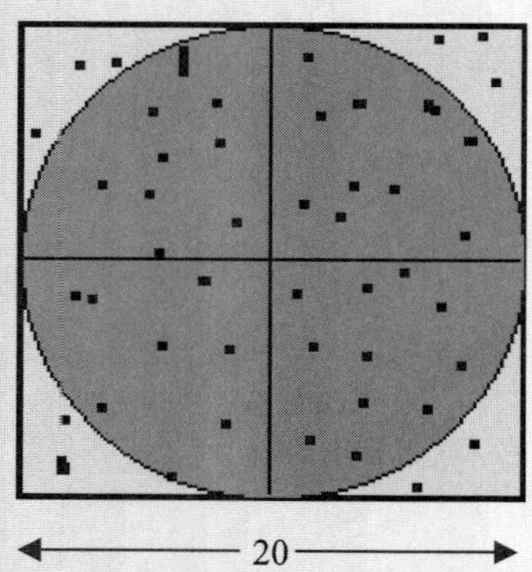


이 관계를 이용하여 $\pi$ 의 근사값을 확률을 이용하여 구할 수 있습니다.

예를 들어 $n = 100$ 이고 $s = 79$ 이면 $\pi \fallingdotseq 3.16$ 이 됩니다.

실제로 100개의 점을 임의로 찍는 것은 어렵지만 컴퓨터의 난수 발생 기능을 이용하면 쉽게 실험을 할 수 있습니다. 점의 개수를 늘려가면서 $\pi$ 의 근사값을 구해 보세요.

## 2.2 전개시 발문

수업 진행 중 전개 단계는 본격적인 수업이 시작되는 단계이다. 여기에서는 교과 수업의 내용에 따라 다양한 발문들이 필요한데, 수업 내용에 따라 크게 다음과 같이 나누어서 발문의 유형을 개발하고자 한다.

전개 단계는 수업의 가장 하이라이트 부분으로, 전개시 발문을 다음과 같이 분류하여 개발하고자 한다.

**전개시 발문**

- 2.2.1 교과 내용을 설명하기 위한 발문
  - 개념 지도에 따른 발문
  - ICT를 활용할 때의 발문
  - 조작 활동을 할 때의 발문
- 2.2.2 토론 활동시 발문
  - 브레인스토밍 활용, 육색모자기법 활용, PMI 기법 활용
- 2.2.3 문장제 문제 해결을 위한 발문
- 2.2.4 증명 문제를 해결하기 위한 발문
- 2.2.5 계산 문제를 해결할 때의 발문
  - 학생과 함께 해결할 때의 발문
  - 교사가 일방적으로 풀어줄 때의 발문

### 2.2.1 교과 내용을 설명하기 위한 발문

교과 내용을 설명하기 위한 발문을 내용과 지도 방법에 따라 몇 개로 나누어 본다면, 개념 지도, ICT의 활용, 조작 활동을 할 때의 발문과 같이 세가지로 나눌 수 있다. 이 발문 중에는 학생들의 수준이나 전시 학습 수준에 따라 어느 정도 융통성이 필요할 수도 있다. 다음은 위 세가지 각각에 대한 발문의 예이다.

### 1) 개념 지도에 따른 발문

문제를 해결하는 데 결정적인 역할은 문제 해결자들의 개념적 지식 구조, 즉 문제 해결자들이 얼마나 많은 양의 특정 지식을 보유하고 있는지 그리고 그러한 지식을 유의미하게 조직, 통합시킬 수 있는지 등에 따른다고 할 수 있다. 여기에서 개념적 지식이라는 것은 새로운 정보를 수용, 이해하는 것으로 단순히 정보를 기억, 암기하는 사실적 지식과는 구별된다. 이러한 개념적 지식의 습득을 위해서는 학습자가 더 깊이 이해할 수 있도록 하는 많은 발문들이 필요하다.

보기나 비보기를 통한 발문이나 다양한 각도에서의 관찰을 위한 발문을 제시함으로써 용어의 정의나 정리를 스스로 정리해 보게 하고 다른 표현으로 정리했을 때의 문제점 및 개선점에 대해서도 생각해 보게 할 필요가 있다.

#### 가) 집합의 뜻

다음은 중학교에 입학하여 처음 배우게 되는 7-가 단계의 집합에 대한 내용으로 보기와 비보기를 통한 지도 방법이다.

<table>
<tr><td>단원</td><td>Ⅰ. 집합과 자연수</td><td>소단원</td><td>1. 집합<br>§ 1. 집합의 뜻과 표현</td><td>단계</td><td>7–가</td></tr>
<tr><td rowspan="2">수업목표</td><td>교과내용목표</td><td colspan="4">집합의 뜻을 알 수 있다.</td></tr>
<tr><td>사고기능목표</td><td colspan="4">집합에 대한 뜻을 이해할 수 있다.</td></tr>
</table>

: 우리가 이번 시간에 배울 내용은 집합이라는 용어입니다. 여러분들은 집합이라는 용어를 들어 본 적이 있습니까?

학생: (멍하니 쳐다보며) 체육 선생님께서 운동장에서 모이라고 할 때 그런 말씀을 하십니다.

: 예, 그렇군요. 그러면 여러분들은 어떻게 합니까?

학생: 모두들 체육 선생님 앞으로 뛰어와서 줄을 섭니다.

: 그럼 그때 다른 체육선생님의 반 학생들도 모입니까?

학생들: (모두 웃으면서) 아니오.

: 예, 그렇지요. 그럼 지금부터 선생님이 집합이 되는 것과 집합이 되지 않는 것을 적어보겠습니다. 선생님이 적는 중에라도 집합이 어떠한 것인지를 생각한 사람은 언제든지 답해 보세요.

(교사는 학생들의 대답을 기다리면서 보기와 비보기를 교대로 한 개씩 적는다.)

| 보기 | 비보기 |
|---|---|
| • 10보다 작은 수의 모임 | • 10에 가까운 수의 모임 |
| • 우리 반에서 키가 150$cm$ 이상인 학생들 모임 | • 우리 반에서 키가 큰 학생들의 모임 |
| • 초등학교 때 6학년 1반 학생들의 모임 | • 초등학교 때 나와 친한 친구들의 모임 |
| • 1보다 작은 자연수의 모임 | • 작은 수들의 모임 |
| … | … |

학생1: (위의 보기와 비보기를 3개 정도 읽고 난 다음) 구분이 분명한 것들입니다.

: 좀더 구체적으로 이야기를 할 수 있습니까?

학생1: 대상이 확실히 구별되는 것들을 모아둔 것이요.

: 그렇다면 대상을 구별하기 위해서는 무엇을 먼저 알아야 하겠습니까?

(보기와 비보기를 옳은 답이 나올 때까지 계속 적는다.)

학생: 그 조건을 분명히 알아야 할 것 같습니다.

: 예, 그렇습니다. 집합이라는 것은 주어진 조건에 의해서 그 대상이 분명한 것들의 모임이라고 할 수 있습니다. 그럼 우리가 앞에서 이야기 할 때, 체육시간에 왜 옆 반 학생들이 모이지 않는지 그 이유를 알겠습니까?

학생: (웃으면서) 예.

: 왜 모이지 않습니까?

학생: 그 학생들은 우리와 함께 수업하는 학생들의 집합이 아니기 때문입니다.

: 예, 그렇게 볼 수 있습니다. 그럼 지금부터 집합인 것과 집합이 아닌

것의 보기를 각 소집단별로 생각해서 적어 봅시다.

학생: 소집단별로 집합의 보기를 제시하고 서로 비교해 본다.

(교사는 순회 지도하면서 적당한 발문과 응답을 해준다)

: 그럼, 각 소집단별로 조사한 것을 발표해 봅시다.

(이하 생략)

## 나) 방정식과 그 해

다음은 방정식이라는 용어에 대한 개념 지도를 위한 발문이다.

<table>
<tr><td>단원</td><td>Ⅲ. 문자식과 일차방정식</td><td>소단원</td><td>2. 일차방정식<br>§ 1. 방정식과 그 해</td><td>단계</td><td>7-가</td></tr>
<tr><td rowspan="2">수업목표</td><td>교과내용목표</td><td colspan="4">방정식의 뜻을 알고, 방정식을 찾을 수 있다.</td></tr>
<tr><td>사고기능목표</td><td colspan="4">방정식의 뜻을 이해할 수 있다.</td></tr>
</table>

: 이번 시간에 여러분들이 배울 내용은 등식과 방정식입니다. 그럼, 등식이 무엇인지 알고 있습니까?

학생: =이 있는 것입니다.

: 구체적으로 이야기할 수 있습니까?

학생: 등호(=)가 들어 있는 식을 말합니다.

: 그럼 등식의 예를 들 수 있습니까?

학생들: 예.

: 등식의 예를 각자 3개씩 공책에 적어 봅시다.

학생들: (모두 공책에 적는다.)

: 그럼 방정식이라는 말은 들어본 적이 있습니까?

학생: 아뇨. 잘 모르겠습니다.

: 그럼, 지금부터 선생님이 제시하는 내용을 보고 방정식이 무엇인지를 생각해 봅시다.
(교사는 학생들의 대답을 기다리면서 보기와 비보기를 교대로 한 개씩 적는다.)

| 보기 | 비보기 |
|---|---|
| $2x=7-5x$<br>$x-5=8$<br>$y=4$<br>… | $2+9=11$<br>$6x>0$<br>$2x-5$<br>… |

학생: (위의 보기와 비보기를 3개 정도 읽고 난 다음) 등호가 있는 식입니다.

: 그럼 2+9=11도 방정식이 될 수 있습니까?

학생: 아뇨.

: 그럼 방정식을 무엇이라고 해야 할지 좀더 구체적으로 이야기할 수 있겠습니까?

학생: 등호가 있고, 문자가 있는 식입니다.

: 예, 좋습니다. 그럼 방정식인지 아닌지를 알기 위해서는 무엇을 먼저 알아야 하겠습니까?

(보기와 비보기를 옳은 답이 나올 때까지 계속 적는다.)

학생1: 예, 먼저 등식이어야 합니다.

학생2: 그 다음은 문자가 들어 있어야 합니다.

학생3: 문자가 들어 있고, 등식이어야 합니다.

: 그럼, 방정식을 무엇이라고 말할 수 있습니까?

학생들: 문자가 들어 있는 등식이라고 할 수 있습니다.

: 예, 그렇습니다. 방정식이라는 것은 문자가 들어 있는 등식이라고 할 수 있습니다. 그럼, 지금부터 각 소집단별로 방정식이 되는 것과 되지 않는 것을 각각 3개씩 적어 보고, 왜 그렇게 되는지 토론해 보도록 합니다.

(이하 생략)

### 다) 명제

다음은 명제라는 용어의 지도를 위한 발문 방법이다. 여기에서는 발문을 퀴즈처럼 사용해서 흥미를 북돋을 수 있는 방법을 사용하였다(**참고자료 2.16** 참조).

<table>
<tr><td>단원</td><td>Ⅱ. 도형의 성질</td><td>소단원</td><td>1. 삼각형의 성질<br>§ 1. 명제</td><td>단계</td><td>8-나</td></tr>
<tr><td rowspan="2">수업목표</td><td>교과내용목표</td><td colspan="4">명제의 뜻을 알고 명제의 참과 거짓을 구별할 수 있다.</td></tr>
<tr><td>사고기능목표</td><td colspan="4">명제의 뜻을 이해할 수 있다.</td></tr>
</table>

: 이번 시간에 여러분들이 배울 내용은 명제라는 것입니다. 그럼, 지금부터 선생님이 제시하는 질문에 대해서 참과 거짓을 판별해 봅시다.

학생: 예.

: 10은 자연수이다.

학생들: 참이요.

: $-2 > 5$

학생들: 거짓이요.

: $2+5=8$

학생들: 거짓이요.

: 장미는 아름다운 꽃이다.

학생들: ????

: $x+1=10$

학생들: ???

: 수학은 재미있는 과목이다.

학생들: (웃으면서) 참이요.

학생들: 대답할 수 없어요.

: 여러분들이 '장미는 아름다운 꽃이다'와 '$x+1=10$'과 '수학은 재미있는 과목이다'라는 질문에 대해서 대답을 하지 못한 이유는 무엇입니까?

학생들: 답이 정확하지가 않아요.

: 구체적으로 어떻게 말할 수 있겠습니까?

학생들: 참인지 거짓인지를 모르겠습니다. 왜냐하면 어떤 사람들은 장미가 아름답다고 생각할 것이고, 또 어떤 사람들은 장미가 아름답지 않다고 생각할 것이기 때문입니다.

: 예, 잘 말했습니다. 그럼 명제라는 뜻을 말할 수 있습니까?

학생들: 참과 거짓이 분명한 것들의 모임입니다.

: 예, 좋습니다. 이번 시간에 우리가 배울 명제라는 것은 참과 거짓을 명확하게 구별할 수 있는 것을 뜻합니다. 그럼, 명제의 종류는 어떻게 구별할 수 있습니까?

학생들: 참인 것과 거짓인 것으로 구별할 수 있습니다.

: 참인 명제라는 것은 어떠한 것을 말합니까?

학생들: 항상 참인 것이요.

: 거짓이라는 명제는 어떠한 것을 말합니까?

학생들: 항상 참이 되지 않는 것을 말합니다.

: 예, 잘 알고 있네요. 그럼 지금부터 각 소집단별로 2명씩 조를 나누어서 2명이 문장을 제시하고 2명은 그 문장이 참인지, 거짓인지를 답하는 식으로 해서 명제인 것과 아닌 것을 찾는 게임을 하여 봅시다. 그리고 각 소집단별로 찾은 것들을 정리해 보도록 합시다.

**[참고자료 2.16 : 참일까? 거짓일까? 참조]**

(이하 생략)

## [참고자료 2.16] 참일까? 거짓일까?

### 참일까? 거짓일까?

**다음 글을 잘 읽고 주어진 질문에 답하여라.**

창의는 아프리카의 밀림에서 길을 잃었다. 좁고 위험한 밀림에서 계속 걷기만 한 창의는 너무 지치고 힘이 들어 쓰러질 지경이었다. 계속 길을 가던 창의 앞에 갈림길이 나타났다. 그 갈림길 중간에는 험상궂게 생긴 아프리카 원주민이 한 명 있었고, 원주민 옆에 있는 큰 바위에 다음과 같은 글이 새겨져 있었다.

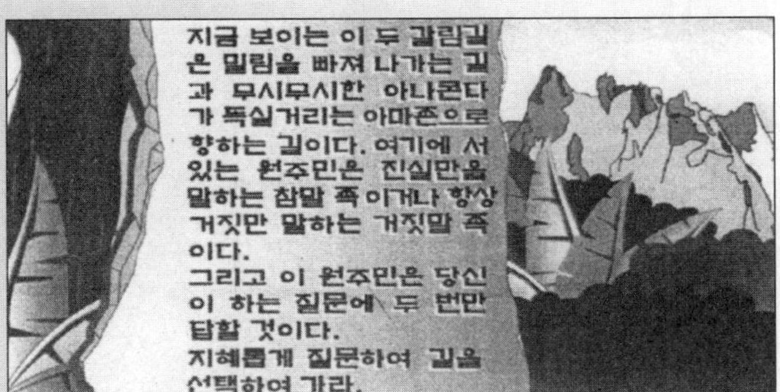


창의는 어떤 질문을 하여야만 밀림을 빠져 나갈 수 있을지 고민하기 시작했다.

☞ 창의가 어떤 질문을 하면 그 원주민이 참말 족인지 거짓말 족인지 알고 또 밀림을 빠져나가는 길을 알 수 있을지 생각하여 적어보자.

질 문 :
이 유 :

☞ 두 번째로 만난 갈림길에서는 원주민에게는 질문을 한 번만 할 수 있다고 한다. 어떤 질문을 하면 그 원주민이 참말 족인지 거짓말 족인지 알고 또 밀림을 빠져 나가는 길을 알 수 있을지 생각하여 적어보자.

질 문 :
이 유 :

**창의는 원주민이 참말 족인지 거짓말 족인지에 의해 결과가 달라진다는 것을 알고 있기 때문에 참말 족인 경우와 거짓말 족인 경우를 나누어 상황을 판단하고 있다. 결국 현명한 창의는 지혜롭게 문제를 해결하고 밀림을 빠져 나간다.**

## 참일까? 거짓일까?

**다음 문제를 잘 읽고 물음에 답하여라.**

1. 다음 문장들이 명제인지 아닌지 판별하고 명제라면 참과 거짓을 판별하는 게임이다. 문장의 내용이 명제가 되는 경우에는 ○을 선택한 후 그 명제의 참과 거짓을 판별하자.

**■ 1단계문제**

| 문제 | 문장 | 명제 | 명제 아님 | 참 | 거짓 |
|---|---|---|---|---|---|
| 1 | 진달래 꽃은 향기가 너무 좋다. | | | | |
| 2 | 이등변삼각형의 세변의 길이는 같다. | | | | |
| 3 | 어떤 도형이 평행사변형이면 정사각형이다. | | | | |
| 4 | 어떤 수가 짝수이면 2의 배수이다. | | | | |
| 5 | 맞꼭지각의 크기는 서로 같다. | | | | |
| 6 | 13+8 | | | | |
| 7 | 나는 얼굴이 참 예쁘다. | | | | |
| 8 | 잔디가 참 푸릅니다. | | | | |
| 9 | 7은 작다. | | | | |
| 10 | 1000은 크다. | | | | |
| 11 | 예진이는 정말 키가 크다. | | | | |
| 12 | -7>5 | | | | |
| 13 | 모든 정삼각형은 합동이다. | | | | |
| 14 | 사다리꼴은 평행사변형이다. | | | | |
| 15 | 내일은 비가 온다. | | | | |

경남 교수 학습 지원센터 교육포털(www.gnedu.net) 홈페이지 내 '우수 콘텐츠'의 창의력 개발 콘텐츠(중학교 수학)

### 2) ICT를 활용할 때의 발문[7)]

효율적인 ICT를 활용한 수업은 학생들의 창의력 향상에 상당한 도움을 준다. 중학교 과정에서 ICT를 활용할 수 있는 단원과 내용은 상당히 많이 있으며, 특히 기하 부분에서는 기하 관련 각종 프로그램을 활용할 수 있을 것이며, 기타 다른 단원에서도 각종 모듈을 활용한 수업은 학생들이 시각을 통한 직관적인 이해는 물론이고 고차원적인 사고 방법인 증명에서도 상당한 도움이 될 것이다. 다음은 ICT를 활용할 때 교사의 발문에 대한 예이다.

#### 가) 정다면체의 성질

이번 차시에서는 poly 프로그램을 이용해서 정다면체의 성질을 탐구해 보는 시간이다. 정다면체의 성질에 대해서는 직접 정다면체를 만들어 보는 것도 좋은 방법이며, 이것과 같이 ICT를 활용한 수업도 권할 만하다.

<table>
<tr><td>단원</td><td>Ⅲ. 도형의 성질</td><td>소단원</td><td>2. 입체도형<br>§ 2. 정다면체의 성질</td><td>단계</td><td>7-나</td></tr>
<tr><td rowspan="2">수업목표</td><td>교과내용목표</td><td colspan="4">정다면체의 성질을 알 수 있다.</td></tr>
<tr><td>사고기능목표</td><td colspan="4">정다면체의 성질을 상상하고 그 성질을 탐구할 수 있다.</td></tr>
</table>

◈ 준비물

Poly 프로그램, ICT 모둠학습실(컴퓨터의 조작이 가능한 교실), 탐구학습지

: 이번 시간에 배울 내용은 다면체 중에서 특히 정다면체의 성질을 알아보는 시간입니다. 정다면체의 종류는 모두 알고 있습니까?

학생: 예, 다섯 가지가 있습니다.

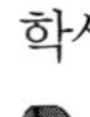: 정다면체가 되기 위한 조건은 무엇인지 말해 봅시다.

학생1: 모든 면이 합동인 정다각형입니다.

학생2: 한 꼭지점에 모인 면의 수가 모두 같아야 합니다.

7) ICT 활용에 대한 내용도 조작 활동으로 포함시킬 수 있으나 구체물에 대한 것과 컴퓨터를 활용하는 것을 편의상 구분한 것이다.

: 그럼, 지금부터 여러분들은 Poly 프로그램을 활용해서 정다면체의 성질을 조사해서 주어진 표를 완성해 봅니다.
(15분의 시간을 준다.)

**[정다면체의 성질]**

| 정다면체 | 면의 모양 | 한 꼭지점에 모인 면의 수 | 꼭지점의 수 | 모서리의 수 | 면의 수 | 비고 |
|---|---|---|---|---|---|---|
| | | | | | | |
| | | | | | | |
| | | | | | | |
| | | | | | | |

**[poly 프로그램에서 정팔면체의 자료 예시]**

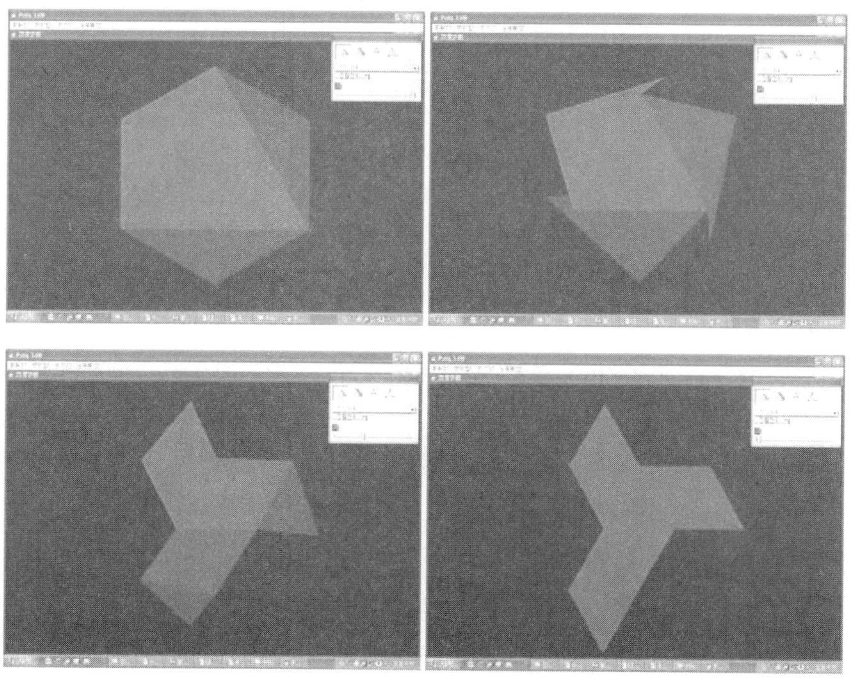

학생들: (열심히 조작해서 표를 완성한다.)

: 여러분, 모두 조사하였습니까?

학생들: 예. (발표한다.)

**[정다면체의 성질 조사한 내용]**

| 정다면체 | 면의 모양 | 한 꼭지점에 모인 면의 수 | 꼭지점의 수 | 모서리의 수 | 면의 수 | 비고 |
|---|---|---|---|---|---|---|
| 정사면체 | 정삼각형 | 3 | 4 | 6 | 4 | |
| 정육면체 | 정사각형 | 3 | 8 | 12 | 6 | |
| 정팔면체 | 정삼각형 | 4 | 6 | 12 | 8 | |
| 정십이면체 | 정오각형 | 3 | 20 | 30 | 12 | |
| 정이십면체 | 정삼각형 | 5 | 12 | 30 | 20 | |

: 조사한 내용을 중심으로 꼭지점의 수와 모서리의 수와 면의 수 사이의 관계를 발견할 수 있습니까?

학생1: 모두 짝수입니다.

학생2: 어려운데요.

: (정사면체와 정육면체를 차례로 가리키며) 4, 6, 4와 8, 12, 6만을 차례로 가리키면서 이 세 개의 수들 사이에 어떠한 관계가 있습니까?

학생: 예, 두 개의 수를 더해서 가운데의 수를 빼면 2가 됩니다.

: 예, 잘 발견하였습니다. 그럼, 나머지 3개에 대해서도 모두 성립합니까?

학생들: 예.

: 그럼, 이것을 식으로 나타내면 어떻게 할 수 있을까요? 예를 들어 꼭지점의 수를 $v$, 모서리의 수를 $e$, 면의 수를 $f$ 라고 한다면 어떠한 식을 얻을 수 있겠습니까?

학생: 예, $v+f-e=2$가 됩니다.

: 예, 매우 잘 찾았습니다. 이 $v-e+f=2$라는 식을 발견할 수 있습니다. 참고로 이것을 발견한 사람이 수학자 오일러입니다. 따라서 이 공식을 오일러의 공식이라고 합니다.

: 그럼, 이 공식은 어떠한 경우에 성립할까요? 다시 말하면 모든 입체도형에 대해서 성립하겠습니까?

학생들: 그럴 것 같습니다.

: 그럼, 지금부터 다음의 두 도형에 대해서도 성립하는지 관찰해 봅시다.

(5분의 시간을 준다.)

학생들: 성립하지 않습니다.

: 예, 맞습니다. 위의 두 가지 경우는 모두 입체도형이고 다면체인데도 불구하고 $v-e+f=2$라는 오일러의 공식이 성립하지 않습니다. 왜 그렇다고 생각합니까?

학생들: 두 개의 입체도형이 붙어 있을 때에는 성립하지 않는 것 같습니다.

: 왜 성립하지 않습니까?

학생1: 앞의 것은 두 개의 꼭지점이 붙어 있어서 꼭지점의 수가 한 개 적어지기 때문인 것 같습니다.

학생2: 뒤의 도형은 두 개의 모서리가 붙어 있어서 모서리의 수가 한 개 적어지기 때문입니다.

: 다시 말하면 오일러의 공식은 어떠한 경우에만 성립하겠습니까?

학생: 원래의 것이 붙지 않아야 합니다.

: 원래의 것이란 무엇을 뜻합니까?

학생: 정다면체처럼 생긴 것입니다.

: 좀더 구체적으로 표현하면?

학생들: ???

: 예, 그것은 공기를 많이 불어넣었을 때, 공과 같이 되는 모양을 말합니다. 수학적인 용어로 구와 연결 상태가 같다는 표현을 사용합니다. 이해가 되나요?

학생들: 예.

(이하 생략)

### 나) 일차함수의 그래프의 성질

이번 차시에서는 GSP 프로그램을 이용해서 일차함수의 그래프 그리는 방법에 대해서 공부할 것이다.

| 단원 | Ⅲ. 일차함수 | 소단원 | 1. 일차함수와 그 그래프<br>§ 3. 일차함수의 그래프의 성질 | 단계 | 8-가 |
|---|---|---|---|---|---|
| 수업목표 | 교과내용목표 | $y=ax+b$에서 $a$의 값에 따르는 그래프의 성질을 알 수 있다. | | | |
| | 사고기능목표 | 일차함수의 그래프의 성질을 이해할 수 있다. | | | |

◈ 준비물

인터넷의 GSP 프로그램(수학 사랑-자료실-움직이는 기하), ICT 모둠학습실(컴퓨터로 인터넷이 가능한 교실), 탐구학습지

: 이번 시간에 배울 내용은 일차함수 $y=ax+b$의 그래프에서 $a$의 값에 따르는 그래프의 성질 변화를 알아볼 것입니다. $a$의 값에 따라 그래프의 모양이 어떻게 바뀔지 말해 봅시다.

학생: 그래프를 그려보면 금방 알 수 있어요.

: 그래프는 어떻게 그릴 수가 있습니까?

학생1: $x$절편과 $y$절편을 이용해서 그릴 수 있습니다.

학생2: $y=ax$의 그래프를 그려서 $b$만큼 평행이동시키면 됩니다.

학생3: 대응표를 이용해서 그릴 수 있습니다.

: 예, 잘 알고 있네요. 그런데 이러한 방법은 시간이 많이 걸리는 단점이 있습니다. 그래서 GSP라는 프로그램을 이용해서 간단히 그래프의 특징을 살펴 보도록 하겠습니다. 여러분들은 GSP라는 프로그램을 들어 본 적이 있습니까?

학생1: 예, 요즈음 TV에서 많이 들었습니다.

: TV에서요? 어느 프로그램에 나오던가요? 혹시 TV광고에 나오는 GPS와 헛갈린 것은 아닌가요?

학생들: (교실 한바탕 웃음)

: 이 GSP라는 프로그램은 그래프와 도형을 매우 쉽게 그릴 수 있는 프로그램입니다. 지금부터 간단하게 사용법을 설명하겠습니다.

**[사용법: 설명]**

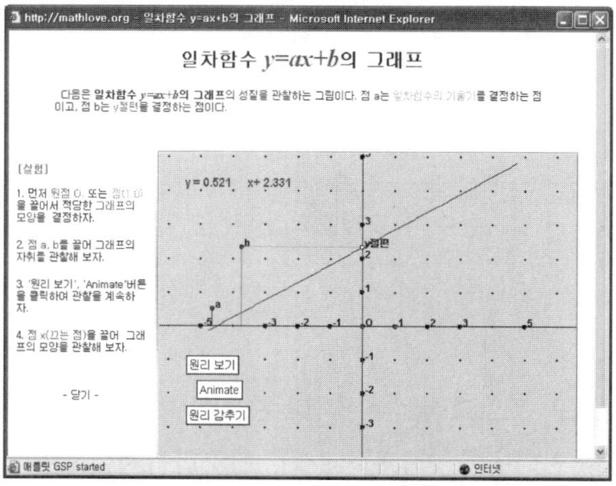


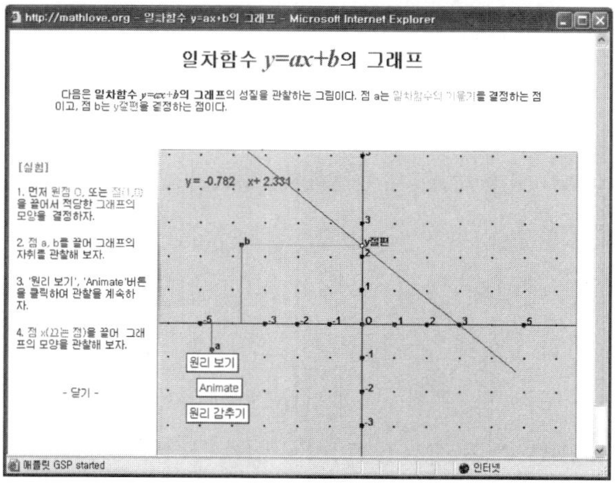


: 사용할 수 있겠습니까?

학생들: 예.

: 그럼, 지금부터 각 소집단별로 그래프를 그려보고 $a$의 값에 따르는 그래프의 성질을 알아보도록 합시다.

(10분의 시간을 준다.)

: 조사한 결과를 발표해 볼 수 있습니까?

학생1: $a$의 값에 따라 그래프의 방향이 바뀌었습니다.

학생2: $a$의 값이 클수록 그래프가 많이 기울어졌습니다.

: (학생2에게) 그래프를 움직이면서 다시 한 번 더 설명할 수 있습니까?

학생2: (작동하면서) 예, $a$의 값이 적을 때보다 값이 클수록 그래프가 점점 더 많이 기울어졌습니다.

: $a$의 값이 음일 때에도 그런 사실이 성립될 수 있겠습니까?

학생2: (작동한 후) 아뇨, 음일 때에는 반대입니다. 다시 말하면 $a$의 값의 절대값이 클수록 많이 기울어집니다.

: 예, 좋은 발견입니다. 다음 또 발견한 사실은 없습니까?

학생3: $a$의 값이 양(+)일 때에는 오른쪽 위로 향하고, $a$의 값이 음(−)일 때에는 오른쪽 아래로 향합니다.

: 오른쪽 아래를 달리 어떻게 표현할 수 있습니까?

학생: 왼쪽 위가 되겠습니다.

:예, 좋습니다. 다음 또 발견한 사실은 어떠한 것이 있습니까?

학생4: $a$의 값이 같은 모든 그래프는 서로 평행합니다.

: 예, 그렇습니다. 모두 잘 발견하였습니다. 그래서 이 $a$의 값을 그래프의 기울기라고 합니다. 아울러 기울기가 양(+)이면 $x$의 값이 커짐에 따라 $y$의 값도 커지고, 아울러 기울기가 음(-)이면 $x$의 값이 커짐에 따라 $y$의 값은 감소합니다. 그 성질을 그래프에서 발견할 수 있습니까?

학생들: (조작한 후) 예.

(이하 생략)

### 다) 이차함수의 성질

이번 차시에서는 이차함수 $y=ax^2+q$의 그래프에서 $q$의 값에 따른 그래프의 성질을 Equation grapher라는 프로그램을 사용해서 학생들이 직접 그 성질을 탐구하도록 하는 수업이다. 이러한 탐구 활동에 필요한 교사의 발문을 중심으로 기술할 것이다(**참고자료 2.17** 참조).

<table>
<tr><td>단원</td><td>Ⅳ. 이차함수와<br>그 그래프</td><td>소단원</td><td>1. 이차함수의 그래프<br>§ 1. 이차함수 $y=ax^2+q$의 그래프</td><td>단계</td><td>9-가</td></tr>
<tr><td rowspan="2">수업목표</td><td>교과내용목표</td><td colspan="4">이차함수의 그래프에서 $q$의 값에 따르는 그래프의 성질을 말할 수 있다.</td></tr>
<tr><td>사고기능목표</td><td colspan="4">이차함수 $y=ax^2+q$의 그래프를 관찰하고 조작함으로써 이러한 그래프의 성질을 일반화할 수 있다.</td></tr>
</table>

◈ 준비물

Equation grapher 프로그램, ICT 모둠학습실(컴퓨터의 조작이 가능한 교실), 탐구학습지(**참고자료 2.17**)

: 이번 시간에 배울 내용은 $y=ax^2+q$에서 $q$의 값에 따르는 그래프의 성질입니다. $q$의 값에 따라 그래프가 어떻게 변할 것 같습니까?

학생1: (궁금한 듯) 모양이 변하기는 변할 것 같은데 어떻게 변할지는 잘 모르겠습니다.

학생2: 지난 시간에 배운 $a$의 값에서와 같이 그래프의 모양이 조금씩 바뀔 것 같습니다.

: 글쎄요. 과연 그래프의 모양이 변할 것인지 만일, 변한다면 어떻게 변할 것인지가 궁금하지요. 그래서 이번 시간에는 여러분이 직접 Equation grapher라는 프로그램의 조작을 통해서 그 그래프의 성질을 알아보려고 합니다. Equation grapher라는 프로그램을 들어본 적이 있습니까?

학생들: 아뇨. 들어보지 못했습니다.

: 먼저, 이 프로그램의 사용 방법을 간단히 소개하겠습니다.
(프로그램을 띄우고, 식의 입력 방법 및 range를 설정하는 방법을 간단히 소개한다.)

**[프로그램 내용]**

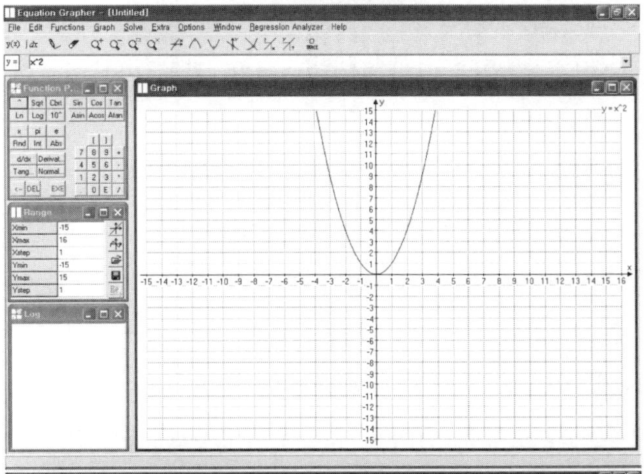


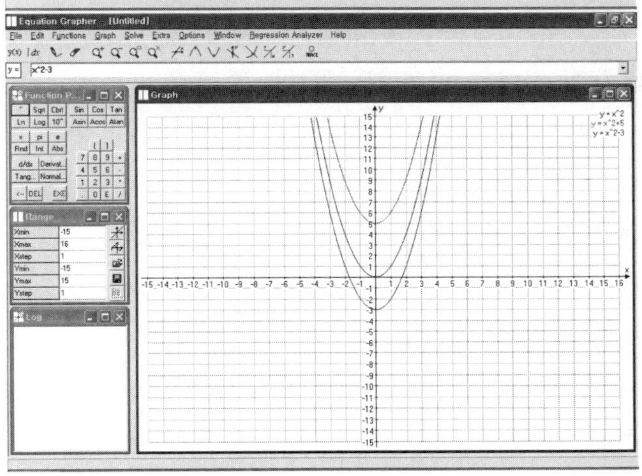


: 그럼, 지금부터 학습지에 주어진 그래프를 중심으로 프로그램의 조작을 통해서 그래프의 성질을 탐구해 보세요.

(탐구시간: 10~15분의 시간을 준다.)

: 탐구를 마쳤나요?

학생들: 예.

: 탐구 결과를 발표할 수 있을까요? 먼저 그래프에서 $a$, $q$값에 관계 없이 항상 일정한 것은 무엇인가요?

학생1: 그래프의 모양입니다.

학생2: 그래프의 폭입니다.

학생3: 볼록한 방향입니다.

학생4: 그래프의 축입니다.

: 예, 그럼 $q$의 값에 따라 달라지는 것, 다시 말하면 $q$의 값과 일치하는 값은 무엇입니까?

학생들: 꼭지점의 위치입니다.

: 좀더 구체적으로 어떻게 말할 수 있습니까?

학생: 꼭지점에서의 $y$의 좌표입니다.

: 예, 좋습니다. 그럼 $q$의 값이 그래프에 미치는 영향을 다른 말로 표현한다면 어떻게 말할 수 있습니까?

학생: 그래프의 모양은 변화시키지 못하고 그래프의 위치만 이동시킵니다.

: 구체적으로 어떻게 이동시키는지 말해 볼 수 있습니까?

학생: 예, $q$의 값만큼 평행이동합니다.

: 어느 방향으로 평행이동하는지 말할 수 있습니까?

학생: 예. 아래 위로 평행이동합니다.

: 다른 말로 표현하면 어떻게 말할 수 있습니까?

학생: 예, $y$축을 따라서 평행이동합니다.

: 어떻게 평행이동합니까?

학생: $q$의 값이 양(+)이면 위로, $q$의 값이 음(−)이면 아래로 평행이동합니다.

: 예, 매우 잘 발견하였습니다. 그럼, 이번 시간에 배운 내용을 정리할 수 있습니까?

학생들: 예.

**[참고자료 2.17 : 탐구학습지 참조]**

(이하 생략)

## [참고자료 2.17] 탐구학습지

### $y=ax^2+q$의 특징 관찰

* 다음 그래프의 성질을 탐구해 보세요.

1. $y=ax^2+q$의 특징 관찰

| 이차 함수식 | ① $y=x^2$ | ② $y=x^2+5$ | ③ $y=x^2-3$ | ④ $y=-2x^2$ | ⑤ $y=-2x^2+5$ | ⑥ $y=-2x^2-3$ |
|---|---|---|---|---|---|---|
| a의 값 | | | | | | |
| $q$의 값 | | | | | | |
| 볼록(오목)한 방향 | | | | | | |
| 꼭지점의 좌표 | | | | | | |
| 축의 방정식 | | | | | | |

(1) 그래프에서 a, $q$의 값에 관계 없이 항상 같은 것은?

(2) 그래프에서 $q$의 값과 일치하는 것을 찾으면?

2. 그래프의 평행 이동

(1) 아래 포물선에서 그래프 ①, ②, ③과 ④, ⑤, ⑥은 각각 어떻게 하면 포갤 수 있는가?

| 이차 함수식 | ① $y=x^2$ | ② $y=x^2+5$ | ③ $y=x^2-3$ | ④ $y=-2x^2$ | ⑤ $y=-2x^2+5$ | ⑥ $y=-2x^2-3$ |
|---|---|---|---|---|---|---|
| ( )축의 방향으로 ( )만큼 이동 | | | | | | |

(2) $y=ax^2$의 그래프와 $y=ax^2+q$의 그래프 사이의 관계를 말로 표현하면?

### 라) 상관 관계

이 차시에서는 상관 관계에 대한 내용으로 엑셀 프로그램을 이용해서 각자 자기가 구하고자 하는 자료에 대한 상관도를 구해보는 것이다. 이는 실제로 많은 자료의 양을 직접 종이에 상관도로 나타내는 작업이 상당히 지루하고 시간이 많이 걸린다는 단점을 없애주는 좋은 방법이다. 이를 위해서는 먼저 각자의 자료가 있어야 하고 그 다음 엑셀 프로그램을 통한 내용에 대한 분석과 이해가 필요하다. 다음은 이러한 수업을 위한 발문의 예이다(**참고자료 2.18** 참조).

| 단원 | Ⅰ. 통계 | 소단원 | 1. 상관도와 상관표<br>§ 2. 상관도, 상관표와 상관관계 | 단계 | 9-나 |
|---|---|---|---|---|---|
| 수업목표 | 교과내용목표 | 각자가 조사하고 싶은 두 변량 사이의 상관관계를 알 수 있다. | | | |
| | 사고기능목표 | 두 변량 사이의 상관관계를 상상하고, 이를 분석할 수 있다. | | | |

◈ 준비물

엑셀 프로그램, ICT 모둠학습실(컴퓨터의 조작이 가능한 교실),
소집단별 주제에 대한 조사 자료(엑셀로 작성)

◈ 엑셀 프로그램으로 상관도 그리는 방법

**엑셀 프로그램으로 상관도 그리는 방법**

1) 자료를 엑셀 프로그램에 세로로 입력한다.
2) 자료를 블록으로 설정한다.
3) 차트 종류에서 분산형을 선택하고, 세부 종류에서 처음의 것을 선택한다.

: 안녕하세요? 지난 시간에 배운 상관관계에 대해서 알고 있습니까?
학생들: 예.

: 상관관계를 알 수 있는 방법은 어떠한 것이 있습니까?

학생1: 예, 상관도를 그려서 알 수 있습니다.

학생2: 상관표를 통해서도 알 수 있습니다.

: 예, 잘 알고 있네요. 다른 학생들도 모두 알고 있겠지요? 그럼, 상관 관계는 어떤 종류가 있습니까?

학생들: 양의 상관 관계와 음의 상관 관계가 있습니다.

: 양의 상관 관계라는 것은 어떠한 것을 나타내는 것입니까?

학생: 예, $x$의 값이 커질 때, $y$의 값도 커지는 상관 관계입니다.

: 다시 말할 수 있습니까?

학생: 두 변량 사이에 하나의 값이 커지면 나머지 하나의 값도 따라서 커지는 경우를 말합니다.

: 예를 들어서 나타내어 봅시다.

학생1: 예, 키와 몸무게는 대체적으로 양의 상관 관계가 있을 것입니다.

학생2: 산의 높이와 온도의 관계는 음의 상관 관계가 있을 것입니다.

: 그럼, 지난 시간에 제시한 자료 수집에 대한 과제는 모두 해 왔습니까? (과제 내용: 각 소집단별로 상관 관계를 알고 싶은 두 변량에 대한 각 30개 이상의 자료 준비)

학생들: 예, 준비하였습니다.

: 그럼, 궁금하게 생각한 자료는 어떠한 것들이 있습니까?

학생(소집단 조장): 예, 저희 조에서는 우리반 친구들의 수학 성적과 영어 성적에 대한 상관 관계를 알고 싶어서 우리반 친구들의 수학과 영어 과목에 대한 성적을 조사해 왔습니다.

: 예, 좋습니다. 그럼 여러분들의 생각에는 어떠한 상관 관계가 있을 것이라고 추측합니까?

학생1: 양의 상관 관계가 있을 것 같습니다.

학생2: 상관 관계가 없을 것 같습니다.

: 각자 그렇게 생각하는 이유를 말해 봅시다.

학생1: 아무래도 수학 성적이 좋은 친구는 공부를 잘 하는 모범생이 많으니 영어 성적도 당연히 좋을 것 같습니다.

학생2: 저는 수학을 좋아하고 잘하는 친구가 반드시 영어도 잘하고 좋아한다고 생각하지 않습니다.

: 다른 사람들의 생각은 어떠하나요?

학생들: 글쎄요. 실제로 결과가 어떻게 될지 빨리 조사해 보고 싶습니다.

**(참고 자료 2.18 참조)**

: 예, 그럼, 지금부터 여러분들이 가져온 자료에 대한 상관도를 그려보도록 하겠습니다. 선생님이 자료를 엑셀 프로그램에 입력해 오라고 했는데 그렇게 했습니까?

학생: 예.

: 그럼, 엑셀 프로그램을 이용해서 상관도를 나타내는 방법에 대해서 간단히 설명을 하도록 하겠습니다. 만일 자료가 엑셀로 준비가 되지 못한 조에서는 자료를 금방 입력할 수 있겠습니까?

학생: 예.

: (엑셀 프로그럼 사용 방법을 간단히 설명한다.) 지금부터 자료를 분석하고 소집단별 보고서를 작성하도록 합니다.

**보고서에 포함될 내용**

1) 자료에 대한 상관 관계를 상상하고 그 이유를 적는다.
2) 자료에 대한 상관 관계를 분석한다.
3) 분석한 자료에 대한 상관관계를 적고, 그 이유를 분석한다.

학생들: 예.

(보고서 작성 시간: 15분의 시간을 준다.)

: 보고서 작성을 모두 마쳤습니까?

학생들: 예.

: 그럼, 소집단 중에서 처음 상상했던 것과 결과가 같은 조는 어떠한 내용인지 한 번 발표해 봅시다.

(발표 시간: 7분)

: 다음은 처음 상상했던 것과 결과가 다르게 나온 소집단에서는 어떠한 내용인지 한 번 발표해 봅시다.

(발표 시간: 7분)

: 예, 매우 잘 했습니다. 여러분들이 궁금하게 생각한 것들에 대한 자료를 분석한 느낌이 어떠합니까?

학생들: 좋아요.

**[참고자료 2.18 : 수학 성적과 영어 성적에 대한 상관도 작성 방법과 상관도 참조]**

(이하 생략)

## [참고자료 2.18] 수학 성적과 영어 성적에 대한 상관도 작성 방법과 상관도

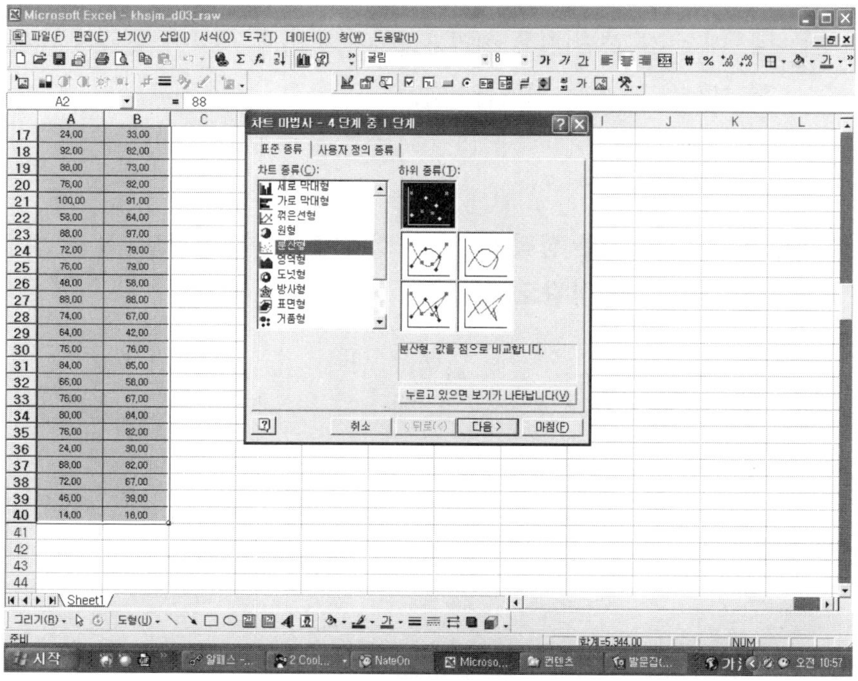

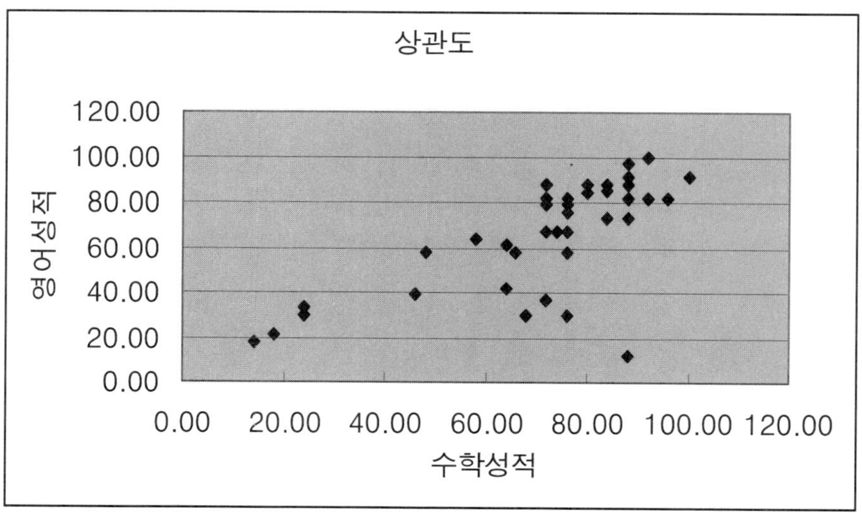


☞ 결론: 대체적으로 양의 상관 관계가 있는 것으로 보인다. 즉, 수학 성적이 좋은 사람은 소수를 제외하고는 영어 성적도 좋다고 말할 수 있다.

### 3) 조작 활동을 할 때의 발문

구성주의에 입각한 7차 교육과정에서의 수학 수업에서는 학생들의 조작 활동을 상당히 중요시하고 있다. 피아제의 이론에 따르면 중학교 학생들의 대부분이 형식적 조작기에 해당되나 그 경계가 분명하지 못하고 학생들의 수준이 일정하지 않은 관계로 구체적 조작 활동과 더불어 형식적 조작 활동을 하는 것을 기본으로 하였다(**참고자료 2.19** 참조).

#### 가) 일차식의 계산

대수 막대를 이용하여 일차식의 계산 결과를 알아보고, 조별 토론 활동을 통해 학생들 스스로 계산 법칙을 발견하도록 유도하고자 한다.

<table>
<tr><td>단원</td><td>Ⅲ. 문자식과<br>일차방정식</td><td>소단원</td><td>1. 문자의 사용과 식의 계산<br>§ 3. 일차식의 계산</td><td>대상</td><td>7-가</td></tr>
<tr><td rowspan="2">수업목표</td><td>교과내용목표</td><td colspan="4">동류항을 알고, 일차식끼리의 덧셈과 뺄셈을 할 수 있다.</td></tr>
<tr><td>사고기능목표</td><td colspan="4">대수 막대를 활용하여 일차식의 계산 방법을 발견할 수 있다.</td></tr>
</table>

◈ 준비물
대수 막대, 탐구 활동지(**참고자료 2.19**)

◈ 제작 방법
색마분지를 크기와 색깔을 다르게 잘라 구별하며, 앞면에 명칭을 적어 준다.

| 종류 | 색깔 | 크기 | 개수 |
|---|---|---|---|
| $x$ | 빨간색 | 5cm×15cm | 10개 |
| $-x$ | 파란색 | 5cm×15cm | 10개 |
| 1 | 노란색 | 5cm×5cm | 10개 |
| $-1$ | 초록색 | 5cm×5cm | 10개 |

: 이번 시간에 여러분들이 배울 내용은 대수 막대를 통한 일차식의 계산

입니다. 대수 막대가 무엇인지 들어 보았습니까?

학생들: 아뇨.

: 대수 막대는 다음과 같이 주어진 것들입니다. 그럼, 이것을 가지고 먼저 간단한 예를 풀어 보도록 합시다. 예를 들어 $2x$는 어떻게 표현할 수 있습니까?

학생들: 예, $x$막대를 2개 놓으면 될 것 같습니다.

: 그럼, $-3x$는 어떻게 표현할 수 있습니까?

학생들: $-x$막대를 3개 놓으면 됩니다.

: 그럼, $2x+(-3x)$의 계산은 어떻게 하면 되겠습니까?

학생: $x$막대 2개, $-3x$는 $-x$막대 3개를 놓습니다.

: 그 다음은 어떻게 하면 되겠습니까?

학생: 더해야 해요.

: 더하는 것을 이 대수 막대로 나타내면 어떻게 하면 되겠습니까?

학생들: 음수와 양수는 서로 없애면 됩니다.

: 잘 생각했네요. 여러분들이 어디에서 이와 비슷한 계산을 한 적이 있었습니까?

학생들: 음수와 양수의 계산에 있어서요.

: 예, 그럼 그 다음은 어떻게 되나요?

학생: $x$와 $-x$의 합이 0이므로, 둘씩 짝지워 없애면 남는 것은 $x$막대 하나이므로 답은 $x$가 됩니다.

: 예, 매우 잘 찾았습니다. 그럼, 지금부터 이러한 수 막대를 이용해서 동류항의 계산 방법과 이를 이용한 일차식의 계산 방법을 발견해 보도록 합시다.

☞ 조작활동을 통한 토론 활동으로 동류항의 계산 방법 및 일차식의 계산 방법을 유추할 수 있도록 한다.

(중략: 토론 활동)

: 자, 그럼, 지금부터 토론 결과를 발표해 볼까요? 자, ○○조부터 결과를 말해 봅시다.

○○조 학생: 우리가 찾은 결과는 먼저 동류항의 계산 방법은 같은 동류항

끼리 계산을 해서 그 값을 구했습니다.

: 구체적으로 표현하면 어떻게 말할 수 있습니까?

○○조 학생: 예, 먼저 $x$에 관한 빨간 것을 모두 놓은 다음, 그 옆에 $-x$에 관한 것을 놓았습니다. 마지막으로 같은 개수만큼 없애고 나니 그 계산 결과는 앞에 있는 계수의 계산 방법과 같음을 알 수 있었습니다.

: 그럼, 예를 들어서 자세히 설명할 수 있습니까?

○○조 학생: 예, 예를 들어서 (1)번의 $3x+2x$는 먼저 $x$의 빨간색 대수 막대를 3개 놓고, 그 다음 다시 $x$의 빨간색 대수 막대를 2개를 더 놓습니다. 모두 같은 빨간 색깔이니 모두 합하면 $5x$가 됩니다. 이것은 2+3을 한 것과 같은 값이 된다는 뜻입니다.

: 예, 매우 잘 찾아내었습니다. 다음은 ●●조에서 (2)의 토론 결과에 대해서 발표해 봅시다.

●●조 학생: 예, 저희 조에서는 $(2x-5)+(7x+1)$를 계산하기 위해서 먼저 괄호를 풀어서 앞에서와 같은 방법으로 계산을 했습니다.

: 앞에서의 방법을 좀더 자세히 설명하면 어떻게 되겠습니까?

●●조 학생: 예, 먼저 괄호를 풀면 $2x-5+7x+1$가 됩니다. 그래서 빨간색 대수 막대 9개와 1을 나타내는 노란색 대수 막대 1개와 -1을 나타내는 초록색 대수 막대를 5개 놓습니다. 그 다음 노란색 1개와 초록색 1개씩을 없애면, 초록색 4개가 남습니다. 그래서 답은 $9x-4$가 됩니다.

: 결과를 요약하면 어떻게 말할 수 있습니까?

●●조 학생: 예, 먼저 괄호를 푼 다음 동류항끼리 서로 계산을 하면 됩니다.

: 다른 조에서도 모두 같은 결과가 나왔습니까?

학생들: 예.

**[참고자료 2.19 : 탐구활동지 참조]**

(이하 생략)

## [참고자료 2.19] 탐구활동지

### 일차식의 계산 방법

※ 각 소집단별로 준비한 수 막대를 이용하여 다음의 계산 결과를 알아보고, 결과에 대해서 정리해 보세요.

1. 수 막대를 이용해 다음 동류항의 계산 결과를 구해 보세요.

   (1) $3x+2x$

   (2) $-3x+9x$

2. 1에서 답을 구한 과정을 설명하고, 동류항을 간단히 하는 방법을 적어 보세요.

3. 수 막대를 이용해 다음 일차식의 계산 결과를 구해 보세요.

   (1) $(2x-5)+(7x+1)$

   (2) $(2x+3)+(-7x+5)$

4. 3에서 답을 구한 과정을 설명하고, 일차식의 덧셈, 뺄셈 계산하는 방법을 적어 보세요.

### 나) 이등변삼각형의 성질

이 차시에서는 이등변삼각형의 성질을 단순히 증명으로만 이해하는 것이 아니고, 종이를 직접 접어 확인해 봄으로써 이등변삼각형의 성질을 탐구할 수 있도록 한다. 이는 교사의 일방적인 증명보다 훨씬 더 오래 기억할 수 있는 효과가 있다. 또한, 종이접기는 증명 과정을 이해하지 못하는 학생에게도 쉽게 이해를 시킬 수 있는 좋은 도구가 될 수 있다.

<table>
<tr><td>단원</td><td>Ⅱ. 도형의 성질</td><td>소단원</td><td colspan="2">1. 삼각형의 성질<br>§ 2. 이등변삼각형의 성질</td><td>대상</td><td>8-나</td></tr>
<tr><td rowspan="2">수업목표</td><td>교과내용목표</td><td colspan="5">이등변삼각형을 직접 잘라 접어서 이등변삼각형의 성질을 찾아 낼 수 있다.</td></tr>
<tr><td>사고기능목표</td><td colspan="5">이등변삼각형의 성질과 이등변삼각형이 될 조건을 말할 수 있다.</td></tr>
</table>

◈ 준비물

색종이, 가위, 풀, 토론 학습지

: 이번 시간에 여러분들이 배울 내용은 이등변삼각형의 성질입니다. 이등변삼각형이 무엇인지 알고 있습니까?

학생1: 예, 두 변의 길이가 같은 삼각형입니다.

학생2: 두 각의 크기가 같은 삼각형입니다.

: 어느 것이 더 옳은 표현이겠습니까?

학생1: 둘 다 맞아요.

학생2: 앞의 것이 맞아요.

: 왜 그렇게 생각합니까?

학생2: 지난 시간에 정리와 정의에 대해서 배웠는데요, 앞에 것이 정의입니다.

: 예, 매우 정확하게 알고 있네요. 이제 이등변삼각형의 뜻을 정확하게 알 수 있습니까?

학생들: 예.

: 자, 그럼 지금부터 준비된 색종이와 토론 학습지를 가지고 소집단별로 조작활동을 해보도록 합니다.

☞소집단별: 조작 활동 진행

: 색종이를 가지고 이등변삼각형을 만들 수 있습니까?

학생들: 예, 색종이를 반으로 접어서 자르면 됩니다.

: 어떻게 만들면 되겠습니까?

학생: 예, 다음 그림과 같이 만들 수 있습니다. (실제로 조작한다.)

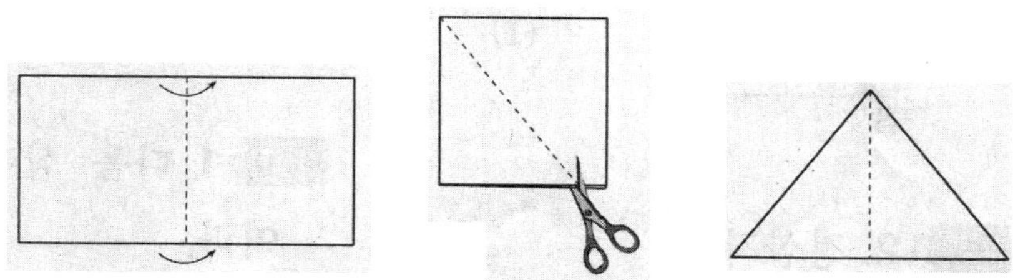

: 자, 그럼, 지금부터 각자가 만든 이등변삼각형의 한쪽에 풀을 붙여 공책에 붙이고, 각 꼭지점에 A, B, C를 적는다.
(이때, 삼각형의 한쪽에만 풀칠하여 붙인다.)

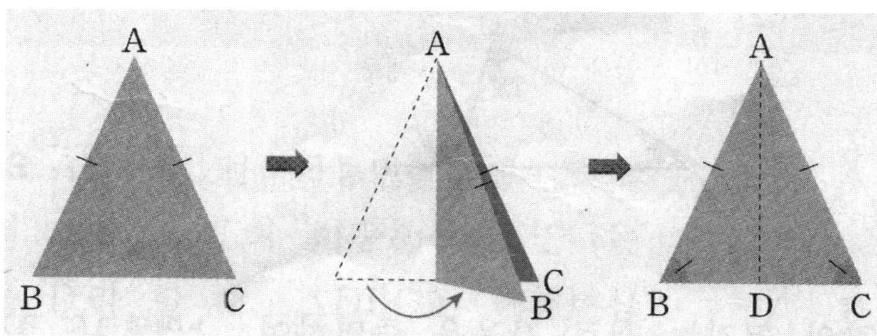


: 길이가 같은 두 변이 겹치도록 접어 보세요. 어떤 성질을 발견할 수 있습니까?

학생: 두 각이 겹쳐져요.

: 다른 말로 정리하면 어떻게 말할 수 있습니까?

학생: 두 밑각의 크기가 같아요.

: 모양이 다른 이등변삼각형에서도 모두 이와 같이 됩니까?

학생들: 예.

: 그럼, 이제 또 다시 이등변삼각형에서 꼭지각이 이등분이 되도록 접어 봅니다. 어떤 성질을 발견할 수 있습니까?

학생들: 두 변이 일치됩니다.

: 예, 그런데 그것은 이미 이등변삼각형의 정의에서 알 수 있는 사실이지요. 또 다른 성질을 찾을 수 있습니까?

학생:(조금 시간이 흐른 뒤) 고개를 갸우뚱거린다.

: 이등변삼각형의 밑변을 중심으로 생각해 본다면 어떻게 됩니까?

학생1: 예, 밑변이 이등분됩니다.

학생2: 예, 두 각의 크기가 같고 서로 수직입니다.

: 한꺼번에 정리하면 어떻게 말할 수 있습니까?

학생: 두 변의 길이를 수직이등분합니다.

: 가정을 넣어서 좀더 자세히 정리하면 어떻게 됩니까?

학생: 이등변삼각형의 꼭지각의 이등분선은 밑변을 수직이등분합니다.

: 예, 매우 잘 찾았습니다. 그럼, 이등변삼각형의 두 가지 성질을 모두 알 수 있습니까?

학생들: (자신 있게) 예.

(이하 생략)

### 다) 내심

삼각형의 내심을 찾는 방법을 교사의 설명으로만 이해하는 것이 아니라 삼각형을 직접 접어 내심을 찾아보게 하려는 것이다. 이런 과정을 통해 내심의 존재성과 내심의 성질을 자연스럽게 이해할 수 있게 된다(**참고자료 2.20** 참조).

<table>
<tr><td>단원</td><td>Ⅱ. 도형의 성질</td><td>소단원</td><td>2. 삼각형의 외심과 내심<br>§ 2. 삼각형의 내심</td><td>대상</td><td>8-나</td></tr>
<tr><td rowspan="2">수업목표</td><td>교과내용목표</td><td colspan="4">삼각형을 직접 잘라 접어서 삼각형의 내심을 찾고, 그 성질을 발견할 수 있다.</td></tr>
<tr><td>사고기능목표</td><td colspan="4">삼각형의 내심의 뜻과 내심의 성질을 말할 수 있다.</td></tr>
</table>

◈ 준비물

색종이, 가위, 풀, 발견 활동지(**참고자료 2.20**)

: 자, 이번 시간에 배울 내용은 삼각형의 내심이라는 것입니다. 내심이라는 말을 들으면 어떤 것이 상상됩니까?

학생: 안에 있는 중심이라는 뜻일 것 같습니다.

: 구체적으로 어떻게 표현할 수 있습니까?

학생1: 원의 내부에 있는 중심이라는 뜻입니다.

학생2: 삼각형에 내접하는 원의 중심이라는 뜻입니다.

: 왜 그렇게 생각합니까?

학생2: 왜냐하면 지난 시간에 배운 외심이 삼각형에 외접하는 원의 중심이었기 때문입니다.

: 예, 내심의 뜻을 매우 정확하게 말했습니다. 그럼, 내심은 어떻게 하면 찾을 수 있겠습니까?

학생들: 어려워요.

: 내심을 찾기에 앞서 먼저 색종이를 이용해서 직접 내심을 찾아봅시다. 여러분들은 발견 학습지와 색종이를 준비하였습니까?

학생: 예.

: 먼저 색종이에 삼각형을 그려 가위로 잘라 보세요. 모두 잘랐습니까?

학생: 예.

: 그런데 여기에서 삼각형의 모양으로 어떤 모양으로 자르는 것이 좋겠습니까?

학생1: 예각삼각형이요.

학생2: 둔각삼각형도 필요해요.

학생3: 모두 다르게 하는 것이 좋겠어요.

: 왜 그렇게 생각합니까?

학생1: 지난 시간에 외심에서 예각삼각형의 외심은 찾기가 가장 쉬웠거든요.

학생2: 그렇지만 둔각삼각형에 대해서도 생각을 해야 합니다.

학생3: 모든 삼각형에 대해서 모두 다 살펴보는 것이 좋을 것 같아서요.

: 예, 좋습니다. 같은 소집단 내에서는 될 수 있으면 다양한 삼각형이 나오는 것이 좋겠지요. 모두 오렸습니까?

학생들: 예.

: 그 다음은 세 각의 이등분선을 접어 보세요. 어떠한 현상이 생겼습니까?

학생들: 모두 한 점에서 만납니다.

학생: 저는 한 점에서 만나지 않는데요.

: 한 점에서 만나지 않는 학생들은 손을 들어 보세요.

학생: (4-5명이 손을 든다.)

: 35명의 친구들은 모두 한 점에서 만나는데, 왜 몇 명의 친구들은 한 점에서 만나지 않습니까?

학생들: (생각하다가) 잘 모르겠어요.

: 먼저 각의 이등분선은 잘 접혀졌습니까?

학생들: (확인하고 나서) 예.

: 한 점에서 만나지 않는 학생들 중에서 삼각형을 어떻게 만들었는지 말해볼 수 있습니까?

학생1: 예, 가위로 오렸어요.

: 구체적으로 어떻게 오렸습니까?

학생1: 가위로 그냥 오렸어요.

: 한 점에서 만나는 학생들은 삼각형을 어떻게 오렸습니까?

학생들: 예, 먼저 자로 선을 그은 다음 오렸어요.

: 예, 차이점이 발견되었나요? 그럼, 왜 이러한 현상이 일어나는지 말할 수 있습니까?

학생: 예, 바로 가위로 오리면 정확한 삼각형이 되지 않아요.

: 각의 이등분선과 관련시켜서 다시 말해 보세요.

학생들: 예, 세 각의 합이 180°가 되지 않을 수도 있습니다.

: 예, 매우 정확한 지적입니다. 왜 몇 명의 친구들이 한 점에서 만나지 않는지 그 이유를 알겠습니까?

학생들: 예.

: 그럼, 방금 접은 삼각형을 학습지에 붙여 보세요. 그 다음 어떠한 성질이 있는지 찾아 보세요.

(5-10분의 시간을 준다.)

: 컴퍼스를 이용하여 그 점에서 세 변에 이르는 거리를 측정해 보세요. 어떤 사실을 발견할 수 있습니까?

학생들: 거리가 모두 같아요.

: 그 길이를 반지름으로 하는 원을 그릴 수 있습니까?

학생: (학생들은 원을 그린다.)

: 거리가 왜 같아지는지 그 이유를 학습지에 적어 봅시다.

학생들: (학습지에 기록)

: 이 원의 이름을 무엇이라고 정하면 좋겠습니까?

학생들: 내접원입니다.

: 이 원의 중심을 무엇이라고 하면 좋겠습니까?

학생들: 내심입니다.

: 예, 내접원의 중심이라 하여 내심이라고 합니다. 그럼, 외심의 위치에 대해서 알아볼까요? 먼저 예각삼각형에서 내심의 위치는 어디에 있습니까?

학생들: 삼각형의 안에 있어요.

: 직각삼각형의 내심의 위치는 어디에 있습니까?

학생들: 삼각형의 안에 있어요.

: 마지막으로 둔각삼각형의 외심의 위치는 어디에 있습니까?

학생들: 안에 있어요.

: 모두 다 내심의 위치가 삼각형의 내부에 위치하였습니까?

학생들: 예.

: 지난 시간에 배운 외심은 어떠하였는지 기억이 납니까?

학생들: 예, 삼각형의 종류에 따라 외심의 위치가 달랐어요.

: 내심은 왜 항상 삼각형의 내부에만 있는 것입니까?

학생들: (조금 생각하다가) 내심은 내접원의 중심이고, 내접원은 항상 삼각형의 안에 존재하기 때문입니다.

: 예, 매우 정확하게 말했습니다. 그럼 지금부터 내심의 성질에 대해서 학습지를 통해 탐구해 보도록 하겠습니다. 어떠한 성질을 발견할 수 있겠습니까?

**(발견 활동지(참고자료 2.20) 참조)**

: 발견한 성질을 아는 대로 모두 발표해 보도록 합시다.

학생1: 내심은 한 점에서 만납니다.

학생2: 내심은 세 각의 이등분선의 교점입니다.

학생3: 내심은 내접원의 중심입니다.

학생4: 내심에서 세 변에 이르는 거리가 모두 같습니다.

: 예, 매우 잘 발표하였습니다. 그럼 여기에서 왜 이러한 현상이 생기는지 그 이유를 말할 수 있습니까?

학생들: (고민한다.)

: 삼각형의 합동을 생각해서 살펴보면 이러한 현상이 이해가 됩니까?

학생들: 예.

**[참고자료 2.20 : 조작활동을 위한 발견 활동지 참조]**

(이하 생략)

## [참고자료 2.20] 조작활동을 위한 발견 활동지

### 삼각형의 내심

※ 준비한 색종이로 삼각형을 만들고, 다음 과정을 통해 삼각형의 내심을 찾아 보도록 합시다.

1. 삼각형 세 각의 이등분선을 차례로 접어 봅시다.

2. 위에서 접은 삼각형을 아래에 붙이고, 접은 선을 따라 각의 이등분선을 그려 보세요.

3. 세 각의 수직이등분선이 몇 개의 점에서 만납니까?

4. 컴퍼스를 이용하여 위의 교점에서 세 변에 이르는 거리를 비교해 봅시다.

5. 위에서 비교한 거리가 같다면 그 이유를 조원들과 의논하여 적어 봅시다.(1학년 때 배운 각의 이등분선의 성질을 참고하세요.)

| 각의 이등분선의 성질: |
|---|

| 이유: |
|---|

6. 교점을 중심으로 하고 그 교점에서 세 변까지의 거리를 반지름으로 하는 원을 그려 봅시다. 이 원과 삼각형의 위치 관계를 살펴 원의 이름을 조원들과 의논해 봅시다.

7. 위에서 찾은 교점의 이름을 정하고, 이 교점의 성질을 적어 봅시다.

| 교점의 이름: |
|---|
| 교점의 성질: |

## 라) 피타고라스의 정리

직각삼각형의 세 변 위에 만들어진 정사각형들의 넓이를 비교해 봄으로써 피타고라스의 정리를 유도해 보고자 한다. 학생 스스로 조작 활동을 통해서 공식을 직접 유도해 봄으로써 흥미를 가지고 수업에 임하게 하며 또 증명 과정을 더 쉽게 이해할 수 있게 될 것이다(**참고자료 2.21** 참조).

<table>
<tr><td>단원</td><td>Ⅱ. 피타고라스의 정리</td><td>소단원</td><td>1. 피타고라스의 정리<br>§ 1. 피타고라스의 정리</td><td>대상</td><td>9-나</td></tr>
<tr><td rowspan="2">수업목표</td><td>교과내용목표</td><td colspan="4">피타고라스 정리를 알고, 이를 증명할 수 있다.</td></tr>
<tr><td>사고기능목표</td><td colspan="4">주어진 사각형을 잘라 넓이를 비교해 봄으로써 피타고라스의 정리를 유도할 수 있다.</td></tr>
</table>

◈ 준비물

가위, 칼, 풀, 직각삼각형이 그려진 학습지(발견 활동지(**참고자료 2.21**))

: 이번 시간에는 직각삼각형에 대한 중요한 성질을 한 가지 배우려고 합니다. 모두 선생님이 나누어 준 학습지를 받았습니까?

학생들: 예.

: 학습지에 무엇이 있습니까?

학생1: 도형이 그려져 있어요.

학생2: 직각삼각형 한 개와 정사각형 3개가 그려져 있어요.

: 직각삼각형의 세 변의 길이를 무엇이라고 하면 되겠습니까?

학생들: $a,b,c$라고 하면 될 것 같습니다.

: 3개의 정사각형의 넓이는 각각 무엇이라고 말할 수 있습니까?

학생들: $a^2$, $b^2$, $c^2$이 됩니다.

: 지금부터 학습지에 그려진 세 개의 사각형 중 작은 사각형 2개를 칼로 오려냅니다. 그 다음 오려낸 각 사각형을 점선 따라 잘라 6조각으로 나누어 봅시다.

☞조작 활동 실시 (10-15분의 시간을 준다.)

: 모두 오렸습니까?

학생들: 예.

: 잘라 낸 6조각을 적당히 배치하여 아래에 있는 큰 사각형을 채워보세요. 어떠한 일이 일어나는지 말할 수 있습니까?

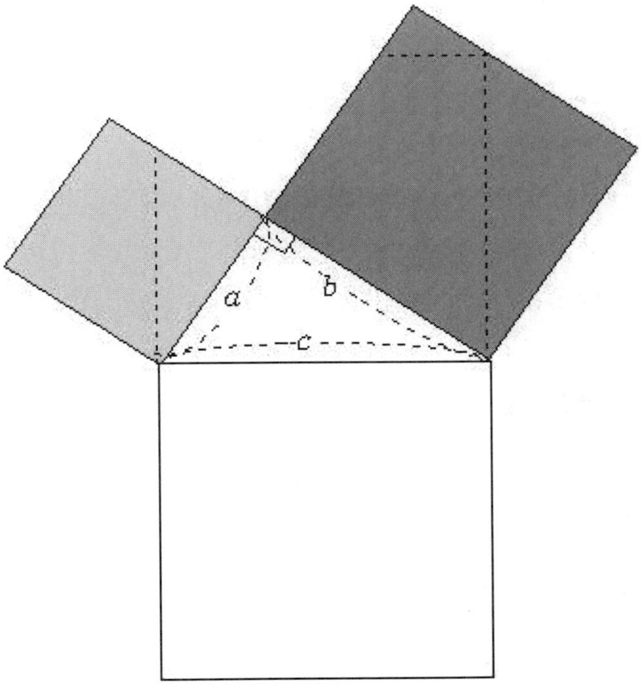


학생들: 예, 꼭 맞게 채워져요.

: 여기서 발견할 수 있는 성질이 있습니까?

학생: (조금 시간이 흐른 뒤) 예, 위의 두 개의 사각형이 아래 하나의 정사각형과 같아요.

: 같다는 것은 구체적으로 무엇이 같다는 말입니까?

학생: 예, 두 개의 사각형의 넓이를 합한 것이 아래의 큰 정사각형의 넓이와 같다는 뜻입니다.

: 그것을 식으로 어떻게 나타낼 수 있습니까?

학생: 예, $a^2 + b^2 = c^2$이 됩니다.

: 예, 잘 찾았습니다. 이것을 바로 피타고라스 정리라고 합니다. 이것을 다시 말하면 어떻게 말할 수 있습니까?

학생: 두 변 길이의 제곱의 합은 다른 한 변 길이의 제곱과 같습니다.

: 여기서 두 변이란 구체적으로 무엇을 나타내고 있습니까?

학생: 예, 빗변을 제외한 나머지 변입니다.

: 다른 한 변이란 무엇을 나타냅니까?

학생: 예, 빗변을 나타냅니다.

: 전체를 정리할 수 있습니까?

학생: 직각삼각형의 빗변 길이의 제곱은 나머지 두 변의 길이의 제곱의 합과 같습니다.

: 모양이나 크기가 다른 모든 직각삼각형에서도 같은 성질이 성립할까요?

학생들: 성립할 것 같습니다.

: 지금부터 이 사실에 대해서 직접 증명을 하도록 하겠습니다.

**[참고자료 2.21 : 조작활동을 위한 발견 활동지 참조]**

(이하 생략)

## [참고자료 2.21] 조작활동을 위한 발견 활동지

### 피타고라스의 정리

※ 다음 직각삼각형의 세 변 위에 놓인 정사각형을 이용해서 직각삼각형에 대한 성질을 찾아보도록 합니다.

1. 아래에 그려진 사각형 중 작은 사각형 둘을 칼로 오려내 보세요.

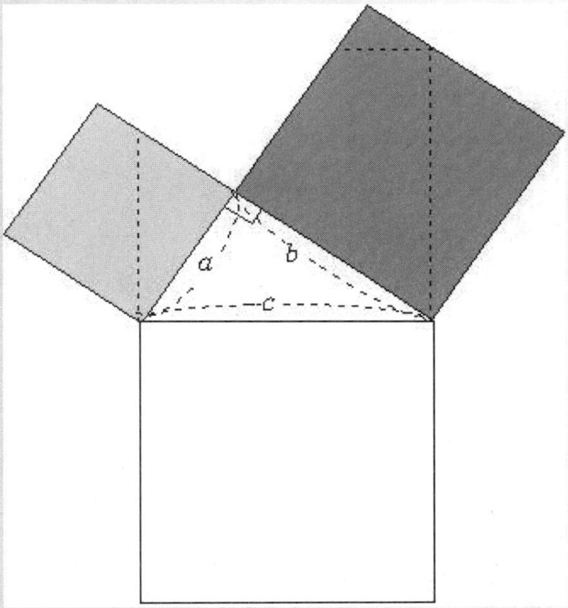


2. 위에서 오려낸 두 사각형을 점선을 따라 6조각으로 나누어 봅시다. 그리고, 그 6조각으로 큰 사각형을 채워 보세요.

3. 2번에서 확인한 사실을 식으로 표현해 봅시다.

### 2.2.2 토론 활동을 위한 발문

토론 활동을 위해서는 다음과 같은 기법을 적용한다면 좀더 활발한 수업을 기대할 수 있다. 각 유형별로 예를 제시하면 다음과 같다(**참고자료 2.22**와 2.23 참조).

#### 1) 브레인스토밍 활용

브레인스토밍 기법은 학생들의 다양한 아이디어를 산출할 수 있는 창의성 기법 중의 하나로, 이는 토론 활동에 적용할 수 있는 적합한 방법이다. (**참고자료** 2.23 참조)

#### 가) 생활 속의 통계 조사

본 내용은 통계 단원의 내용을 모두 배우고 난 다음 실제로 통계청의 다양한 자료들을 해석하는 능력을 키우기 위한 것으로 먼저 브레인스토밍 기법을 적용하여 학생들이 알고 있는 모든 사실들을 확인한 후 이러한 자료를 분석할 수 있는 능력을 기르고자 한다.

| 단원 | Ⅰ. 통계 | 소단원 | 전단원 | 단계 | 7-나 |
|---|---|---|---|---|---|
| 수업목표 | 교과내용목표 | 생활 속의 통계자료표를 이해할 수 있다. | | | |
| | 사고기능목표 | 생활 속의 통계자료를 이해하고 이를 분석할 수 있다. | | | |

: 여러분들이 통계를 배우니까 내용이 재미있습니까?

학생: 예, 내용이 쉽고 재미있어요.

: 이번 시간에는 여러분들이 여태까지 배운 통계적인 지식을 기본으로 하여 우리 주위에 존재하는 실질적인 자료를 분석하는 힘을 기르려고 합니다. 여러분들은 통계청 홈페이지에 들어가 본 적이 있습니까?

학생: 아뇨. 들어가 보지 못했습니다.

: 통계청 홈페이지에는 우리 주위의 여러 가지 통계 자료들이 많이 탑재되어 있습니다. 여러분들은 인구센서스라는 말을 들어본 적이 있습

니까?

학생1: 예, 얼마 전에 우리 집에 어떤 누나가 와서 인구센서스 조사를 한 적이 있습니다.

학생2: TV이나 신문에서 인구센서스라는 말을 들어보았습니다.

: 예, 잘 알고 있네요. 그럼, 인구센서스라는 것이 무엇입니까?

학생: (조금 망설이다가) 인구를 조사하는 것입니다.

: 구체적으로 말할 수 있겠습니까?

학생1: 우리 집에 와서 식구들 이름과 나이 그리고 자세한 것들을 모두 물었습니다.

학생2: 자세히 모르겠습니다.

: 인구센서스란 인구 주택 총 조사로서 나라 살림을 효과적으로 운영하기 위해서 우리나라의 인구와 주택에 대한 사항을 자세히 조사하는 것을 말합니다. 여러분들은 다음과 같은 자료를 본적이 있나요?

**[자료: 연령계층별 인구]**

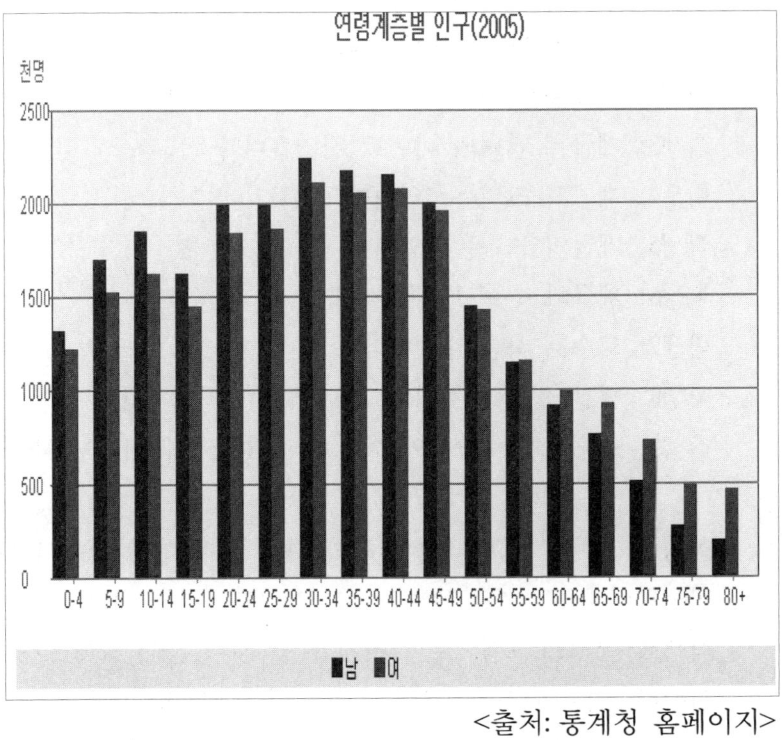


<출처: 통계청 홈페이지>

학생: 아뇨.

: 이 자료는 통계청 홈페이지에 있는 자료로서 2005년도 연령계층별 인구를 나타낸 것입니다. 이 자료를 통해서 알 수 있는 것들을 모두 말해 봅시다.

학생: 내용에 대해서 말하는 것입니까?

: 예, 내용에 대한 것도 좋고 추측에 대한 것도 좋습니다. 자, 그럼 지금부터 발표를 해보세요. 단, 4가지 규칙을 지켜가면서 발표를 해 봅시다.

(15분의 시간을 준다.)

**[브레인스토밍의 4가지 규칙]**

1) 발표한 사항에 대해서 어떠한 판단도 비판하지 않습니다.
2) 무모한 것 같은 아이디어도 환영합니다.
3) 질에 관계 없이 많을수록 좋습니다.
4) 이미 나온 사실들이나 아이디어를 수정, 보완, 조합한 아이디어도 환영합니다.

학생1: 연령계층별 인구를 나타낸 막대 그래프입니다.

학생2: 두 개의 자료를 동시에 나타낸 그래프입니다.

학생3: 계급은 남녀의 나이로 하였습니다.

학생4: 계급의 크기는 5입니다.

학생5: 계급의 크기는 4입니다.

학생6: 계급의 수는 17개입니다.

학생7: 도수는 사람 수입니다.

학생8: 빨간 색은 여자이고, 파란색은 남자입니다.

학생9: 54세까지는 남자의 수가 더 많고, 55세 이상부터는 여자의 수가 더 많습니다.

학생10: 30세 이상 34세 이하의 사람 수가 가장 많습니다.

학생11: 계급은 가로축에 도수는 세로축에 나타내었습니다.

학생12: 히스토그램으로 그려져야 할 것 같은데 그래프가 이상합니다.

학생13: 자료가 2개 이상이어서 막대 그래프로 그려진 것 같습니다.

학생14: 80세 이상에서는 여자의 수가 남자의 수의 2배 정도 됩니다.

: 예, 여러분들이 아주 많은 것들을 생각해 냈습니다. 이것에 대해서 옳고 그름에 대해서는 다시 의논하기로 하고, 다음은 이것을 가지고 추측할 수 있는 내용 중에서 먼저 30년 후에는 어떠한 일이 일어날까요?

(10분의 시간을 준다.)

학생1: 인구가 점점 줄어들 것 같습니다.
학생2: 나이 많은 사람들의 수가 늘어나고 나이가 적은 사람의 수는 줄어들 것 같습니다.
학생3: 우리 나라의 평균 연령이 높아질 것 같습니다.
: 이러한 일이 생긴 원인이 무엇이라고 생각 하는지 추측해 볼까요?

(10분의 시간을 준다.)

학생1: 남자가 일찍 죽는 이유는 담배를 피우고 술을 많이 먹기 때문인 것 같습니다.
학생2: 나이가 적은 사람의 수가 적은 이유는 아이들을 적게 낳기 때문입니다.
학생3: 아이를 적게 낳는 이유는 여자들도 사회 생활을 많이 하기 때문입니다.
학생4: 아이들의 수가 적은 것은 아이들을 교육시키는 데 돈이 너무 많이 들기 때문인 것 같습니다.
학생5: 50세까지 남자의 수가 많은 것은 남자를 많이 낳기 때문인 것 같습니다. 이것은 아마도 남자 아이를 좋아하는 우리 나라의 문화 탓인 것 같습니다.
: 예, 매우 좋은 의견들을 제시하였습니다. 이제 발표한 내용 중에서 궁금하거나 더 알고 싶은 것이 있으면 질문하십시오.

**[참고자료 2.22 : 인구 센서스 참조]**
**[참고자료 2.23 : 브레인스토밍 참조]**

(이하 생략)

## [참고자료 2.22] 인구 센서스

### 인구 센서스란?

인구 센서스는 우리 나라에서는 인구 주택 총조사(Population and Housing Census)로 불린다. 이때 인구 주택 총조사란 국가가 주관이 되어 일정 시점을 정하여 통일된 기준에 따라 전국의 모든 내·외국인 및 이들이 살고 있는 거처의 총수와 그 개별적 특성을 일일이 조사하는 대규모 국가 기본 통계 조사이다. 한 가정에서도 식구 수와 그 구성원의 특성을 잘 파악해야 합리적인 생활 설계를 할 수 있듯이 나라 살림을 효율적으로 설계하기 위해서는 그 바탕이 되는 인구의 총수와 그 특성까지도 객관적으로 정확하게 파악한 자료가 필요하다. 이러한 자료를 얻기 위해서는 각종 표본 조사나 실태 조사, 행정 통계 등을 이용할 수 있으나 이들 대부분의 자료는 지역 단위 통계 작성이 어렵거나 자료 내용이 한정적이어서 복잡한 사회 현상을 종합적으로 나타내지는 못한다.

따라서 막대한 예산과 조사 인력을 투입하여 과학적이고 체계적인 조사 방법에 의해 지역별 인구와 가구 수는 물론 개별 특성까지도 세밀히 조사하는 인구 주택 총조사만이 사회, 경제 그리고 인구학적 특성까지 종합적으로 분석한 고용 정책, 교육 정책, 교통 정책, 보건 정책, 주택 정책 등 다양한 국가 정책 수립의 기초 자료로 활용된다.

이러한 이유로 UN의 권고에 의해 현재 거의 모든 나라가 인구 주택 총조사를 실시하고 있으며, 선진국일수록 인구 총조사의 역사가 길어 그 동안 인구 주택 총조사가 국가 발전과 복지 실현에 어느 정도 이바지하였는가를 짐작할 수 있다.

우리 나라에서는 인구 주택 총조사가 1925년 이래 매 5년마다 실시되고 있는데 조사 대상은 조사 대상 연도의 조사 기준 시점(11월 1일 0시) 현재 조사 지역(대한민국 행정권이 미치는 전 영역) 내에서 상주하고 있는 모든 내·외국인 및 이들이 살고 있는 모든 거처이다. 조사 당국은 통계청 사회 통계국 인구 조사과이며, 이때 조사 대상 인구에는 해외 취업·취학 중인 한국인, 외국인 중 외교관 및 그 가족, UN 소속기관 외국 직원 및 그 가족, 외국 군인, 군속 및 그 가족 등은 포함되지 않는다.

<출처: 레포트 월드>

## [참고자료 2.23] 브레인스토밍

### 브레인스토밍 기법이란?

**1. 용도**

이 기법은 많은 아이디어 생성을 목적으로 하는 일반적인 기법이므로 주로 집단 토의에서 사용하며, 수업 과정에서 접하게 될 사건에 대하여 가능한 원인을 찾는 데 탐색해 볼 수 있다.

**2. 기본 원리와 규칙**

가. 원리

성급한 판단을 유보하고, 양이 질을 낳는다는 생각으로 아이디어를 모은다.

나. 규칙(반드시 지킨다)[4S]

1) 제안된 아이디어에 대한 어떠한 판단도 비판하지 말고 유보한다.(support)
2) 거칠고 엉뚱하여 무모한 것 같은 아이디어 제안을 환영한다.(silly)
3) 질에 관계없이 가능한 한 많은 아이디어 제안을 격려한다.(speed)
4) 이미 제안된 아이디어를 수정, 보완, 조합한 아이디어도 환영한다.(Synergy)

**3. 진행 절차**

가. 사전 준비

적어도 일주일 전에 이 모임에 대한 전체적인 소개와 연습 문제가 포함된 안내 자료를 참가 예정자들에게 전달한다.

나. 문제(테마)의 선정

1) 문제를 확인해 내려고 할 때
 - 문제점이 무엇인가?
 - 문제에 대하여 우리가 알고 있는 것은 무엇인가?
 - 어떻게 돌아가고 있는가? 등
2) 문제를 진술하고자 할 때
 - 이슈가 무엇인가?
 - 무엇이 문제인가?
 - 애로가 무엇인가? 등
3) 문제를 분석하고자 할 때
 - 문제의 원인이 무엇인가?
 - 사태가 왜 개선되지 않는가? 등
4) 문제의 해결 대안을 생각할 때
 - 어떤 전략을 사용해야 할까?
 - 다른 해결책은 무엇일까? 등
5) 의사 결정을 할 때
 - 어떤 대안이 가장 그럴 듯한가?
 - 각 대안의 위험 부담을 어떤가? 등

### 나) 다각형 내각의 합

다각형 내각의 합을 구하기 위한 것으로 먼저 전체 학생들을 대상으로 내각의 합에 대해서 추측을 하게 한 다음 소집단별로 토론 활동지(**참고자료 2.24** 참조)를 중심으로 브레인스토밍 기법을 적용해서 원리를 발견할 수 있도록 한다. 여기에서는 또한 색종이로 만든 사각형, 오각형, 육각형을 여러 개의 삼각형으로 나누어 삼각형 내각의 합이 180°임을 이용하는 조작 활동도 함께 하게 될 것이다. 이는 $n$각형의 내각의 합을 구하는 공식이 $180^\circ(n-2)$임을 무조건 외우는 것이 아니라 구체적인 조작과 교사의 발문을 통해서 공식을 직접 유도해 보게 함으로써 그 원리를 이해하게 하려는 것이다. 토론 활동시 교사는 각 소집단별로 순회를 하면서 토론 상황을 점검하면서 진행 상황에 따른 발문을 할 것이다.

<table>
<tr><td>단원</td><td>Ⅳ. 도형의 측정</td><td>소단원</td><td>1. 평면도형의 성질<br>§ 1. 다각형의 내각</td><td>단계</td><td>7-나</td></tr>
<tr><td rowspan="2">수업목표</td><td>교과내용목표</td><td colspan="4">다각형의 내각의 합을 구할 수 있다.</td></tr>
<tr><td>사고기능목표</td><td colspan="4">다각형의 내각의 합을 추론할 수 있다.</td></tr>
</table>

· 토의 주제: 다각형 내각의 합
· 준비물: 색종이, 가위, 풀, 각도기, 자, 색연필, 토론 활동지(**참고자료 2.24**)
· 수업 형태: 소집단을 통한 토론 학습

: 이번 시간에 여러분들이 배울 내용은 다각형 내각의 합을 구하는 것입니다. 지난 시간에 배운 삼각형의 내각의 합이 얼마인지 알고 있습니까?

학생: 예, 180°입니다.

: 예, 다각형이 무엇인지는 알고 있나요? 어떠한 것들이 있습니까?

학생: 삼각형, 사각형, 오각형, 육각형 등이 있어요.

: 그러면 다각형의 내각을 측정할 수는 있습니까?

학생: 예, 각도기를 사용해서 측정하면 됩니다.

: 다각형마다 모두 내각의 합이 같을까요?

학생: (고개를 갸우뚱거리며) 다를 것 같아요.

: 왜 그렇게 생각합니까?

학생: 삼각형의 내각의 합은 180°이고 사각형의 내각의 합이 360°입니다. 따라서 서로 다릅니다.

: 그러면 그 이외의 다른 다각형의 내각의 합은 어떻게 될 것 같습니까?

학생: 점점 커질 것 같습니다.

: 왜 그렇게 생각합니까?

학생1: 보면 알아요.

학생2: 측정해 보면 알아요.

: 같은 다각형끼리는 내각의 합이 모두 같겠습니까?

학생: (고개를 갸우뚱거리면서) 예, 그럴 것 같아요.

: 실제로 그럴까요? 그렇다면 내각의 합에 대한 공식이 나올 수도 있겠습니까?

(☞토론 학습지 배부, 토론 시간 15분을 준다.)

: 지금부터 여러분들은 토론 학습지를 중심으로 소집단별로 스스로 토론을 해서 다각형의 내각의 합을 구하는 공식을 만들어 보는 것입니다. 토론 중에 질문이 있을 경우에는 언제든지 질문을 해도 좋습니다. 아울러 그 이유에 대한 근거도 반드시 밝혀야 합니다.

학생들: 예.

☞토론 진행 중 소집단별 교사의 발문(학생들의 다양한 의견이 나올 수 있도록 교사는 많은 개입은 하지 않고 막히는 부분에 대해서만 발문을 한다.)

: 색종이 위에 자로 사각형을 그린 후 잘랐나요? 여기에서 사각형의 모양을 하나로 하는 것이 좋을까요? 아니면 다양하게 하는 것이 더 좋겠습니까?

학생: 다양하게요.

: 왜 그렇게 하는 것이 더 좋겠습니까?

학생들: 모양이 달라도 사각형의 합이 같은지 알아보기 위함입니다.

: 사각형의 각에 표시를 해두도록 하세요. 그 다음 내부에 대각선을 그어서 삼각형으로 나누어 보세요. 몇 개로 나누어지나요? 오각형은 어떻게 될까요? 육각형은 또 어떻게 될까요?

학생들: (다음과 같은 작업을 열심히 하면서 대답한다.)

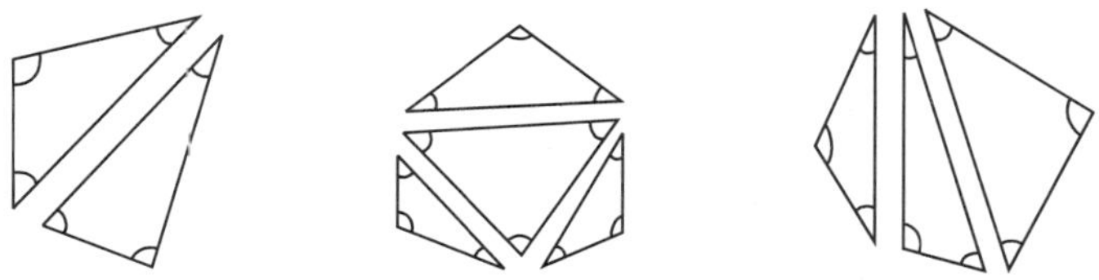

사각형은 2개가 생기고, 오각형은 3개가 생기며, 육각형은 4개가 생깁니다.

: 조원들끼리 서로 모양이 달라도 결과가 같게 나옵니까?

학생들: (자신 있게) 예, 같이 나와요.

: 다각형 변의 개수와 나누어지는 삼각형의 개수 사이에는 관계가 있습니까?

학생: 예.

: 구체적으로 어떠한 관계가 있습니까?

학생: 삼각형의 변의 수보다 2개가 적게 나옵니다.

: 왜 그렇게 되는지 설명할 수 있습니까?

학생: 예, 한 꼭지점에서 그을 수 있는 대각선의 수가 변의 수보다 3개가 적고, 삼각형의 수는 대각선의 수보다 1개가 더 많습니다.

: 그럼, 내각의 합도 구할 수 있습니까?

학생: 예, 삼각형의 개수에 180°을 곱하면 됩니다.

☞전체를 대상으로 하는 발문

: 자, 모두 완성을 했습니까?

학생: 예.

: 어떠한 공식이 나옵니까?

학생: 다각형의 내각의 합은 $180°(n-2)$가 됩니다.

: 왜 그러한 공식이 나오는지 모두 설명할 수 있습니까?

학생들: 예.

: 모양이 다른 다각형에서도 모두 같은 결과가 나올까요?

학생들: 예, 모두 같은 결과가 나오는 것을 알 수 있습니다.

**[참고자료 2.24 : 조작 활동을 위한 토론 활동지 참조]**

(이하 생략)

## [참고자료 2.24] 조작 활동을 위한 토론 활동지

### 다각형의 내각

※ 각 소집단별로 다음에 대해서 토론한 후 그 결과에 대해서 정리해 봅시다.

1. 각자 색종이에 다양한 모양의 사각형, 오각형, 육각형, 칠각형의 도형을 그려 오려봅시다.(단, 반드시 자를 사용해서 다각형을 그린다.)

2. 도형의 한 꼭지점에서 각각의 대각선을 그려 봅시다. 이때 한 점에서 그을 수 있는 대각선 수가 어떻게 되는지 확인해 봅시다.

3. 2번에서 그린 대각선을 따라 가위로 오려, 나뉘어진 삼각형들을 아래 표에 붙여 보세요. 이때, 나뉘어지는 삼각형의 수는 어떻게 되는지 확인해 봅시다.

| 다각형 | 사각형 | 오각형 | 육각형 | 칠각형 |
|---|---|---|---|---|
| 모양 | | | | |
| 변의 수 | | | | |
| 한 꼭지점에서 그을 수 있는 대각선 수 | | | | |
| 나뉘어진 삼각형 수 | | | | |
| 내각의 합 | | | | |

4. 3번에서 완성한 표를 참고로 $n$각형의 변의 수와 나누어진 삼각형의 수 사이의 관계를 이용하여 $n$각형의 내각의 합을 구하는 공식을 유도해 봅시다.

### 다) 이차함수의 성질

다음은 토론 활동지(**참고자료 2.25** 참조)를 통한 이차함수의 성질을 발견하기 위한 발문의 내용이다. 여기에서는 먼저 그 이전 시간에 과제로 제시된 그래프와 토론 활동지를 통한 소집단별 토론 활동을 먼저 한 다음 그 결과를 교사의 발문을 통해서 정리하는 식으로 전개할 수 있다.

| 단원 | Ⅳ. 이차함수와 그 그래프 | 소단원 | 1. 이차함수의 그래프<br>§ 1. 이차함수 $y = ax^2$의 그래프 | 단계 | 9-가 |
|---|---|---|---|---|---|
| 수업목표 | 교과내용목표 | 이차함수의 그래프에서 $a$의 값에 따르는 그래프의 성질을 말할 수 있다. | | | |
| | 사고기능목표 | 이차함수 $y = ax^2$의 그래프를 관찰하고 비교함으로써, 이러한 그래프의 성질을 일반화할 수 있다. | | | |

: 이번 시간에 여러분들이 배울 내용은 이차함수 $y = ax^2 + bx + c$의 그래프에서 $a$의 값에 따르는 그래프의 성질을 발견하는 것입니다. 과제는 모두 해결했습니까?(**참고자료 2.25: 과제 활동지 참조**)

학생: 예.

: 여러분들이 그래프를 6개를 그려보았는데, 먼저 조장을 중심으로 그래프가 잘 그려졌는지 확인해 봅시다.

(조장을 중심으로 과제를 확인하고 잘못된 그림은 수정하도록 한다.)

: 자, 과제가 모두 잘 되었습니까?

학생들: 예.

: 지금부터 과제로 해결한 그래프를 가지고 각 소집단별로 토론 학습지를 따라 토론을 한 다음 결과를 기록해 보도록 합니다.

(☞토론 활동지(**참고자료 2.25**) 배부: 토론 학습 시간 15분을 준다.)

☞브레인스토밍 기법 적용

: 자, 지금부터 여러분들이 발견한 $y = ax^2 + bx + c$의 그래프에서 $a$의 값에 따른 그래프의 성질을 발표해 봅시다.

(발표에 임하기 전에 먼저 브레인스토밍 기법의 원칙 4가지를 주지시킨다.)

학생1: $a$의 값에 따라 모두 같은 성질은 모두 포물선입니다.

학생2: 모든 그래프는 원점을 지납니다.

학생3: $a$의 값에 따라 그래프의 방향이 달라집니다.

: 조금 더 자세히 설명한다면 어떻게 말할 수 있습니까?

학생3: $a$의 값이 양(+)이면 아래로 볼록한 포물선이고, 음(−)이면 위로 볼록한 포물선입니다.

: 다른 말로 표현한다면 어떻게 말할 수 있습니까??

학생4: $a$의 값이 양(+)이면 위로 오목한 포물선이고, 음(−)이면 아래로 오목한 포물선입니다.

학생5: $a$의 값에 따라 그래프의 폭이 달라집니다.

학생6: $a$의 값이 커지면 폭이 좁아지고, 적어지면 폭이 넓어집니다.

학생7: $a$의 값이 음수일 때는 그 값이 적을수록 폭이 좁아집니다.

학생8: 정리하면 $a$의 절대값이 커지면 폭이 좁아지고, 절대값이 적어지면 폭이 넓어집니다.

학생9: $a$의 절대값이 같은 두 그래프의 폭은 서로 같습니다.

학생10: 절대값이 같은 두 그래프는 서로 대칭입니다.

학생11: 다시 말하면 $x$축을 축으로 대칭입니다.

학생12: 정리하면 $a$의 절대값이 같은 두 개의 그래프는 모양이 서로 같고 $x$축을 축으로 서로 대칭인 포물선입니다.

**[참고자료 2.25 : 토론 활동지와 과제 활동지 참조]**

(이하 생략)

## [참고자료 2.25] 토론 활동지와 과제 활동지

### 1. 토론 활동지

$y=ax^2$의 특징 관찰

* 다음 토론 학습지와 과제 학습지의 6개의 그래프를 참조하여 $y=ax^2$의 성질을 적으시오.

1. $y=ax^2$의 특징 관찰

| 이차함수식 | ① $y=x^2$ | ② $y=\frac{1}{3}x^2$ | ③ $y=-2x^2$ | ④ $y=2x^2$ | ⑤ $y=-x^2$ | ⑥ $y=-\frac{1}{2}x^2$ |
|---|---|---|---|---|---|---|
| a의 값 | | | | | | |
| 볼록(오목)한 방향 | | | | | | |
| 꼭지점의 좌표 | | | | | | |
| 축의 방정식 | | | | | | |

(1) a의 값에 관계 없이 모두 같은 성질은?
(2) a의 값의 부호에 따라 구별되는 특징은?
(3) 함수식에서 그래프의 폭을 변화시키는 것은?
(4) a의 값과 그래프의 폭의 관계를 한 문장으로 정리하면?

2. 그래프 사이의 관계

(1) 폭이 서로 같은 그래프 연결하기

$y=2x^2$ $y=x^2$

$y=3x^2$ $y=\frac{1}{2}x^2$

$y=-x^2$ $y=-3x^2$

$y=-\frac{1}{2}x^2$ $y=-2x^2$

☞ 위에서 짝지은 2개의 그래프를 서로 포개려면 그래프를 어떻게 이동해야 하는가?

☞ 두 그래프의 폭이 같음을 통해 함수식에서 무엇을 알 수 있는가?

(2) 다음 그래프를 [x축에 대칭이동]하였을 때 나타나는 그래프의 식은?

$y=2x^2$

$y=-3x^2$

## 2. 과제 활동지(수준별로 제공)

$y = ax^2$의 그래프 그리기

* 다음 이차함수의 그래프를 아래의 모눈 위에 그리시오.
(수준별로 제시: 수준에 따라 대응표, 좌표축의 값 주어짐)

| $y=x^2$ | x | … | -3 | -2 | -1 | 0 | 1 | 2 | 3 | … |
|---|---|---|---|---|---|---|---|---|---|---|
| | y | | | | | | | | | |
| $y=\frac{1}{3}x^2$ | x | … | -6 | -3 | -1 | 0 | 1 | 3 | 6 | … |
| | y | | | | | | | | | |
| $y=-2x^2$ | x | … | -3 | -2 | -1 | 0 | 1 | 2 | 3 | … |
| | y | | | | | | | | | |
| $y=2x^2$ | x | … | -3 | -2 | -1 | 0 | 1 | 2 | 3 | … |
| | y | | | | | | | | | |
| $y=-x^2$ | x | … | -3 | -2 | -1 | 0 | 1 | 2 | 3 | … |
| | y | | | | | | | | | |
| $y=-\frac{1}{2}x^2$ | x | … | -6 | -4 | -2 | 0 | 2 | 4 | 6 | … |
| | y | | | | | | | | | |

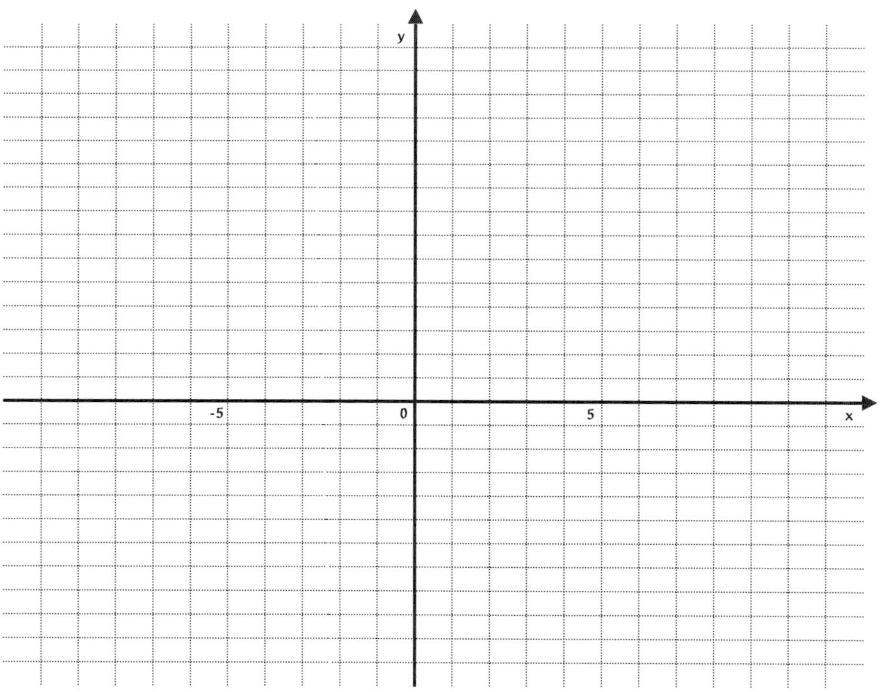

### 2) 육색모자기법 활용

육색모자기법(**참고자료 2.29** 참조)의 특징은 다양한 각도에서 평가를 할 수 있다는 것이다.

#### 가) 피타고라스 정리

다음은 피타고라스의 정리를 배우고 난 다음이나 배우기 이전에 피타고라스라는 수학자에 대해서 생각하기 위한 발문 내용이다. 여기에서는 평가가 다양하게 내려질 수 있는 피타고라스와 그의 학파에 대한 내용을 육색모자기법을 활용해서 조사 하고자 한다(**참고자료 2.26-2.29** 참조).

| 단원 | Ⅱ. 피타고라스의 정리 | 소단원 | 전체단원 | 단계 | 9-가 |
|---|---|---|---|---|---|
| 수업목표 | 교과내용목표 | 피타고라스 정리가 나온 배경에 대해서 알 수 있다. | | | |
| | 사고기능목표 | 피타고라스와 그 학파에 대해서 비판할 수 있다. | | | |

**(참고자료 2.29 : 육색모자기법 참조)**

여기에서는 피타고라스 학파를 정확하게 판단하기 위해서 적색모 + 황색모 + 흑색모 + 녹색모 + … + 적색모의 모자 순으로 사용할 것이다.

: 지난 시간에 부여한 과제의 내용이 무엇이었습니까?

학생들: 예, 피타고라스와 그 학파에 대한 조사를 하는 것이었습니다.

: 모두 조사를 하였습니까?

학생들: 예.

: 여러분이 생각하기에 피타고라스라는 학자는 어떤 사람입니까?

학생1: 예, 저는 매우 훌륭한 수학자라고 생각합니다.

학생2: 저는 그렇지 않다고 생각합니다. 왜냐하면 다른 사람들이 발견한 사실을 모두 그들의 이름으로 발표를 하지 못하였기 때문입니다.

: 예, 피타고라스 학파에 대해서는 다양한 의견이 있습니다. 지금부터 우리는 피타고라스와 그의 학파들이 어떠한 사람들인지를 판단해 보도록 합시다.

☞ 학생들에게는 육색모자기법이 어떠한 것인지를 설명해 줄 필요는 없다. 단지 교사가 그 방향만을 제시하는 것으로 충분하다.

: 먼저 피타고라스 학파에 대해서 느끼는 생각을 말해 보십시오.

☞ 적색모 적용

학생1: 저는 피타고라스는 매우 훌륭한 사람이라는 생각입니다. 그렇게 많은 원리들을 발견할 수 있었는지 참 대단하다는 생각이 듭니다.

학생2: 저는 굉장히 이기적인 사람이라는 생각이 듭니다. 왜냐하면 다른 생각을 가진 사람들의 의견을 수렴하지 않고 오직 자기들 학파의 생각과 자기들의 의견만을 강조한 사람이기 때문입니다.

: 다음은 피타고라스 학파에 대한 좋은 점들을 발표해 봅시다.

☞ 황색모 적용

학생1: 예, 피타고라스와 그의 학파들은 수학을 매우 발전시킨 사람들입니다. 그 사람들이 없었다면 우리는 아직도 직각삼각형에 대한 이 피타고라스라는 정리를 모르고 살아갈 수 있기 때문입니다.

학생2: 피타고라스 학파는 이외에도 많은 연구를 한 것으로 알고 있습니다. 수학의 여러 분야를 많이 연구하여 우리가 편리하게 공부를 할 수 있게 해준 사람들이기도 합니다.

: 다음은 피타고라스 학파에 대한 부정적인 것들을 발표해 봅시다.

☞ 흑색모 적용

학생1: 제가 조사한 바로는 피타고라스 학파는 편집증 환자라는 말이 있을 정도로 심한 종교 단체였다고 합니다.

**(참고자료 2.28 참조)**

학생2: 또한 자기들만을 위한 연구를 하였고 한 번 그 학파에 들어오면 절대 빠져나갈 수 없었다고 합니다.

학생3: 피타고라스 학파에서 연구한 것들은 외부로 가져갈 수도 없고 가져갔을 경우에는 엄벌에 처했다고 합니다.

: 다음은 이를 바탕으로 피타고라스 학파의 평가에 대한 자신의 창의적 인 생각을 말해 봅시다.

☞ 녹색모 적용

학생1: 피타고라스 학파들은 왜 자기들의 공적을 글로써 남기지 않았는지 이유가 궁금합니다. 그 이유를 한 번 분석해 볼 수 있으면 좋겠습니다.

학생2: 피타고라스는 왜 무리수라는 것을 몰랐을까요? 우리도 알고 있는 수를 말입니다. 지금 다시 피타고라스가 살아온다면 내가 가르쳐줄 수 있을 텐데 말입니다.

: 피타고라스 학파에 대한 중립적인 생각을 한다면 어떻게 말할 수 있겠습니까?

☞ 백색모 적용

학생1: 조금 별나기는 하지만 그래도 수학적인 성과는 인정해야 한다고 생각합니다.

학생2: 피타고라스는 왜 저서를 남기지 않았는지에 대해서 좀더 연구가 있었으면 좋겠고, 실제로 피타고라스가 연구한 것인지도 생각해 보아야 한다고 생각합니다.

: 피타고라스 학파에 대한 느껴지는 감정은 어떻게 말할 수 있겠습니까?

☞ 적색모 적용

학생1: 우리가 이해하기는 힘이 든 사람입니다.

학생2: 민주주의의 이념을 잘 모르는 사람인 것 같습니다.

**[참고자료 2.26 : 피타고라스에 대한 이해 참조]**
**[참고자료 2.27 : 피타고라스 학파에 대한 이해 참조]**
**[참고자료 2.28 : 피타고라스 학파의 편집증 참조]**
**[참고자료 2.29 : 육색모자기법 참조]**

(이하 생략)

## [참고자료 2.26] 피타고라스에 대한 이해

### 피타고라스

에게 해 사모스 섬에서 태어났다. 남이탈리아의 그리스 식민지 크로톤에서 비밀교단을 결성하고, 그 후 메타폰티온으로 이주하여 그곳에서 생애를 마쳤다. 당시의 밀의종교의 형식에 따라 절제·심신의 단련을 목표로 하고, 신들과 양친·친구·계율에 대하여 절대적 신실과 자제·복종을 설파하였다.

그의 종교적 교의는 윤회와 사후의 응보로써 동시에 인간과 동물과의 유사성을 강조하고 육식을 금하였다. 이론적 방면의 연구에서는 음악과 수학을 중시하였는데, 음악에서는 일현금에 의하여 음정이 수비례를 이루는 현상을 발견하고 음악을 수학의 한 분과로 보았다.

저서를 남기지 않았기 때문에 그의 업적이 그 자신의 것인지 또는 초기 제자들의 것인지의 구별은 이미 아리스토텔레스 시대에 확인할 수 없게 되었다. 오늘날에는 제자인 필로라오스와 기타 학자들의 저술의 단편에 의하여 당시 피타고라스와 그 일파의 업적이 알려져 있다.

피타고라스는 만물의 근원을 '수(數)'로 보았다. 그 수는 자연수를 말하는 것으로 이들 수와 기하학에서의 점과를 대응시켰다.

예컨대 자연수 계열의 연속항의 임의의 항까지의 합은 삼각형수이고, 마찬가지로 기수 계열의 합은 정사각형수, 우수 계열의 합은 직사각형수라는 방법으로 정의하였다.

또 완전수, 인수의 합, 비례와 평균의 연구 등도 분류하였다. 피타고라스의 정리도 그 자신의 업적인지 제자들의 업적인지는 불분명하며 그의 증명법도 오늘날에는 알려져 있지 않다.(오늘날의 그 정리의 증명법은 유클리드에 유래한다)

그런데 이의 정리에서 의외로 곤란한 문제가 발생하였다. 즉, 정사각형의 한 변과 그의 대각선과의 관계에 대한 문제이다. 이 경우 대각선의 길이는, 한 변을 1이라 할 때 $\sqrt{2}$가 되어 약분이 불가능한 무리수가 된다. 이것은 자연수만을 수로 생각한 피타고라스와 그의 제자들에게 있어서는 극히 난문제였기 때문에 수로부터 제외시켰던 것이다. 또 피타고라스와 그의 제자들은 임의의 삼각형의 내각의 합이 2직각(180°)과 같음을 발견하고 이를 증명하였다.

피타고라스가 수학에 기여한 공적은 매우 크며, 그의 영향은 플라톤, 유클리드를 거쳐 근대에까지 미치고 있다.

## [참고자료 2.27] 피타고라스 학파에 대한 이해

### 피타고라스학파[Pythagoreans]

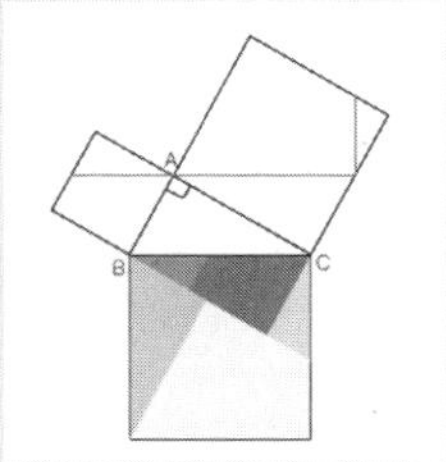


[피타고라스 퍼즐]

BC 6세기 전반에 크로토네에서 피타고라스가 창설한 고대 그리스 철학의 한 파이다.

수학적인 여러 과학(수학 ·천문학 ·음악이론)에 업적을 남긴 연구 단체이기도 하고 동시에 연구 생활을 통한 혼(魂)의 정화 ·구제를 목적으로 하는 종교 단체이기도 하였다. 또 정치적 결사(結社)의 성격도 가지고 있어서, BC 5세기에는 이탈리아 남부의 크로토네를 지배하기도 하여 한때는 강대한 세력을 가지고 있었다. 수학적인 우주론을 구상하고 '만물은 수에서 이루어진다.'고 주장하였다. 즉, 우주는 한(限)과 무한(無限)의 두 원리로 이루어진 '아름다운 조화가 있는 전체(cosmos)'이며 이 조화와 '형(形)'을 주는 것이 수의 비례(로고스)라고 하였다. 이로 인하여 그들은 형상원리(形相原理: formal principle)의 발견자로 불린다.

피타고라스는 자기의 정통적 후계자를 Pythagoreioi라고 부르고 그를 따르는 자를 Pythagoristai라고 불렀다. 그러나 그의 사후 학통은 아르키타스나 아리스토크세노스 등 특히 수학이나 음악 등의 학문을 지망하는 학문생(學問生:mathmatikoi)과 교단(敎團)의 윤리적 ·종교적 전통을 계승하는 수업생(修業生:akousmatikoi)으로 갈라졌다. BC 5세기 후반에 학파의 중심은 붕괴되고 단원도 분산되었으나 플라톤을 비롯한 여러 사람에게 끼친 영향은 지대하였다.

(출처 : 두산세계대백과)

## [참고자료 2.28] 피타고라스 학파의 편집증

### 피타고라스 학파의 편집증

오각형 모양의 마크를 자랑스럽게 달고, '육체는 무덤'이라는 교의를 가지고, 철저한 금욕주의 생활을 하며 불사전생을 교의로 삼고 채식을 지킨 피타고라스 교단의 생활은 실로 엄격하였다고 전해진다. 이 교단은 콩을 이용해 숫자를 계산했는데 이 때문에 콩을 먹는 것조차 금했다고 하니 참으로 가혹한 교리였다고 할 수 있다.

다음은 피타고라스 학파의 규칙인데 희한한 규칙이라 범인으로서는 이해가 되지 않는 것도 포함되어 있으나, 그 당시의 사회적, 종교적, 문화적 상황을 고려하여 이해해야 할 것으로 생각된다. 그럼에도 불구하고 피타고라스 교단이 당대에도 이단시되었다는 사실은 고금을 막론하고 특별한 집단이었음을 말해 준다.

1. 콩을 먹어서는 안 된다.
2. 떨어진 물건은 주워 올리지 말라.
3. 흰 수놈 새에게 손을 대지 말라.
4. 빵을 뜯지 말라.
5. 빗장쇠를 타고 넘지 말라.
6. 쇠고챙이로 불을 일으키지 말라.
7. 통째로 음식을 먹지 말라.
8. 꽃장식을 들지 말라.
9. 말 위에 앉지 말라.
10. 마음을 졸이지 말라.
11. 큰 길을 걷지 말라.
12. 제비에게 집의 처마를 빌려 주지 말라.
13. 단지에서 불을 꺼낼 때 재에 형태를 남기지 말라.
14. 불 옆에서 거울을 보지 말라.
15. 침대에서 일어날 때는 몸의 자국이 남지 않도록 시트를 펴라.

(출처: 다음 카페)
(http://cafe.daum.net/bunilove)

## [참고자료 2.29] 육색모자기법

### 육색모자기법이란?

De Bono(1985)는 사고하는 데 어려움을 겪는 주원인은 '혼돈'이라고 말하고, 감정, 정보, 논리, 희망, 창의적 사고 등을 한번에 이것저것을 같이하려고 하는 것을 모자가 의미하는 특정 사고를 하게 함으로써 폭넓은 창의적 사고를 가능하게 하기 위한 기법이다.

1. 색깔이 다른 여섯 개의 모자를 미리 준비하여 사회자가 지시하는 모자를 쓰고 그 모자가 의미하는 것만을 생각하고 토의한다.
2. 각 사고모가 의미하는 사고의 형태

백색모: 백색 - 중립, 객관적
컴퓨터처럼 가능한 대로 중립적이고 객관적인 사실, 정보, 수치 제시

적색모: 적색 - 감정(정서), 분노, 격정
정서와 감정을 말한다. 감정에는 두 가지 유형이 있다.
-보통의 정서: 두려움, 싫음, 의심 등
-복합적 판단의 정서: 예감, 직감, 인상 등

황색모: 황색-햇빛, 긍정적, 낙관
긍정적인 면: 논리적, 실용적인 것에서 비전, 희망에 이르는 긍정적 스펙트럼까지 포함, 가치, 편익, 구체적인 제안, 시사

흑색모: 흑색-우울, 부정적
부정적인 것: 틀린 것, 부정확한 것, 오류인 것. 경험과 기존의 지식에 맞지 아니한 것. 위험, 모험 등

녹색모: 녹색-초원, 식물, 풍성한 성장
창의적인 아이디어를 말함(대안의 탐색)
-알고 있는 것, 분명한 것 또는 만족스러운 것 이상으로 가는 것
-운동, 변화, 개혁

청색모: 청색-서늘함, 모든 것 위에 있는 하늘의 색깔
사고의 통제: 오케스트라의 지휘자처럼 문제의 정리, 토의의 초점 설정, 요약, 개관, 결론 내림
전체의 '사고 지도' 체크

3. 사용 방법

가. 사고모의 사용
한 번에 하나의 모자만을 쓴다.

나. 사고모의 사용 순서
대화나 회의 등에서 수시로 사용할 수도 있고, 또는 사용할 사고모 순서를 미리 정해 놓고 체계적으로 사용할 수도 있다. 사고모는 몇 번이고 사용 가능

1) 아이디어를 생성하고자 할 때
-백색모 + 녹색모 + 황색모 + 흑색모 + … + 적색모

2) 아이디어를 판단할 때
-적색모 + 황색모 + 흑색모 + 녹색모 + … + 적색모

### 3) PMI 기법 활용

PMI 기법은 주로 수학 교과에서보다는 토론 활동을 많이 하는 사회 교과나 국어 교과에서 많이 활용하는 방법이다. 하지만 수학 교과에서 활용할 수 있는 예도 얼마든지 찾을 수 있으며 이 방법은 학생들의 비판적인 사고력 향상은 물론 폭넓은 사고 활동에 도움이 되는 방법이다. 다음은 PMI 기법(**참고자료 2.30** 참조)을 적용할 경우에 교사가 할 수 있는 발문의 예이다.

#### 가) 누적도수

누적도수를 구하여, 이를 활용하는 방법에 대한 학생들의 의견을 수렴하는 것을 중심으로 하는 발문이다. 여기에서는 누적도수분포그래프를 이용하는 데 있어서의 유익한 점(장점)과 불편한 점(단점)을 토론해 보고, 더 나은 대안을 찾아보도록 하고자 한다.

| 단원 | Ⅰ. 통계 | 소단원 | 2. 자료의 관찰<br>§ 2. 누적도수 | 단계 | 7-나 |
|---|---|---|---|---|---|
| 수업목표 | 교과내용목표 | 누적도수를 알고 그래프로 나타낼 수 있다. | | | |
| | 사고기능목표 | 누적도수를 알고 누적도수분포 그래프를 이해할 수 있다. | | | |

(전략)

: 여러분들은 지금까지 누적도수분포표를 만들고, 그 분포그래프를 그리는 방법에 대해서 공부를 했습니다. 아울러 누적도수분포그래프를 이용한 여러 가지 문제를 해결하는 방법에 대해서도 공부를 했습니다. 먼저, 누적도수분포 그래프의 특징이 어떠한 것이 있었는지 말해 보겠습니까?

학생: 예, 전체의 자료를 한꺼번에 볼 수 있습니다.

: 구체적으로 자료를 어떻게 한꺼번에 볼 수 있다는 말입니까?

학생1: 내가 몇 번째에 해당하는지를 쉽게 알 수 있습니다.

학생2: 누적도수분포그래프를 보면 이 자료에서 어느 특정한 값의 위치를 알 수 있습니다.

: 예를 들어서 설명을 한다면?

학생: 예. 다음 누적도수분포표에서 내가 만일 책을 13권을 읽었다면 나는 이 학급 50면 중에서 적게 읽은 쪽으로부터 약 42번째에 해당하는 것을 알 수 있습니다.

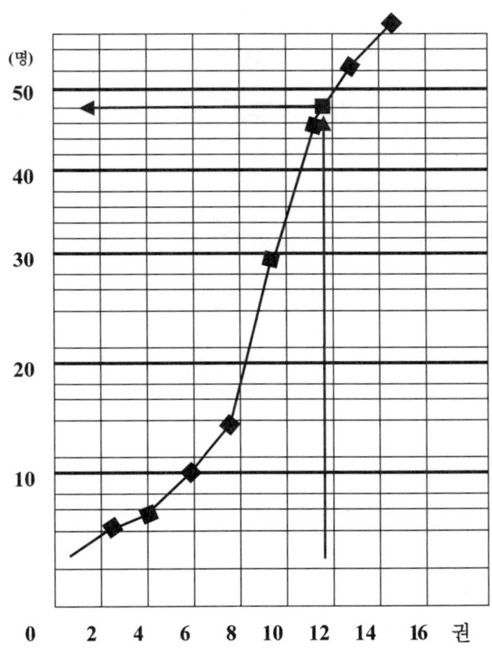


: 예, 잘 하였습니다. 그 방법 이외에 다른 방법이 또 있겠습니까?

학생: (의아해하며) 교과서의 예제에서도 그와 같은 방법을 사용하였는데요.

: 예, 또 다른 방법은 없겠습니까?

학생: (멋적게 웃음)

: 또 다른 학생들 중에서 다른 방법으로 찾은 사람이 있나요?

학생1: 예, 저는 주어진 변량에서 저보다 더 많이 읽은 학생수를 헤아리면 될 것 같습니다.

학생2: 자료들 중에서 저보다 더 적게 읽은 사람을 헤아려도 됩니다.

: 예, 좋은 방법입니다. 그러면 지금부터 이 두 가지 방법에 대해서 비교를 해보도록 합시다. 먼저 처음에 주어진 자료들을 보고 주어진 자료의 위치를 찾을 때의 장점과 단점에 대해서 한 번 생각해 봅시다. 먼저 장점은 무엇이 있을지 생각나는 대로 모두 말해 봅시다.

☞ PMI 기법의 P(장점을 말해 보게 한다.)

학생1: 정확한 위치를 찾을 수 있습니다.
학생2: 빨리 헤아릴 수 있습니다.
학생3: 자료가 적을 때에는 바로 눈에 보일 수도 있습니다.

: 다음은 이러한 방법을 사용할 때의 단점은 무엇이 있는지 모두 말해 봅시다.

☞ PMI 기법의 M(단점을 말해 보게 한다.)

학생1: 자료의 수가 많을 때에는 헤아리기가 어렵습니다.
학생2: 많은 수를 헤아리다가 헛갈릴 수도 있습니다.
학생3: 너무 귀찮아요.

: 그럼, 우리는 앞으로 이러한 값을 구하고자 할 때 어떠한 방법을 사용하는 것이 좋겠습니까?

☞ PMI 기법의 I(흥미로운 점을 말해 보게 한다.)

학생1: 적은 수의 자료에서 구할 때는 직접 헤아리는 것이 더 편리할 것 같습니다.
학생2: 많은 수의 자료나 이미 도수분포표로 되어 있는 자료라면 누적도수분포표를 이용하는 것이 편리할 것 같습니다.

: 예, 맞습니다. 여러분들이 배운 바와 같이 통계는 편리하게 사용하기 위한 것입니다. 따라서 무조건 도수분포표를 그려서 모든 자료를 구하는 것보다는 자료의 수와 구하고자 하는 값에 따라서 편리한 방법을 사용하면 될 것입니다.

| Plus | Minus |
| --- | --- |
| | |

| Interesting |
| --- |
| |

**[참고자료 2.30 : PMI 기법 참조]**

(이하 생략)

## [참고자료 2.30] PMI 기법

### PMI 기법이란?

이 기법은 제안된 아이디어의 장점(P), 단점(M), 흥미로운 점(I)을 따져 본 후 그 아이디어를 평가하는 아주 간단한 방법이면서도 매우 효과적인 기법으로 PMI는 주의 집중의 도구라 말할 수 있다.

먼저 의도적으로 주의를 제안된 아이디어의 P(강점)에만 집중시킨다. 그런 다음 M(약점)만을 집중적으로 파헤치며, 마지막으로 그 아이디어가 가지고 있는 I(흥미로운 점)를 집중적으로 고려하도록 되어 있다.

이 기법을 사용할 때는 다음 두 가지를 명심해야 한다. 첫째로 누군가가 어떤 아이디어로 PMI를 하자고 할 때에는 P와 M 그리고 I를 따로따로 고려해야 한다. 둘째로, P를 고려할 때는 P에만 집중해야지 M 또는 I에 마음을 두어서는 안 된다는 점이다. 마찬가지로 M을 고려할 때는 단점(M)만을 고려해야지 강점(P)나 흥미로운 점(I)까지 관심을 갖지 않도록 노력해야 하며 I를 고려할 때도 마찬가지다.

PMI를 할 때, 어떤 것을 하든 각각 2~3분 정도만 할애하도록 되어 있으며, 여러 번 재미있게 반복하여 짧은 시간 안에 의도적이고, 깊게 생각할 수 있게 될 것이다.

1. PMI 진행 절차

가. 먼저 PMI의 의미를 집단 구성원들에게 이해시킨다.
나. PMI에 관해 설명한다.
다. PMI 결과를 예시한다.
라. 각 문제마다 3분 정도로 연습 문제를 가지고 PMI를 해본다.
마. PMI한 결과를 논의하며, PMI에 관한 이해를 확고히 한다.

2. PMI 진행 연습

P = Plus(강점), 제시된 아이디어의 좋은 점(당신이 좋아하는 이유)
M= Minus(약점), 제시된 아이디어의 나쁜 점(당신이 싫어하는 이유)
I = Interesting(흥미로운 점), 제시된 아이디어와 관련하여 흥미롭게 생각되는 점

### 2.2.3 문장제 문제 해결을 위한 발문(귀납적 사고)

다음은 수업 내용 중에서 활용 문제를 해결하기 위한 발문의 예이다. 이 과정에서는 폴리아의 사고 과정에 따르는 4가지 단계를 중심으로 하면서 뒤돌아보기 단계에서는 스캠퍼(Scamper) 기법(**참고자료 2.31** 참조)에 따르는 다양한 문제의 변형에 중점을 두어 발문을 한 것이다. 이는 교사의 발문뿐만 아니라 학생들 스스로 다양한 문제를 만들어 보는 데도 사용할 수 있는 좋은 창의성·기법이다.

#### 1) 최대공약수의 활용

최대공약수와 최소공배수를 활용한 문제는 교과서나 문제집에 다양하게 제시되어 있다. 하지만 학생들이 가장 어려워하는 내용 중의 하나이기도 하다.

이는 많은 문제들이 다양한 관점에서 제시된 이유도 있지만 학생들이 모두 다른 문제들로 인식하는 것이 가장 큰 원인으로 여겨진다.

따라서 일관성 있게 지도를 하는 것이 필요하다. 이를 위해서 교과서에 제시되어 있는 하나의 예제를 중심으로 스캠퍼 기법(**참고자료 2.31** 참조)을 적용하여 최대공약수에 관한 활용 문제를 한꺼번에 다루어 보도록 하였다.

| 단원 | Ⅰ. 집합과 자연수 | 소단원 | 2. 자연수의 성질<br>§ 2. 공약수와 공배수 | 단계 | 7-가 |
|---|---|---|---|---|---|
| 수업목표 | 교과내용목표 | 최대공약수를 활용할 수 있다. | | | |
| | 사고기능목표 | 최대공약수를 활용한 문제를 해결할 수 있다. | | | |

**보기문제**

가로, 세로의 길이가 각각 48cm, 60cm이고, 높이가 72cm인 상자에 정육면체 모양의 화장지 통이 빈틈없이 들어 있다. 화장지 통의 개수가 가장 적을 때, 통의 한 변의 길이는 얼마인가?

| 단계 | 발 문 |
|---|---|
| 이해 | • 문제를 자기 말로 할 수 있는가?<br>• 미지인 것은 무엇인가?<br>• 주어진 조건은 모두 몇 가지이며 각각 무엇인가?<br>• 그림을 그릴 수 있겠는가? |
| 계획 | • 이전에 이와 비슷한 문제를 풀어본 적이 있는가?<br>• 문제를 다른 말로 표현할 수 있는가?<br>• 이와 관련된 사실을 알고 있는가? |
| 실행 | • 식을 세울 수 있는가?<br>• 식을 풀 수 있는가? |
| 뒤돌아 보기 | • 결과를 점검할 수 있는가?<br>• 결과를 다른 방법으로 구할 수 있겠는가?<br>• 결과나 방법을 다른 문제에 활용할 수 있겠는가?<br>• 문제에서 조건을 하나씩 없애면 문제는 어떻게 되겠는가?<br>• 주어진 문제에서 조건을 바꾸면 문제는 어떻게 해결할 것인가? |

**[단계에 따르는 발문]**

이해

: 문제를 자기 말로 할 수 있습니까?

학생: (문제를 읽고, 자기 말로 하려다가 자신이 없는 듯 문제를 다시 보곤 하면서 문제를 완전히 이해한다.)

: (시간을 약간 준 뒤) 구하고자 하는 것이 무엇입니까?

학생: 통의 한 변의 길이를 구하는 것입니다.

: 어떠한 통입니까?

학생: 화장지 모양의 정육면체 통입니다.

: 주어진 조건은 모두 몇 가지입니까?

학생: (문제를 다시 한 번 읽어 본 뒤) 3가지 정도입니다.

: 주어진 조건을 자기 말로 말할 수 있습니까?

학생1: 주어진 직육면체를 빈틈없이 채워야 합니다.

학생2: 화장지 통의 개수가 가장 적어야 합니다.

학생3: 채워지는 통은 정육면체 모양의 화장지 모양의 통이어야 합니다.

: 예, 잘 알고 있군요. 그런데 통의 개수가 가장 적다는 것을 다른 말로 표현하면 어떻게 표현할 수 있습니까?

학생: (조금 머뭇거리다가 자신 없는 듯) 화장지 통의 크기가 커야 할 것 같은데요.

: 이 내용을 그림으로 나타내면 어떻게 되겠습니까?

학생: (나름대로 다음과 같은 그림을 그려 본다.)

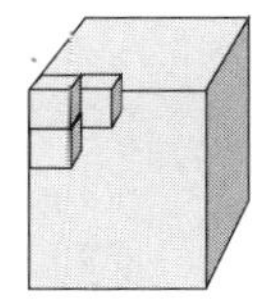

### 계획

: 이전에 이와 비슷한 문제를 본 적이 있습니까?

학생: 아뇨. 최대공약수와 최소공배수를 구하는 것은 배웠습니다.

: 최대공약소와 최소공배수와 이 문제를 관련시킬 수 있겠습니까?

학생1: (문제를 다시 읽은 후 한참 생각하다가) 가장 적은 상자의 수라고 했기 때문에 최소공배수가 적용될 수 있을 것 같습니다.

학생2: 그림을 보니까 공배수보다는 공약수가 적당할 것 같습니다.

: 예, 구하고자 하는 정육면체의 길이가 모든 변의 길이를 나누어야 하니까 공통인 약수, 즉 공약수가 되어야겠지요. 그럼 공약수는 모두 될 수 있습니까?

학생: 아니오. 가장 큰 정육면체를 구해야 하니까 최대공약수를 구해야 합니다.

### 실행

: 세 수의 최대공약수를 구할 수 있습니까?

학생: 예, 구할 수 있습니다.

: 최대공약수를 구할 수 있는 방법으로 몇 가지를 알고 있습니까?

학생1: 두 가지요, 소인수 분해와 한꺼번에 푸는 방법이요.

학생2: (교사의 표정을 살핀 뒤) 한 가지가 더 있을 것 같습니다. 모든 공약수를 구한 다음 최대공약수를 구할 수 있습니다.

: 예, 그럼 최대공약수를 한 번 구해 봅시다.

학생: (열심히 계산한 다음) 최대공약수는 12입니다.

**뒤돌아보기**

: 구한 값을 문제에 대입하면 참이 될 수 있겠습니까?

학생: 참이 되는지 확인한다.

☞ Scamper 기법(참고자료 2.31 참조) 적용

: 또 다른 답은 없겠습니까?

학생: 다른 해에 대해서 생각한다.

: 결과나 방법을 다른 문제에 활용할 수 있겠습니까? 예를 들면 이 문제에서 통의 개수를 구하라고 하면 풀이는 어떻게 되겠습니까?

학생1: 문제가 더 어려워질 것입니다.

학생3: (고민한 다음) 무엇인가 다른 풀이를 생각해 본다.

: 문제에서 조건을 하나씩 없애면 문제는 어떻게 되겠습니까? 먼저 '빈틈없이'라는 말을 없애면 풀이는 어떻게 달라지겠습니까? '화장지 통의 개수가 가장 적게'라는 조건을 없애면 답은 어떻게 달라지겠습니까?

학생들: (고민한 다음) 문제를 하나하나 풀이해 간다.

: 주어진 문제에서 조건을 바꾸면 문제는 어떻게 해결할 수 있겠습니까? 예를 들면 주어진 가로, 세로의 길이가 각각 48cm, 60cm이고, 높이가 72cm인 상자를 가정 적게 사용하여 정육면체를 만들고자 한다면 이때 정육면체의 한 변의 길이는 얼마이며 몇 개의 상자가 필요하겠습니까?

학생: (고민을 한 다음) 문제가 너무 어려워요.

: 이 문제에 해당하는 그림을 그려볼 수 있습니까?

학생: 이번에는 최소공배수를 활용해야 할 것 같습니다.

**[참고자료 2.31 : 스캠퍼 기법 참조]**

(이하 생략)

## [참고자료 2.31] 스캠퍼 기법

### 스캠퍼 기법이란?

Osborn(1963)은 '다르게 할 수는 없을까?', '만약 ~을 ~하면 어떻게 될까?'(어떤 일이 벌어질까?)의 기본 형태를 기초로 하여 75개의 질문 목록을 만든 것을 Eberle(1971)이 재조직하여 SCAMPER라는 7가지 질문의 핵심 단어 첫 철자를 따서 기억하기 쉽게 만든 질문법이다.

S (substitute? 대치시키면?)
다른 누구? 다른 무엇? 다른 성분? 다른 재료? 다른 에너지? 다른 장소? 다른 접근법? 다른 음성?

C (combine? 조합/혼합하면?)
혼합하면? 합금? 구색을 갖추면? 앙상블? 단원을 조합하면? 목적을 합하면? 아이디어를 조합시키면?

A (adapt? 맞도록 고치면?)
번안하면? 각색을 하면? 이것과 비슷한 것은? 이것은 어떤 아이디어를 시사하는가? 과거의 것과 비슷한 것은? 베낄 수 있는 것은? 내가 흉내낼 수 있는 사람은?

M (modify-magnify-minify? 수정-확대-축소하면?)
확대시키면? 빼면? 변형시키면? 의미, 색깔, 소리, 향기, 형태 등을 바꾸면? 빈도를 높이면? 더 강하게 하면? 더 길면? 생략하면? 간소화? 분리? 작게(가볍게, 쉽게, 짧게)하면?

P (put to other use? 다른 용도는?)
다른 용도는? 수정하면 다른 데 사용 가능한가? 맥락을 바꾸면? 모양, 무게 또는 형태로 보아 다른 용도는?

E (eliminate? 제거하면?)
이것을 없애 버리면? 부품 수를 줄이면? 압축시키면? 낮추면? 더 가볍게 하면? 없어도 할 수 있는 것은?

R (rearrange-reverse? 재배치-거꾸로 하면?)
거꾸로 하면? 반대로 하면? 역할을 바꾸면? 위치를 바꾸면? 다른 시퀀스는? 보조를 바꿔 보면? 원인과 결과를 바꾸어 보면?

SCAMPER의 질문은 약성어의 철자 순서대로 할 필요는 없고 어떤 순서든 관계없이 할 수 있다. 지도 상황과 장면에 따라 필요한 것을 골라 사용한다.

### 2) 일차방정식의 활용

일차방정식의 활용 문제에서는 일반적으로 3가지 유형이 제시된다.

첫째, 별다른 공식 없이 학생들이 이해하고 그 문제에 해당하는 공식을 만들어 문제를 해결하는 방법,

둘째, 농도에 관한 공식을 이해함으로써 문제를 해결할 수 있는 유형으로 주로 소금물과 설탕물에 대한 것,

셋째, 속력에 관한 공식을 이해함으로써 문제를 해결할 수 있는 유형이다. 이 내용은 교과서에 따라서 한꺼번에 모아두기도 하였고, 모두 흩어 놓은 경우도 있는데, 주제에 따라 한꺼번에 모아서 지도를 하는 것이 학생들이 덜 어려워하는 경향이 있다.

여기에서는 세 가지 유형을 따로 분리해서 소개하고 이에 따르는 발문을 살펴보기로 한다.

먼저 첫째 유형에 대한 발문을 통한 지도 방법이다.

<table>
<tr><td>단원</td><td>Ⅲ. 문자식과 일차방정식</td><td>소단원</td><td>2. 일차방정식<br>§ 4. 일차방정식의 활용</td><td>단계</td><td>7-가</td></tr>
<tr><td rowspan="2">수업목표</td><td>교과내용목표</td><td colspan="4">일차방정식을 활용한 다양한 문제를 해결할 수 있다.</td></tr>
<tr><td>사고기능목표</td><td colspan="4">일차방정식을 활용할 수 있다.</td></tr>
</table>

**활용문제**

형은 동생의 3배의 돈을 예금했다. 얼마 후 형은 10000원을 찾아 썼고 동생은 6000원을 더 예금했더니 형과 동생의 예금액은 같았다. 형과 동생의 처음 예금액은 각각 얼마인가?

| 단계 | 발 문 |
|---|---|
| 이해 | • 문제를 자기 말로 할 수 있는가?<br>• 구하고자 하는 것은 무엇인가?<br>• 주어진 조건은 무엇인가?<br>• 무엇을 미지수로 둘까? |
| 계획 | • 구하고자 하는 수를 무엇으로 둘까?<br>• 다른 것을 미지수로 두면?<br>• 식은 세울 수 있겠는가?<br>• 주어진 조건은 모두 활용했는가? |
| 실행 | • 식을 세우면?<br>• 식을 풀 수 있겠는가? |
| 뒤돌아 보기 | • 동생의 돈을 얼마라고 할 수 있는가?<br>• 형의 돈은 얼마라고 할 수 있는가?<br>• 주어진 문제에 대입하여 확인할 수 있는가?<br>• 이 방법 말고 다른 방법으로 풀이할 수는 없겠는가?<br>• 유사한 문제를 낼 수 있겠는가? |

**[단계에 따르는 발문]**

이해

: 문제를 자기 말로 하면 어떻게 말할 수 있습니까?

학생: (각자 다시 한 번 더 읽어보고 문제를 이해한다. 그리고 각자 소집단 내에서 서로 문제를 자기 말로 이야기해 본다.)

: 구하고자 하는 것은 무엇입니까?

학생: 동생과 형의 처음의 돈입니다.

: 주어진 조건은 무엇인가요? 아는 대로 모두 이야기해 볼 수 있습니까?

학생: 처음 형과 동생의 돈의 비율, 형이 쓴 돈, 동생이 추가로 저금한 돈, 돈이 같아진 것 등

: 무엇을 미지수로 두면 되겠습니까?

학생: 동생의 돈을 미지수로 두면 됩니다.

### 계획

: 구하고자 하는 수를 무엇으로 두면 되겠습니까?

학생: 미지수로 두면 됩니다. 동생의 돈을 $a$, $x$ 등으로요.

: 만일 형의 돈을 미지수로 두면 어떻게 되겠습니까?

학생: (잠깐 생각한 후) 형의 돈을 $x$로 두어도 될 것 같습니다.

: 식은 세울 수 있습니까?

학생: 예, 식을 세울 수 있을 것 같습니다.

: 구하고자 하는 수를 무엇으로 두면 되겠습니까?

학생1: 동생의 돈을 $x$라고 하면 형의 돈은 $3x$가 됩니다.

학생2: 형의 돈을 $x$라 하면 동생의 돈은 $\frac{x}{3}$가 됩니다.

: 어느 것을 이용하는 것이 더 좋겠습니까?

학생: 동생의 돈을 $x$라고 하는 것이 더 간단할 것 같습니다.

: 주어진 조건은 모두 활용되었습니까?

학생: 예, 모두 활용한 것 같습니다.

### 실행

: 식을 세울 수 있습니까?

학생: 식은 $3x-10000=x+6000$이 됩니다.

: 식을 풀 수 있습니까?

학생: 예, 일차방정식의 풀이입니다. $2x=16000$, $x=8000$

### 뒤돌아보기

: 동생의 돈을 얼마라고 할 수 있습니까?

학생: 8000원이라고 할 수 있습니다.

: 형의 돈은 얼마라고 할 수 있습니까?

학생: 동생의 돈의 3배니까 24000원이라고 할 수 있습니다.

: 주어진 조건에 대입하여 확인할 수 있나요?

학생: (각자 문제를 다시 읽어본 후) 예, 주어진 조건을 만족합니다.

: 이 방법 말고 다른 방법으로 풀이할 수는 없겠습니까?

학생: (각자 문제를 다시 읽어본 후) 형의 돈을 미지수로 두면 될 것 같습니다.

−2학년때 연립방정식의 존재에 대해서 간단히 이야기 해준다.

: 유사한 문제를 낼 수 있겠습니까?

학생: (유사한 문제를 생각한다.)

(이하 생략)

### 3) 일차방정식의 활용 문제(소금물에 대한 문제)

여기에서는 일차방정식의 활용 문제 중에서 특히 소금물의 농도에 관한 다양한 유형의 문제를 발문을 통해서 다루어 보고자 한다. 여러 문제들이 모두 하나의 공식을 기본으로 하여 전개되어 있음을 파악하는 것이 매우 중요하다.

그래서 주어진 교과서 문제의 풀이를 폴리아의 4가지 사고 단계에 따라 발문을 통해서 풀이를 한 다음, 특히 뒤돌아 보기 단계에서 스캠퍼 기법(**참고자료 2.31** 참조)을 적용하여 문제를 유형별로 다양하게 바꾸어 봄으로써 농도에 관한 모든 문제를 쉽게 해결할 수 있도록 하였다.

| 단원 | Ⅲ. 문자식과 일차방정식 | 소단원 | 2. 일차방정식<br>§ 4. 일차방정식의 활용 | 단계 | 7-가 |
|---|---|---|---|---|---|
| 수업목표 | 교과내용목표 | 일차방정식을 활용하여 소금물에 대한 문제를 해결할 수 있다. | | | |
| | 사고기능목표 | 일차방정식을 활용한 다양한 문제를 해결할 수 있다. | | | |

**보기문제**

5%의 소금물 200g이 있다. 여기에 몇 g의 물을 넣으면 4%의 소금물이 되겠는가?

| 단계 | 발 문 |
|---|---|
| 이해 | • 문제를 자기 말로 할 수 있는가?<br>• 미지인 것은 무엇인가?<br>• 주어진 조건은 모두 몇 가지이며 각각 무엇인가?<br>• 주어진 조건에 알맞은 그림을 그릴 수 있는가?<br>• 물을 넣기 전과 물을 넣은 후 변함이 없는 것이 있는가? |
| 계획 | • 이전에 이와 비슷한 문제를 풀어본 적이 있는가?<br>• 이와 관련된 사실을 알고 있는가?<br>• (농도와 소금물, 소금의 양에 대한 공식은 알고 있는가?) |

| 단계 | 발 문 |
|---|---|
| 실행 | • 식을 세울 수 있는가?<br>• 식을 풀 수 있는가? |
| 뒤돌아 보기 | • 결과를 점검할 수 있는가?<br>• 결과나 방법을 다른 문제(설탕물 문제 등)에 활용할 수 있는가?<br>• 주어진 문제에서 조건을 바꾸면 문제는 어떻게 바뀔 수 있을까? |

### [단계에 따르는 발문]

**이해**

: 문제를 자기 말로 할 수 있습니까?

학생: (문제를 읽고, 자기 말로 하면서 완전히 이해한다.)

: 미지인 것은 무엇입니까?

학생: (다시 한 번 문제를 본 다음) 더 넣어야 할 물의 양입니다.

: 주어진 조건은 모두 몇 가지이며 각각 무엇입니까?

학생: 처음 소금물의 농도와 양, 나중의 소금물의 농도입니다.

: 주어진 조건에 알맞은 그림을 그릴 수 있습니까?

학생: 예, 비커를 이용한 그림을 그릴 수 있습니다.

: 물을 넣기 전이나 물을 넣은 후에 변함이 없는 것이 있습니까?

학생: (한참을 고민하다가) 예, 안에 녹아 있는 소금의 양은 변함이 없는 것 같습니다.

**계획**

: 이전에 이와 비슷한 문제를 풀어본 적이 있습니까?

학생: 과학 시간에 농도에 관한 문제를 풀어 보았습니다.

: 이와 관련된 사실을 알고 있습니까? (농도와 소금물, 소금의 양에 대한 공식은 알고 있는가?)

학생1: 소금물의 농도를 구할 수 있습니다.

학생2: 소금물의 농도는 소금의 양÷소금물의 양으로 나타낼 수 있습니다.

: 식으로 나타낼 수 있습니까?

학생: 예, 농도 = $\frac{\text{소금의 양}}{\text{소금물의 양}}$ 으로 나타낼 수 있습니다.

: 이 문제에서는 무엇을 기준으로 식을 나타내면 편리합니까?

학생: 소금의 양입니다.

: 왜 그렇게 생각하였습니까?

학생: 이 문제에서 변함이 없는 것은 소금의 양이기 때문입니다.

**실행**

: 식을 세울 수 있습니까?

학생1: (조금 생각하다가) 세울 수 있을 것 같습니다.

학생2: 소금의 양에 따라 식은 다음과 같이 나타낼 수 있습니다.

$$200\times\frac{5}{100}=(200+x)\times\frac{4}{100}$$

: 식을 풀 수 있습니까?

학생: 예, 풀 수 있습니다.

**뒤돌아보기**

: 결과를 점검할 수 있습니까?

학생: 예, 확인할 수 있습니다.

☞ Scamper 기법(참고자료 2.31 참조) 적용

: 결과나 방법을 다른 문제(설탕물 문제 등)에 활용할 수 있겠습니까?

학생: 예, 조건이 모두 같으니 문제의 풀이도 같을 것입니다.

: 주어진 문제에서 조건을 바꾸면 문제는 어떻게 바뀔 수 있습니까?

학생: (어리둥절해하며) 문제의 뜻을 잘 모르겠습니다.

: 자, 먼저 물 대신에 소금을 더 넣으면 소금물은 어떻게 될 것 같습니까?

학생: 예, 더 짜게 될 것입니다.

: 다른 말로 표현하면 어떻게 말할 수 있겠습니까?

학생: 농도의 값이 커질 것입니다.

: 그럼, 주어진 문제를 다음과 같이 바꾸면 우리는 어떻게 해결할 수 있습니까?

**유사문제 1**

5%의 소금물 200g이 있다. 여기에 몇 g의 소금을 넣으면 10%의 소금물이 되겠는가?

학생들: (고민하면서 문제를 이해한다.)

: 위의 문제를 다음과 같이 바꿀 경우 풀이는 어떻게 될 것입니까?

**유사문제 2**

5%의 소금물 200g이 있다. 여기에 몇 g의 물을 증발시키면 10%의 소금물이 되겠는가?

학생들: (다시 문제를 읽고 이해한다.)

: 유사문제 1과 유사문제 2의 차이점과 공통점은 무엇입니까?

학생1: 차이점은 위에서는 소금을 더 넣었고, 아래 문제에서는 물을 증발시켰습니다.

학생2: 공통점은 둘 다 처음 소금물의 농도와 소금물의 양, 그리고 나중의 농도가 같습니다.

: 그러면, 위의 문제를 다음과 같이 바꾸면 풀이는 어떻게 되겠습니까?

**유사문제 3**

5%의 소금물 200g이 있다. 여기에 10%의 소금물 300g을 더 넣으면 몇 %의 소금물이 되겠는가?

학생: (문제를 읽고 풀이한다.)

: 위의 문제를 다음과 같이 바꿀 수 있습니까?

**유사문제 4**

5%의 소금물 200g이 있다. 여기에 10%의 소금물 몇 g을 더 넣으면 8%의 소금물이 되겠는가?

학생: (문제를 읽고 풀이한다.)

: 위의 문제를 또 다르게 바꿀 수 있습니까?

학생: (생각하다가) 예, 비슷하게 숫자를 바꾸면 다른 문제가 될 것 같습니다.

: 숫자를 바꾸는 방법 이외에 스캠퍼 기법을 사용해서 또 다른 유형의 문제를 만들 수 있습니까?

학생: (스캠퍼 기법을 들여다보고 한참을 고민하다가) 예, 조합(C)과 확대(M)를 한꺼번에 사용하면 또 다른 유형의 문제가 될 수 있을 것 같습니다.

: 구체적으로 문제를 만들 수 있나요?

학생: (공책에 문제를 적다가) 예, 다음과 같은 문제를 낼 수 있을 것 같습니다.

**유사문제 5**

5%의 소금물 200g이 있다. 여기에 10%의 소금물 300g을 넣었다가, 물을 얼마만큼 증발시키면 12%의 소금물이 될 것인가?

학생들: (신기한 듯이 열심히 문제를 보다가) 와, 문제가 너무 어려워요.

: 예, 문제가 다소 복잡하기는 하지만 매우 잘 만든 문제입니다. 여러분들은 이 문제를 해결할 수 있나요?

학생들: (열심히 문제를 읽고 해결한다.)

(이하 생략)

### 4) 연립방정식의 활용(1)

7-가 단계에서 다룬 속력에 대한 문제가 8-가, 9-가 단계로 계속 이어지는 경향이 있다. 하지만 학생들은 같은 문제를 단계에 따라 전혀 다른 풀이를 사용하여 해결하고 있다. 심지어는 같은 문제라는 것조차 파악하지 못하는 학생들이 대부분이다. 따라서 이러한 문제를 해결하기 위한 방법으로 교사는 다양한 발문을 통해서 같은 유형이라는 것과 다양한 풀이를 사용할 수 있다는 것을 강조할 필요가 있다.

따라서 여기에서는 8-나 단계를 중심으로 거리, 속도, 시간에 관한 문제를 발문을 통하여 연립방정식과 일차방정식의 활용의 두 가지 방법으로 모두 해결할 수 있는 방법을 제시하고자 한다.

**[주단원]**

<table>
<tr><td>단원</td><td>Ⅱ. 방정식과<br>부등식</td><td>소단원</td><td>2. 연립일차방정식<br>§ 4. 연립일차방정식의 활용</td><td>단계</td><td>8-가</td></tr>
<tr><td rowspan="2">수업목표</td><td>교과내용목표</td><td colspan="4">연립방정식을 활용하여 시간, 거리, 속력에 문제를 해결할 수 있다.</td></tr>
<tr><td>사고기능목표</td><td colspan="4">연립방정식을 활용하여 다양한 문제를 해결할 수 있다.</td></tr>
</table>

**[보조단원]**

<table>
<tr><td>단원</td><td>Ⅲ. 문자식과<br>일차방정식</td><td>소단원</td><td>2. 일차방정식<br>§ 4. 일차방정식의 활용</td><td>단계</td><td>7-가</td></tr>
<tr><td rowspan="2">수업목표</td><td>교과내용목표</td><td colspan="4">일차방정식을 활용하여 시간, 거리, 속력에 대한 문제를 해결할 수 있다.</td></tr>
<tr><td>사고기능목표</td><td colspan="4">일차방정식을 활용하여 다양한 문제를 해결할 수 있다.</td></tr>
</table>

: 자. 이번 시간에 여러분들이 배울 내용은 연립방정식의 활용으로서 그 중에서도 특히 시간, 거리, 속력에 대한 문제입니다. 1학년 때 배운 것을 기억할 수 있습니까?

학생들: 아뇨, 어려웠어요.

: 먼저 이 문제를 해결하기에 앞서 필요한 사전 지식이 있는데, 혹시 시간과 거리, 속력에 대한 관계는 알고 있습니까?

학생1: (좀 생각한 다음) 공식은 기억이 납니다.

: 공식을 말해 보겠습니까?

학생: 속력은 (거리)÷(시간)이었습니다.

: 그럼, 지금부터 다음의 문제를 해결해 봅시다. 문제를 모두 읽어 봅시다.

**활용문제**

60$km$의 전국체전 성화 봉송 구간이 있다. 성화가 이 구간을 통과하는 데 시속 40 $km$의 차량 봉송과 시속 15$km$의 주자 봉송을 합하여 3시간 30분이 걸린다고 한다. 차량으로 봉송한 구간과 주자가 봉송한 구간의 거리를 구하시오.

| 단계 | 발 문 |
|---|---|
| 이해 | • 문제를 자기 말로 할 수 있는가?<br>• 미지인 것은 무엇인가?<br>• 미지인 것은 몇 가지인가?<br>• 주어진 조건은 모두 몇 가지이며 각각 무엇인가?<br>• 주어진 조건에 알맞은 그림을 그릴 수 있겠는가? |
| 계획 | • 시속의 뜻은 무엇인가?<br>• 시간, 거리, 속도에 관한 관계 중 이 문제에서는 무엇을 중심으로 식을 세울 수 있을 것인가?<br>• 연립방정식을 사용할 수 있겠는가?<br>• 이와 비슷한 문제는 풀어 본 적이 있는가? |
| 실행 | • 식을 세울 수 있는가?<br>• 식을 풀 수 있는가? |
| 뒤돌아 보기 | • 답을 확인할 수 있는가?<br>• 또 다른 답은 될 수 없을까?<br>• 또 다른 풀이법은 없을까?<br>• 유사 문제를 제시할 수 있을까? |

## [단계에 따르는 발문]

이해

: 문제를 자기 말로 할 수 있습니까?

학생: 각자 자기 말로 해본다.

: 미지인 것은 무엇입니까?

학생1: 거리를 구하는 것입니다.

: 미지인 것은 몇 가지입니까?

학생: 예, 두 가지입니다.

: 구체적으로 이야기하면 어떻게 말할 수 있습니까??

학생1: 차량으로 봉송한 거리와 주자가 달린 거리입니다.

학생2: 차량으로 봉송한 거리를 $x$라고 하고, 주자가 봉송한 거리를 $y$라고 하면 될 것입니다.

: 주어진 조건은 모두 몇 가지이며 각각 무엇입니까?

학생1: 조건은 모두 4가지가 주어져 있습니다.

학생2: 전체 거리와 차량 봉송의 속력, 주자 봉송의 속력, 그리고 전체 걸린 시간이 주어져 있습니다.

: 주어진 조건에 알맞은 그림을 그릴 수 있겠습니까?

학생: 예. (그림으로 나타내어 본다.)

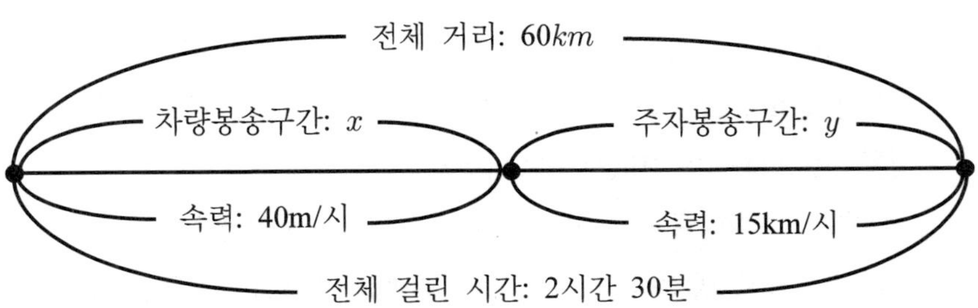


계획

: 시속의 뜻은 무엇입니까?

학생: 한 시간에 갈 수 있는 거리입니다.

: 시간, 거리, 속도에 관한 관계 중 이 문제에서는 무엇을 중심으로 식을 세울 수 있습니까?

학생: 전체 시간의 합이 주어져 있으니 시간으로 식을 세워야 할 것 같습니다.

: 연립방정식을 사용할 수 있습니까?

학생: 예, 식이 두 개가 나옵니다. 그래서 연립방정식을 세우면 됩니다.

: 이와 비슷한 문제를 풀어 본 적이 있습니까?

학생: 예, 소금물 문제와 여러 가지 문제를 풀어본 적이 있습니다.

**실행**

: 식을 세울 수 있습니까?

학생: 예. $\begin{cases} \dfrac{x}{40}+\dfrac{y}{15}=\dfrac{5}{2} \\ x+y=60 \end{cases}$

: 식을 풀 수 있습니까?

학생: 식을 풀면 $x=36$ , $y=24$가 됩니다.

**뒤돌아보기**

: 답을 확인할 수 있습니까?

학생: 예, 검산을 해보면 성립함을 알 수 있습니다.

: 또 다른 답은 될 수 없습니까?

학생: (조금 고민하다가) 예, 다른 답은 없는 것 같습니다.

: 또 다른 풀이법은 없습니까?

학생1: 1학년 때에도 이와 비슷한 문제를 해결했습니다.

학생2: 일차 방정식을 이용해도 문제를 해결할 수 있을 것 같습니다.

학생3: 그렇게 되면 미지수를 하나로 두어야 합니다.

학생4: 자동차로 봉송한 거리를 $x$라고 두고, 주자가 봉송한 거리를 $60-x$라고 두면 됩니다.

학생5: 그렇게 되면 일차방정식이 한 개가 나오고, 미지수도 한 개이니 식을 풀 수 있습니다.

: 유사문제를 제시할 수 있습니까?

☞잠시 생각할 시간을 준 다음 교사가 다음의 문제를 제시한다.

**유사문제**

대구에서 부산까지 고속도로를 달리는데, 처음에는 시속 80km 가다가 도중에 시속 100km의 속력으로 달렸더니 1시간 30분만에 도착하였다. 시속 80km로 달린 거리를 구하시오. (단, 대구에서 부산간의 거리는 약 130km라고 한다.)

: 문제를 모두 이해하였습니까?

학생들: 예.

: 어떻게 풀 수 있습니까?

학생: 위의 문제와 비슷하게 풀 수 있습니다.

(이하 생략)

### 5) 연립방정식의 활용(2)

다음은 연립방정식을 활용한 문제의 풀이를 위한 발문이다.

| 단원 | Ⅱ. 방정식과 부등식 | 소단원 | 2. 연립일차방정식<br>§ 4. 연립일차방정식의 활용 | 단계 | 8-가 |
|---|---|---|---|---|---|
| 수업목표 | 교과내용목표 | 연립방정식을 활용하여 실생활의 문제를 해결할 수 있다. | | | |
| | 사고기능목표 | 연립방정식을 활용하여 다양한 문제를 해결할 수 있다. | | | |

**보기문제**

갑과 을 두 마을에서 작년에 추수한 곡식은 200톤이었다. 올해에는 갑 마을에서는 5% 줄었고, 을 마을에서는 10%가 증가하였다. 그리고 전체로는 작년에 비해서 4%가 증가하였다. 올해의 갑, 을 두 마을의 추수량은 각각 몇 톤인가?

| 단계 | 발 문 |
|---|---|
| 이해 | • 문제를 자기 말로 할 수 있는가?<br>• 미지인 것은 무엇인가?<br>• 주어진 조건은 모두 몇 가지이며 각각 무엇인가? |
| 계획 | • 백분율(%)에 대한 개념은 알고 있는가?<br>• 무엇을 미지수로 둘 것인가?<br>• 이와 비슷한 문제를 풀어 본 적이 있는가? |
| 실행 | • 식을 세울 수 있는가?<br>• 식을 풀 수 있는가? |
| 뒤돌아보기 | • 답을 확인할 수 있는가?<br>• 또 다른 답은 될 수 없을까?<br>• 또 다른 풀이는 없을까?<br>• 실생활에서 이와 비슷한 상황의 유사한 문제를 낼 수 있는가? |

**[단계에 따르는 발문]**

이해

: 문제를 자기 말로 할 수 있겠습니까?

학생들: (문제를 자기 말로 이야기한다.)

: 미지인 것은 무엇입니까?

학생1: 올해 두 마을의 추수량입니다.

학생2: 각각을 미지수로 두면 될 것 같습니다.

: 주어진 조건은 모두 몇 가지이며 각각 무엇입니까?

학생1: 예, 조건은 4가지로 나눌 수 있으며, 첫째 조건은 작년의 추수량이고, 나머지 조건은 작년에 비한 올해의 추수량에 대한 비입니다.

: 좀더 구체적으로 말할 수 있겠습니까?

학생2: 작년에 추수한 양은 200톤이고, 올해는 갑 마을에서는 5% 줄었고, 을 마을에서는 10%가 증가하여 전체로는 4%가 증가하였다는 것입니다.

### 계획

: 백분율(%)에 대한 개념은 알고 있습니까?

학생들: 예, 전체를 100으로 보았을 때의 비라고 할 수 있습니다.

: 예, 매우 잘 알고 있습니다. 다음은 무엇을 미지수로 두면 되겠습니까?

학생1: 올해의 두 마을의 추수량입니다.

학생2: 작년의 두 마을의 추수량입니다. 갑, 을 마을의 작년 추수량을 각각 $x$, $y$라고 둘 수 있습니다.

: (학생2에게) 왜 그렇게 생각합니까?

학생2: 작년을 기준으로 올해의 것을 적어 두었으니 작년의 것을 미지수로 두는 것이 계산하기가 수월한 것 같습니다.

: 이와 비슷한 문제는 풀어 본 적이 있습니까?

학생들: 예.

### 실행

: 식을 세울 수 있습니까?

학생: 예, 연립방정식이 될 것입니다.

: 구체적으로 식을 세울 수 있습니까?

학생: 예.

$$\begin{cases} \dfrac{95x}{100}+\dfrac{110y}{100}=\dfrac{104}{100}\times 200 \\ x+y=200 \end{cases}$$

: 식을 풀 수 있겠습니까?

학생: 예, 풀면 $x=80$, $y=120$이 됩니다.

**뒤돌아보기**

: 답을 확인할 수 있습니까?

학생1: 예, 작년 갑 마을의 추수량이 $80kg$이니 올해의 양은 $76kg$이 됩니다.

학생2: 작년의 을 마을의 추수량이 $120kg$이니 올해는 $132kg$이 됩니다.

학생3: 그러면 전체적으로는 $208kg$이 됩니다.

: 또 다른 답은 될 수 없겠습니까?

학생: (한참을 생각하다가) 그 이외의 답은 없는 것 같습니다.

: 또 다른 풀이는 없겠습니까?

학생1: 올해의 추수량을 미지수로 두고 풀 수 있을 것 같습니다.

학생2: 그렇게 하면 식이 상당히 복잡해질 것 같습니다.

학생3: 기준을 작년의 것으로 하는 것이 좋을 것 같습니다.

: 실생활에서 이와 비슷한 상황의 유사한 문제를 낼 수 있습니까?

학생1: 많은 문제를 낼 수 있을 것 같습니다.

: (학생1에게) 구체적인 예를 들어볼 수 있겠습니까?

학생: 작년에 대비한 우리 학교의 학생 수와 같은 문제도 될 것 같습니다. 예를 들면 작년의 우리 학교 학생 수가 주어지고 작년을 기준으로 올해에 남 녀 증가 비율과 감소 비율이 각각 주어지고 전체 학생에 대한 증가 감소 배율이 주어질 때 올해의 학생 수를 구하는 문제 같은 것을 제시할 수 있습니다.

(이하 생략)

### 6) 일차부등식의 활용 문제(거리, 속도, 시간에 대한 문제)

다음은 8-가 단계에서 주어지는 부등식의 활용 문제이다. 이러한 문제를 해결하기 위한 방법으로 교사는 다양한 발문을 통해서 같은 유형끼리의 공통성을 찾게 할 필요성이 있으며, 또한 다양한 풀이를 사용할 수 있다는 것을 강조할 필요가 있다.

| 단원 | Ⅴ. 부등식 | 소단원 | 2. 일차부등식의 활용<br>§ 2. 일차부등식의 활용 | 단계 | 8-가 |
|---|---|---|---|---|---|
| 수업목표 | 교과내용목표 | 일차부등식을 활용하여 시간, 거리, 속도에 관한 문제를 해결할 수 있다. | | | |
| | 사고기능목표 | 일차부등식을 활용한 다양한 문제를 해결할 수 있다. | | | |

**보기문제**

등산을 하는데 올라갈 때는 시속 2km로, 내려올 때는 같은 길을 시속 3km로 걸어서 전체 걸리는 시간을 2시간 30분 이내로 하려고 한다. 이 때 최대 몇 km까지 올라갈 수 있는가?

| 단계 | 발 문 |
|---|---|
| 이해 | • 문제를 자기 말로 할 수 있는가?<br>• 미지인 것은 무엇인가?<br>• 주어진 조건은 모두 몇 가지이며 각각 무엇인가?<br>• 주어진 조건에 알맞은 그림을 그릴 수 있겠는가? |
| 계획 | • 시속의 뜻은 무엇인가?<br>• 시간, 거리, 속도에 관한 관계는 알고 있는가?<br>• 방정식과 부등식 중에서 무엇을 사용하여야 할까?<br>• 이와 비슷한 문제는 풀어 본 적이 있는가? |
| 실행 | • 식을 세울 수 있는가?<br>• 식을 풀 수 있는가? |

| 단계 | 발 문 |
|---|---|
| 뒤돌아 보기 | • 답을 확인할 수 있는가?<br>• 또 다른 답은 될 수 없을까?<br>• 주어진 문제에서 조건을 바꾸면 문제는 어떻게 바뀔 수 있을까?<br>• 만일 다른 길로 내려온다면 조건은 어떻게 될까?<br>• 문제의 조건에서 '2시간 30분 이내'가 아니고 정확하게 '2시간 30분'이라면 답은 어떻게 될까?.<br>• 실생활에서 이와 비슷한 상황의 유사한 문제를 낼 수 있는가? |

### [단계에 따르는 발문]

**이해**

: 문제를 자기 말로 할 수 있습니까?

학생: (자기 말로 이야기해 본다.)

: 미지인 것은 무엇입니까?

학생: 최대한 올라갈 수 있는 거리입니다.

: 주어진 조건은 모두 몇 가지이며 각각 무엇입니까?

학생1: 올라갈 때와 내려올 때의 속력입니다.

학생2: 전체 걸린 시간입니다.

: 주어진 조건에 알맞은 그림을 그릴 수 있습니까?

학생: 그림으로 나타내면 다음과 같이 나타낼 수 있습니다.

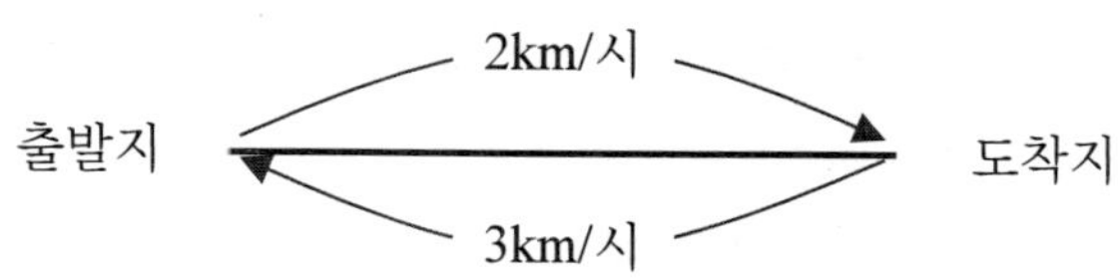


전체 걸린 시간: 2.5시간

**계획**

: 시속의 뜻은 무엇입니까?

학생: 한 시간 동안 갈 수 있는 평균 거리입니다.

: 시간, 거리, 속도에 관한 관계는 알고 있습니까?

학생: 공식으로는 속력=거리/시간입니다.

: 방정식과 부등식 중에서 무엇을 사용하여야 합니까?

학생: '2시간 30분 이내'라고 하였기 때문에 부등식을 사용하여야 할 것입니다.

: 이와 비슷한 문제는 풀어 본 적이 있습니까?

학생1: 예, 연립방정식에서 비슷한 문제를 풀었습니다.

학생2: 일차방정식에서도 비슷한 문제를 풀었습니다.

### 실행

: 식을 세울 수 있습니까?

학생1: (조금 시간이 흐른 뒤) 예, 시간을 기준으로 식을 세울 수 있을 것 같습니다.

학생2: $\frac{x}{2}+\frac{x}{3}<2.5$

: 식을 풀 수 있습니까?

학생1: 예, 부등식을 풀면 됩니다.

학생2: $3x+2x<15, \quad x<3$

### 뒤돌아보기

: 답을 확인할 수 있습니까?

학생: 예, $3km$입니다.

: 또 다른 답은 없습니까?

학생1: (한참 고민한 다음) 다른 답은 없습니다.

학생2: $3km$ 이내의 모든 거리는 답이 되지 않나요?

: 여러분들은 생각은 어떻습니까?

학생: 최대 몇 $km$냐고 물었기 때문에 $3km$라고 하는 것이 옳을 것 같습니다.

: 예, 선생님도 그렇게 생각합니다. 그럼 만일 이 문제에서 주어진 조건을 바꾸면 문제는 어떻게 바뀔까요?

학생1: 앞에서처럼 배운 것처럼 방정식으로 풀 수 있도록 하기 위해서는 2시간 30분 이내가 아니고 2시간 30분으로 할 수도 있습니다.

학생2: 속력과 전체 시간을 바꿀 수도 있습니다.

: 예, 좋습니다. 그리고 만일 다른 길로 내려온다면 조건은 어떻게 되겠습니까?

학생1: 미지수가 올라가는 거리와 내려오는 거리로 두 개가 생길 것 같습니다.

학생2: 연립으로 풀어야 할 것 같습니다.

학생3: 그러면 조건이 더 주어져야 합니다.

: 어떠한 조건이 더 필요하겠습니까?

학생3: 미지수가 2개가 생기면 식이 두 개가 필요하다고 하였습니다. 그러면 전체에 대한 거리나 다른 조건이 더 필요합니다.

: 예, 좋은 지적입니다. 다음은 이 문제의 조건에서 '2시간 30분 이내'가 아니고 정확하게 '2시간 30분'이라면 답은 어떻게 되겠습니까?

학생: 방정식으로 되어서 정확하게 $3km$라고 말할 수 있습니다.

: 실생활에서 이와 비슷한 상황을 생각해서 유사한 문제를 낼 수 있겠습니까?

학생들: 어렵습니다.

: 여러분들은 팔공산을 가 보았습니까?

학생들: (의아해하며) 예.

: 그럼, 다음의 상황을 한 번 생각해 봅시다.

☞한 단계 한 단계 제시해 가면서 함께 문제를 만들어 간다.

**유사 문제 1**

가족들과 팔공산을 갔다. 등산을 하는데 올라갈 때에는 시속 2km, 내려올 때에는 시속 3km로 걸어서 전체 걸리는 시간을 2시간 30분 이내로 하려고 한다. 다음과 같은 안내도를 보면서 될 수 있는 대로 먼 곳을 갔다 오려고 할 때, 어디까지 갔다 올 수 있을까? (단, 팔공산의 등산안내도는 다음과 같다.)

제 1 코스 (9.0km)
매표소(0.8km) -> 동화사(1.3km) -> 부도암(2.6km) ->
염불암(4.5km) -> 동봉(9.0km) -> 매표소

: 문제가 이해가 됩니까?

학생들: 예.

: 문제를 해결할 수 있습니까?

학생1: 예, 방금 우리가 풀었던 문제와 비슷합니다.

학생2: 이렇게 문제를 제시하고 해결하니 이해가 잘 되는 것 같습니다.

: 좀더 현실적인 문제로 바꾸면 어떻게 될 수 있겠습니까?

☞같은 뜻의 문제를 다른 방식으로 표현할 수 있음을 알 수 있도록 한다.

**유사 문제 2**

친구들과 버스를 타고 팔공산을 갔다. 그런데 현재 시간은 5시이고 마지막 버스는 7시 30분에 출발한다고 한다. 등산을 하는데 올라갈 때에는 시속 2km, 내려올 때에는 시속 3km로 걸어서 될 수 있는 대로 먼 곳을 갔다 오려고 한다. 어디까지 갔다 올 수 있을까? (단, 팔공산의 등산안내도는 다음과 같다.)

제 1 코스 (9.0km)
매표소(0.8km) -> 동화사(1.3km) -> 부도암(2.6km) ->
염불암(4.5km) -> 동봉(9.0km) -> 매표소

(이하 생략)

### 7) 이차방정식의 활용

다음은 이차방정식의 활용에 대한 발문이다. 여기에서는 문제해결 중에서 특히 뒤돌아 보기 단계에 대한 것만을 집중적으로 소개하였다.

<table>
<tr><td>단원</td><td>Ⅲ. 이차방정식</td><td>소단원</td><td>2. 근의 공식과 이차방정식의 활용<br>§ 2. 이차방정식의 활용</td><td>대상</td><td>9-가</td></tr>
<tr><td rowspan="2">수업목표</td><td>교과내용목표</td><td colspan="4">이차방정식을 활용한 문제를 풀 수 있다.</td></tr>
<tr><td>사고기능목표</td><td colspan="4">이차방정식을 활용하여 문제해결력을 기를 수 있다.</td></tr>
</table>

**보기문제**

지면으로부터 초속 40$m$로 쏘아 올린 물체의 $x$초 후의 높이는 $(40x-5x^2)m$라고 한다. 이 물체가 높이가 75$m$가 되는 것은 쏘아 올린 지 몇 초 후인가?

풀이 쏘아 올린 지 $x$초 후의 높이가 75$m$가 된다고 하고, 식을 세우면

$$70 = 40x - 5x^2$$

이것을 풀면

$5x^2 - 40x + 75 = 0, x^2 - 8x + 15 = 0, (x-3)(x-5) = 0$

$\therefore\ x = 3 \text{or}\ x = 5$

여기에서 $x > 0$이므로 구하는 해는 $x = 3, x = 5$

즉 쏘아 올린 지 3초 후와 5초 후에 물체의 높이는 75$m$가 된다.

(전략 - 이해, 계획, 실행에 대한 발문 생략)

**뒤돌아보기**

: 답은 확인할 수 있습니까?

학생: 예, 답이 3초와 5초가 됩니다.

: 그런데 2개 모두 답이 될 수 있겠습니까?

학생1: (자신 없는 표정으로) 둘 다 양수이기 때문에 답이 될 수 있을 것 같은데요.

학생2: 그래도 한 개만 답이 될 것 같습니다.

: (학생2에게) 왜 그렇게 생각합니까?

학생2: 예, 물건이 3초와 5초에 동시에 75$m$에 있을 수가 없거든요.

: 다른 친구들은 어떻게 생각합니까?

학생3: (한참을 고민하다가) 둘 다 답이 될 수 있습니다.

: (학생3에게) 왜 그렇게 생각합니까?

학생3: 예, 물건을 위로 던졌기 때문에 올라간 물건은 중력에 의해서 물건은 다시 아래로 떨어집니다. 따라서 3초는 올라갈 때의 시간이고, 5초는 내려올 때의 시간입니다.

: 예, 좋습니다. 좀더 구체적으로 표현한다면 쏘아 올린 지 3초 후 75$m$ 지점에 있었고, 최고로 올라갔다가 다시 2초 후인 5초에 다시 75$m$지점을 지난다고 할 수 있겠습니다. 여러분들도 그렇게 생각합니까?

학생들: 예.

: 그럼, 최고 높이에 있을 때의 시간은 어떻게 된다고 말할 수 있겠습니까?

학생들: 예 4초가 될 것 같습니다.

: 왜 그렇게 생각합니까?

학생: 3초 후에 75$m$에 있었고 다시 5초 후에 75$m$에 있었으니 당연히 4초 후에는 가장 높은 곳에 있게 되겠지요.

: 예 좋습니다. 그렇다면 최고 높이에 도착했을 때의 높이는 어떻게 구할 수 있겠습니까?

학생1: 예, 최대값을 구하면 될 것 같습니다.

: 최대값을 구해 봅시다.

학생2: (조금 시간이 흐른 뒤) $5x^2-40x+75$에 대해서는 최대값이 주어지는 것이 아니고 최소값이 주어지는데요.

학생들: (한바탕 웃음)

학생3: 식을 처음에 주어진 높이에 대한 식인 $40x-5x^2$으로 하면 최대값이 80이 나옵니다.

(이하 생략)

### 8) 이차함수와 이차방정식

다음은 이차함수의 최대값과 최소값에 대한 발문이다. 여기에서는 문제풀이에 대한 발문은 생략하고, 특히 유사문제 제시에 중점을 둔 발문만을 소개하였다.

| 단원 | Ⅳ. 이차함수 | 소단원 | 2. 이차함수 $y=ax^2+bx+c$의 그래프<br>§ 3. 이차함수와 이차방정식 | 대상 | 9-가 |
|---|---|---|---|---|---|
| 수업목표 | 교과내용목표 | 이차함스의 최대값과 최소값을 구할 수 있다. | | | |
| | 사고기능목표 | 함수의 그래프의 관찰과 변형을 통해서 최대값과 최소값을 구할 수 있다. | | | |

**보기문제**

이차함수 $y=2x^2-1$의 최대값과 최소값을 구하여라.

풀이 $y=2x^2-1$의 그래프는 아래로 볼록한 포물선이므로 최소값 $-1$을 가진다. 또한 최대값은 구할 수가 없다.

(전략 - 풀이에 대한 발문 생략)

: 위의 문제에서 최대값과 최소값을 구하라는 말을 다른 말로 바꾸어서 문제를 낸다면 어떻게 낼 수 있겠습니까?

학생1: 그래프를 그려보라고 할 수 있습니다.

학생2: 포물선의 꼭지점의 좌표를 구하라는 말일 수도 있습니다.

: 예, 맞습니다. 그리고 만일 주어진 식이 좀더 복잡하게 바뀌면 풀이는 어떻게 될까요? 예를 들면 $y=2x^2-4x+1$과 같은 식에서 최대값과 최소값을 구하라고 한다면 답을 바로 구할 수 있겠습니까?

학생: $y=2x^2-4x+1$과 같은 식은 식의 형태를 고쳐야 할 것 같습니다.

: 그럼, 식의 형태를 어떻게 변형할 수 있겠습니까?

학생: $y=ax^2+bx+c$의 꼴을 $y=a(x-p)^2+q$의 꼴로 바꾸어야 할 것 같습니다.

: 그럼, 어떤 경우에는 $y=ax^2+bx+c$의 꼴이 필요하고, 또 어떤 경우에 $y=a(x-p)^2+q$의 꼴이 필요할까요? 먼저 $y=ax^2+bx+c$의 식을 보고 바로 알 수 있는 것은 무엇입니까?

학생1: 포물선의 방향(아래로 볼록, 위로 볼록)을 알 수 있습니다. $a$의 부호를 보면 쉽게 알 수 있습니다.

학생2: $y$절편을 보고 알 수 있습니다.

: $y$절편은 얼마입니까?

학생: $y=ax^2+bx+c$에서 $c$의 값이 $y$절편입니다.

: 또 무엇을 알 수 있습니까?

학생: (고민하다가) 별로 없는 것 같습니다.

: 자 그럼, 이제 $y=a(x-p)^2+q$의 식을 보고 알 수 있는 것은 어떠한 것이 있겠습니까?

학생1: 꼭지점의 좌표를 알 수 있습니다.

학생2: 최대값이나 최소값을 구할 수 있습니다.

: 그 이외에 또 무엇을 알 수 있겠습니까?

학생1: 그래프를 쉽게 그릴 수 있어요.

학생2: 포물선의 방향을 알 수 있어요.

: 자 그럼, 주어진 문제 $y=2x^2-4x+1$에서 최대값과 최소값을 구하기 위해서는 어떻게 해야 되겠습니까?

학생: 식의 형태를 변형하면 됩니다.

: 식의 형태를 변형해 봅시다.

학생: $y=2x^2-4x+1$, $y=2(x^2-2x+1-1)+1, y=2(x-1)^2-1$이 됩니다. 따라서 최소값은 $-1$이 됩니다.

(이하 생략)

### 9) 피타고라스 정리의 활용

다음은 피타고라스 정리를 활용한 발문의 예이다.

<table>
<tr><td>단원</td><td>Ⅱ. 피타고라스의 정리</td><td>소단원</td><td>2. 피타고라스 정리의 활용<br>§ 2. 입체도형에의 활용</td><td>단계</td><td>9-나</td></tr>
<tr><td rowspan="2">수업목표</td><td>교과내용목표</td><td colspan="4">피타고라스 정리를 활용할 수 있다.</td></tr>
<tr><td>사고기능목표</td><td colspan="4">피타고라스의 정리를 입체도형에서 이해하고 이를 계산할 수 있다.</td></tr>
</table>

**보기문제**

밑면의 반지름의 길이가 $2cm$이고, 모선의 길이가 $3cm$인 원뿔의 높이와 부피를 구하여라.

| 단계 | 발 문 |
|---|---|
| 이해 | • 문제를 자기 말로 할 수 있는가?<br>• 주어진 조건은 도두 몇 가지이며 각각 무엇인가?<br>• 주어진 조건에 알맞은 그림을 그릴 수 있는가?<br>• 미지인 것은 무엇인가? |
| 계획 | • 직각삼각형에 대한 정리는 알고 있는가?<br>• 뿔의 부피는 구할 수 있는가? |
| 실행 | • 식을 세울 수 있는가?<br>• 식을 풀 수 있는가? |
| 뒤돌아 보기 | • 답을 확인할 수 있는가?<br>• 또 다른 답은 될 수 없을까? |

**[단계에 따르는 발문]**

이해

: 문제를 자기 말로 할 수 있겠습니까?
학생들: 문제를 자기 말로 이야기한다.

: 주어진 조건은 모두 몇 가지이며 각각 무엇입니까?

학생1: 예, 조건은 두 가지입니다.

학생2: 원뿔의 밑면의 반지름의 길이와 모선의 길이입니다.

: 주어진 조건에 알맞은 그림을 그릴 수 있겠습니까?

학생: (그림을 그리면서) 예, 입체도형이 됩니다.

: 미지인 것은 무엇입니까?

학생들: 예, 원뿔의 높이와 부피입니다.

학생1: 먼저 원뿔의 높이를 $x$, 원뿔의 부피를 $y$로 두면 됩니다.

학생2: 원뿔의 부피는 원뿔의 높이만 알면 바로 구할 수 있습니다.

### 계획

: 직각삼각형에 대한 정리는 알고 있습니까?

학생들: 피타고라스의 정리를 사용하면 될 것입니다.

: 뿔의 부피는 구할 수 있습니까?

학생들: 예,

학생1: 기둥의 부피의 $\frac{1}{3}$입니다.

학생2: $\frac{1}{3}$×밑넓이×높이가 됩니다.

### 실행

: 식을 세울 수 있습니까?

학생들: 예, 피타고라스의 정리를 이용한 식을 세울 수 있습니다.

: 구체적인 식을 세울 수 있습니까?

학생들: $x^2+2^2=3^2$이 됩니다.

: 식을 풀 수 있습니까?

학생1: $x=\sqrt{5}$ 입니다.

학생2: 원뿔의 부피는 $\frac{1}{3}\times 4\pi\times\sqrt{5}=\frac{4\sqrt{5}}{3}\pi$가 됩니다.

뒤돌아보기

: 답을 확인할 수 있습니까?

학생1: 예, 원뿔의 높이는 $\sqrt{5}\,cm$ 입니다.

학생2: 원뿔의 부피는 $\frac{4\sqrt{5}}{3}\pi cm^3$ 입니다.

: 또 다른 답은 될 수 없겠습니까?

학생: (잠시 생각한 다음) 다른 답은 더 이상 없는 것 같습니다.

(이하 생략)

### 2.2.4 증명 문제를 해결하기 위한 발문(연역적 사고)

#### 1) 여러 가지 사각형

다음은 교과 내용 중에서 증명 문제를 해결하기 위한 발문의 예시이다. 중학교 학생들이 대체적으로 싫어하고 어려워하는 부분이 2학년 과정의 도형의 활용 부분인데, 수학 교육적인 측면에서 도형의 활용 부분의 의미는 매우 크다고 볼 수 있으며, 교육 과정상 도형에 대한 직관적 사고와 개념을 형성할 수 있는 유일한 시기가 바로 이 시기라 할 수 있다. 따라서 자세한 발문과 함께 사고할 수 있는 분위기와 창의적인 사고력을 기르기 위한 연습이 꼭 필요한 단원이기도 하다.

<table>
<tr><td>단원</td><td>Ⅱ. 도형의 성질</td><td>소단원</td><td>1. 사각형의 성질<br>§ 2. 여러 가지 사각형</td><td>대상</td><td>8-나</td></tr>
<tr><td rowspan="2">수업목표</td><td>교과내용목표</td><td colspan="4">여러 가지 사각형의 성질을 말할 수 있다.</td></tr>
<tr><td>사고기능목표</td><td colspan="4">여러 가지 사각형을 관찰하고 일반적인 성질을 유추할 수 있다.</td></tr>
</table>

**보기문제**

직사각형의 네 변의 중점을 이은 사각형은 무슨 사각형인가?

| 단계 | 발 문 |
|---|---|
| 이해 | • 문제를 자기 말로 표현할 수 있는가?<br>• 문제를 그림으로 그릴 수 있는가?<br>• 그림에서 기호를 붙여서 설명할 수 있겠는가?<br>• 미지인 것이 무엇인가? |
| 계획 | • 직사각형의 뜻은 무엇인가?<br>• 직사각형의 성질은 알고 있는가?<br>• 무슨 사각형이 될 것 같은가?<br>• 마름모의 정의는 알고 있는가?<br>• 삼각형의 합동조건은 알고 있는가? |

| 단계 | 발 문 |
|---|---|
| 실행 | • 네 변의 길이가 같음을 밝힐 수 있겠는가?<br>• 직사각형의 성질을 활용할 수 있는가? |
| 뒤돌아 보기 | • 마름모 이외의 또 다른 사각형이 답이 될 수는 없는가?<br>• 문제의 조건에서 직사각형 대신에 평행사변형이 주어진다면 답은 어떻게 될 것인가?<br>• 문제의 조건에서 직사각형이 아니고 정사각형이라면 답은 어떻게 될 것인가? |

**[단계에 따르는 발문]**

이해

: 문제를 자기 말로 표현할 수 있습니까?

학생: (자기 말로 표현을 한다.)

: 문제를 그림으로 나타낼 수 있습니까?

학생: 예. 다음과 같은 그림이 됩니다.

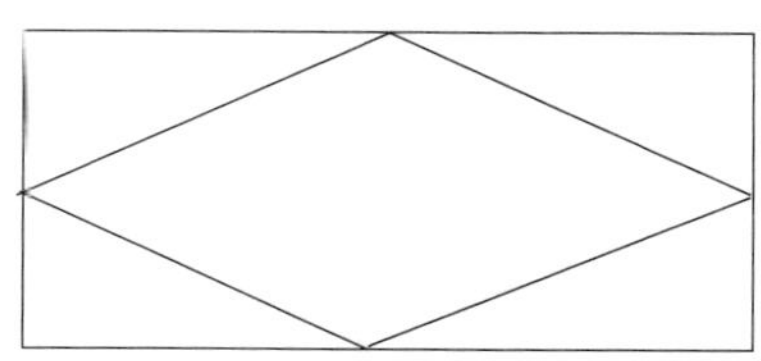

: 그림에서 기호를 붙여서 설명할 수 있습니까?

학생: 다음 그림과 같이 기호를 붙일 수 있다는 것을 생각한다.

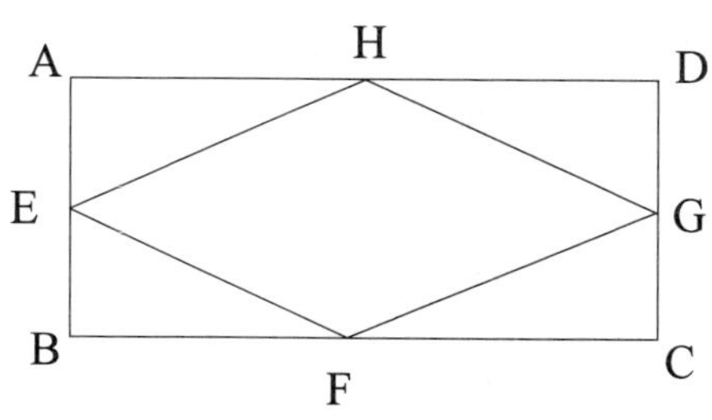


: 미지인 것이 무엇입니까?

학생1: 사각형의 이름을 찾는 것입니다.

학생2: 무슨 사각형인지 알아내는 것입니다.

: 예, 잘 말했습니다. 두 말의 차이점이 있습니까?

학생: 아니오. 모두 같은 뜻입니다.

**계획**

: 직사각형의 뜻은 무엇입니까?

학생: 네 각의 크기가 모두 같은 사각형입니다. (뜻이 같되 약간 다른 답이 나올 경우에는 그대로 인정하고 오개념에 대해서만 지도를 한다.)

: 그렇다면 직사각형의 성질은 무엇입니까?

학생: (직사각형의 뜻을 생각해 본 후) 두 대각선의 길이가 같고 서로 다른 것을 이등분하는 것입니다.

: 그림을 보니 구하고자 하는 사각형은 무슨 사각형이 될 것 같습니까?

학생1: (그림을 보고) 평행사변형요.

학생2: 마름모일 것 같습니다.

: 마름모나 평행사변형이 되기 위한 조건을 알고 있습니까?

학생: (평행사변형과 마름모가 되기 위한 조건을 아는 대로 이야기한다.)

: 이를 밝히기 위해서 무엇을 이용하면 되겠습니까? 삼각형의 합동 조건은 알고 있습니까?

학생: 예.

**실행**

: 삼각형의 합동 조건을 이용하려면 어느 삼각형을 생각해야 하나요? 네 변의 길이가 같음을 밝힐 수 있습니까?

학생: 삼각형의 합동 조건을 생각하며 네 개의 삼각형이 합동임을 인식한다.

: 직사각형의 성질을 활용할 수 있습니까?

학생: 네 각의 크기가 같다는 것을 이용하면 쉽게 합동을 밝힐 수 있습니다.

뒤돌아보기

: 마름모 이외의 또 다른 사각형이 답이 될 수는 없겠습니까?

학생1: (생각하다가) 평행사변형도 될 것 같아요.

학생2: 사다리꼴도 될 것 같습니다.

: 그러면 마름모라 하는 것이 옳겠습니까? 아니면 다른 사각형이라고 해도 되겠습니까?

학생: (생각하다가 평행사변형, 사다리꼴과 마름모와의 포함 관계를 생각하면서, 마름모가 가장 옳은 답이라는 생각을 하고) 마름모라고 말할 수 있습니다.

: 문제의 조건에서 직사각형 대신에 평행사변형이 주어진다면 답은 어떻게 될 것 같습니까?

☞ 시간적 여유를 넉넉하게 준다.

학생: (그림을 그려보고 다시 한 번 생각을 해 본다.)

: 문제의 조건에서 직사각형 대신에 정사각형이 주어진다면 답은 어떻게 되겠습니까?

학생: (다양한 방법으로 문제의 유형을 바꿀 수 있음을 알 수 있다.)

(이하 생략)

### 2) 삼각형의 무게중심

다음은 삼각형의 무게중심에 대한 증명을 위한 발문이다.

| 단원 | Ⅳ. 도형의 닮음 | 소단원 | 2. 평행선과 선분의 길이의 비<br>§ 4. 삼각형의 무게중심 | 대상 | 8-나 |
|---|---|---|---|---|---|
| 수업목표 | 교과내용목표 | 삼각형의 무게중심을 알고 이를 활용할 수 있다. | | | |
| | 사고기능목표 | 삼각형의 무게중심의 뜻을 이해하고 이를 적용할 수 있다. | | | |

**보기문제**

다음 그림에서 점 G가 △ABC의 무게중심일 때, △ABG, △BCG, △CAG의 넓이가 모두 같음을 증명하시오.

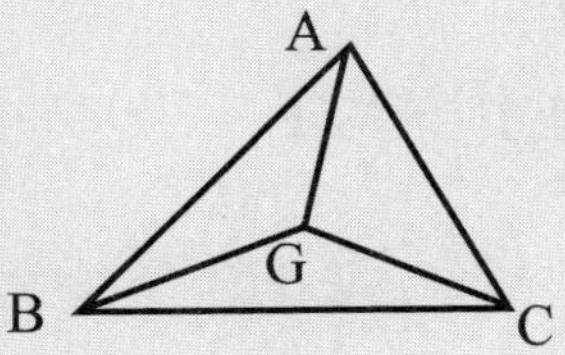


| 단계 | 발 문 |
|---|---|
| 이해 | • 문제를 자기 말로 표현할 수 있는가?<br>• 가정과 결론으로 나눌 수 있는가?<br>• 주어진 조건은 몇 가지인가?<br>• 미지인 것이 무엇인가? |
| 계획 | • 무게중심이란 무엇인가?<br>• 무게중심의 성질은 무엇인가?<br>• 중선의 성질은 무엇인가?<br>• 넓이가 같다는 것은 어떻게 밝힐 수 있는가? |
| 실행 | • 넓이를 구할 수 있는가?<br>• 넓이를 비교할 수 있는가?<br>• 세 삼각형의 넓이를 모두 비교할 수 있는가? |
| 뒤돌아보기 | • 또 다른 방법으로 증명할 수 있을까?<br>• 이 문제를 활용해서 어떠한 문제를 낼 수 있을까? |

## [단계에 따르는 발문]

**이해**

: 문제를 자기 말로 표현할 수 있습니까?

학생: (문제를 자기 말로 표현해 본다.)

: 가정과 결론으로 나눌 수 있습니까?

학생1: 가정은 점 G가 △ABC의 무게중심이라는 것입니다.

학생2: 결론은 세 개의 삼각형의 넓이가 같다는 것입니다.

: 주어진 조건은 몇 가지입니까?

학생들: 한 가지뿐입니다.

: 구체적으로 말할 수 있습니까?

학생: 점 G가 삼각형의 무게중심이라는 것입니다.

: 미지인 것이 무엇입니까?

학생들: 세 삼각형의 넓이가 같다는 것을 보여주는 것입니다.

**계획**

: 무게중심이 무엇입니까?

학생1: 무게가 중심이 되는 점입니다.(학생들 웃는다.)

학생2: 세 중선의 교점입니다.

: (학생2에게) 중선이 무엇인지 말할 수 있습니까?

학생2: 삼각형의 꼭지점에서 대변의 중점을 이은 선입니다.

: 무게중심의 성질은 무엇입니까?

학생: 삼각형의 꼭지점에서의 거리와 변에서의 거리의 비가 2:1입니다.

: 그러면 중선의 성질을 알고 있습니까?

학생: 예, 삼각형의 중선은 두 삼각형의 넓이를 같게 만듭니다.

: 넓이가 같다는 것은 어떻게 밝힐 수 있습니까?

학생1: 직접 넓이를 구해보는 것입니다.

학생2: 직접 구하지 않고도 밑변의 길이와 높이가 같음을 보여줄 수 있습니다.

학생3: 삼각형의 다른 성질을 사용할 수도 있습니다.

**실행**

: 넓이를 구할 수 있습니까?

학생1: (한참 생각하다가) 변의 길이가 없어서 넓이를 구하는 것은 어려울 것 같습니다.

학생2: 넓이를 서로 비교할 수는 있을 것 같습니다.

: (학생2에게) 넓이를 어떻게 비교할 수 있겠습니까?

학생2: 그림에서 보조선을 그으면 됩니다.

: (학생2에게) 구체적으로 말할 수 있습니까?

학생2: 다음 그림과 같이 중선을 긋고, 변 BC와의 교점을 점 D라 하면 △ABD와 △ADC의 넓이는 서로 같습니다. 마찬가지 방법으로 △GBD의 넓이와 △GDC의 넓이도 같습니다. 따라서 △ABD의 넓이와 △AGC의 넓이는 같다고 말할 수 있습니다.

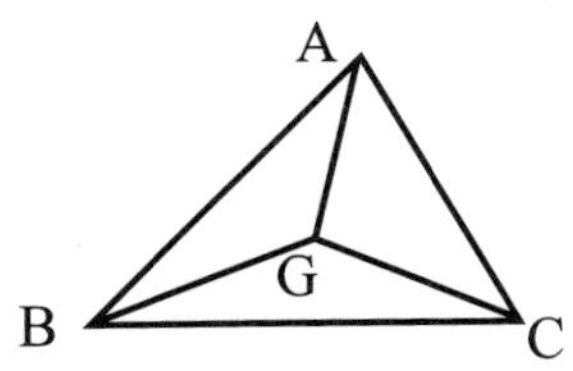


: 세 삼각형의 넓이를 모두 비교할 수 있습니까?

학생: 예, 위와 똑같은 방법을 사용한다면 나머지 두 개의 삼각형도 같은 방법으로 증명할 수 있습니다.

**뒤돌아보기**

: 또 다른 방법으로 증명할 수 있습니까?

학생: (학생들 한참을 고민한 다음) 어려운데요.

: 세 개의 중선을 모두 그어놓고 생각해 봅시다.

학생1: 예, 6개의 삼각형이 생기는데 그 삼각형의 넓이가 모두 같음을 알 수 있습니다. 따라서 주어진 삼각형은 6개 중에서 2개를 포함하고 있으니 모두 같다고 말할 수 있습니다.

: 예, 좋습니다. 모두 이해가 됩니까?

(그림을 그려가면서 간단히 설명한다.)

: 이 문제를 활용해서 어떠한 문제를 낼 수 있겠습니까?

학생들: (생각한다.)

(이하 생략)

### 2.2.5 계산 문제를 해결할 때의 발문

일반적으로 학생들이 가장 쉽게 생각하고 있는 형식적 문제 풀이인 계산 문제를 푸는 데서도 개념 형성에 대한 정리를 아울러 해줄 필요가 있다. 무조건적인 풀이의 연습보다는 개념 형성과 함께 문제 풀이의 방향을 잘 점검해 줄 수 있는 발문의 개발이 필요하다. 계산 문제 풀이시에는 학생과 함께 풀 경우와 교사가 일방적으로 풀어 줄 때로 나눌 수 있다.

#### 1) 학생과 함께 해결할 때의 발문

계산 문제를 학생과 함께 해결할 경우에는 학생들의 반응에 따라 속도를 조절해 가며 할 필요가 있다.

#### 가) 연립일차부등식의 풀이

다음은 일차부등식의 풀이를 처음 도입할 때 학생들과 함께 풀어가기 위한 발문의 예이다.

<table>
<tr><td>단원</td><td>Ⅱ. 방정식과 부등식</td><td>소단원</td><td>3. 일차부등식과 연립일차부등식<br>§ 2. 연립일차부등식의 풀이</td><td>대상</td><td>8-가</td></tr>
<tr><td rowspan="2">수업목표</td><td>교과내용목표</td><td colspan="4">연립일차부등식을 풀 수 있다.</td></tr>
<tr><td>사고기능목표</td><td colspan="4">연립일차부등식을 이해하고 이를 해결할 수 있다.</td></tr>
</table>

**보기문제**

연립일차부등식을 푸시오.

$$\begin{cases} \dfrac{2x-1}{3} < \dfrac{2x-1}{4} + \dfrac{5}{12} \\ 0.2(x+3) > -x+0.9 \end{cases}$$

| 단계 | 발 문 |
|---|---|
| 이해 | • 연립일차부등식은 무엇인가?<br>• 연립일차부등식을 푼다는 것은 무슨 뜻인가? |
| 계획 | • 두 식을 간단히 할 수 있는 방법은 무엇인가?<br>• 부등식의 성질을 알고 있는가?<br>• 부등식의 해를 그래프로 나타낼 수 있는가? |
| 실행 | • 두 식의 해를 수직선에 나타낼 수 있는가?<br>• 두 식의 해를 구할 수 있는가? |
| 뒤돌아보기 | • 답이 맞다는 것을 확인할 수 있는가?<br>• 다른 해는 없는가?<br>• 문제를 다르게 변형할 수 있는가? |

**[단계에 따르는 발문]**

이해

: 연립일차부등식이 무엇입니까?

학생1: 두 개의 일차부등식을 묶은 것을 말합니다.

학생2: 같은 미지수를 가지는 한 쌍의 일차부등식을 말합니다.

: 주어진 식은 연립일차부등식이 맞습니까?

학생들: 예.

:그럼, 연립일차부등식을 푼다는 것은 무슨 뜻입니까?

학생1: 2개의 부등식을 동시에 참이 되게 하는 미지수의 값을 구하는 것을 말합니다.

학생2: 여기에서 미지수는 하나의 값보다는 범위를 나타낼 때가 많습니다.

계획

: 부등식의 성질은 알고 있습니까?

학생들: 예.

: 두 식을 간단히 할 수 있는 방법은 무엇입니까?

학생1: 부등식의 성질을 이용하는 방법입니다.

학생2: 위의 식에서는 분모의 최소공배수인 12를 곱하고 아래의 식에서는 양변에 10을 곱하면 식이 간단히 됩니다.

: 부등식의 해를 그래프로 나타낼 수 있습니까?

학생들: 예, 각각의 그래프를 그래프로 나타내면 됩니다.

**실행**

: 두 식의 해를 수직선에 나타낼 수 있습니까?

학생들: 예.

: 두 식의 해를 구할 수 있습니까?

학생들: 예.

(풀이 및 그래프로 나타내는 과정 생략)

**뒤돌아보기**

: 답이 맞다는 것을 확인할 수 있습니까?

학생1: 예, 다시 한 번 풀어서 검사할 수 있습니다.

학생2: 그 범위의 수를 대입해서 참인지를 확인할 수 있습니다.

학생3: 방정식으로 생각하고 경계의 수를 확인할 수 있습니다.

: 예, 좋습니다. 이 가운데에서 어느 방법을 사용하는 것이 가장 효과적이라고 생각합니까?

학생들: (각자의 생각을 대답한다.)

: 다른 해는 없습니까?

학생: (다시 한 번 더 풀어보고) 예, 다른 해는 없습니다.

: 문제를 다르게 변형할 수 있겠습니까?

학생1: 부등호의 방향을 바꿀 수 있습니다.

학생2: 숫자를 바꿀 수 있습니다.

학생3: ‘< ’대신 ‘≤’를 사용할 수도 있습니다.

: 바뀌어진 문제의 풀이는 할 수 있습니까?

학생들: 예.

(이하 생략)

## 나) 일차식의 계산

다음은 일차식의 덧셈과 뺄셈을 계산하는 단순한 문제이다. 이러한 간단한 계산 문제를 지도할 때 발문을 활용함으로써 학생들의 사고 활동을 도움과 동시에 문제 해결력을 향상시킬 수 있다.

<table>
<tr><td>단원</td><td>Ⅲ. 문자식과<br>일차방정식</td><td>소단원</td><td>1. 문자의 사용과 식의 계산<br>§ 3. 일차식의 계산</td><td>대상</td><td>7−가</td></tr>
<tr><td rowspan="2">수업목표</td><td>교과내용목표</td><td colspan="4">일차식의 덧셈과 뺄셈을 할 수 있다.</td></tr>
<tr><td>사고기능목표</td><td colspan="4">일차식의 계산을 할 수 있다.</td></tr>
</table>

**보기문제**

다음 식을 계산하시오.

$$-\frac{1}{3}(x-9)+\frac{1}{2}(x+8)$$

: 문제를 자기말로 할 수 있습니까?

학생들: 예.

: 계산을 하라는 말은 무슨 뜻입니까?

학생들: 간단히 하라는 말입니다.

: 먼저 무엇을 해야 하겠습니까?

학생들: 괄호를 풀어야 합니다.

: 괄호는 풀 수 있습니까?

학생1: 예, 분배법칙을 사용하면 됩니다.

: 분배법칙은 알고 있습니까?

학생들: 예.

: 분배법칙을 사용해서 괄호를 풀면 어떻게 됩니까?

학생들: $-\frac{1}{3}x+3+\frac{1}{2}x+4$가 됩니다.

: 다음은 무엇을 해야 합니까?

학생들: 동류항 정리를 해야 합니다.

: 동류항은 무엇이 있습니까?

학생: 예, $-\frac{1}{3}x$, $\frac{1}{2}x$와 3, 4가 있습니다.

: 동류항 정리는 할 수 있습니까?

학생1: 예, 계수끼리 더해서 계산할 수 있습니다.

학생2: 상수항은 그대로 더하면 됩니다.

: 답을 구하면 어떻게 됩니까?

학생1: 예, $\frac{1}{6}x+1$이 됩니다.

학생2: 6을 곱하면 $x+6$이 될 수도 있습니다.

: (학생2에게) 왜 그렇게 생각합니까?

학생2: 예, 간단히 하기 위해서입니다.

: 여러분들은 어떻게 생각합니까?

학생들: 등식이 아니어서 6을 곱할 수 없습니다.

학생2: 예, 맞습니다. (한바탕 웃음)

(이하 생략)

### 2) 교사가 일방적으로 풀어줄 때의 발문

창의적인 문제해결을 위해서는 교사 자신이 평소에 수업을 전개할 때도 전달식 수업이 아닌 발문을 이용하여 사고할 수 있는 깊이 있는 수업을 전개할 필요가 있다. 즉, 교사가 학생을 도울 때 사용하는 것과 똑같은 발문을 자신에게 해야 한다.

즉, 보기 문제를 해결할 때 사용한 정신적 과정들을 자세하고 분명하게 설명하고 집단 분석할 필요가 있다. 예컨대 현재 다루고 있는 보기 내용에서 문제 해결을 어떻게 해나가고 있는지, 설명이나 문제 제시를 어떻게 하고 있는지, 어떻게 새로운 탐구를 해가고 있는지를 직접적으로 설명하고 논의해야 한다. 교사 스스로 문제를 해결할 때의 예를 들어보면 다음과 같다.

#### 가) 일차방정식의 풀이

다음은 교사가 일방적으로 학생들에게 문제를 풀어 줄 때의 일차방정식을 푸는 과정을 간단하게 나타낸 것이다. 그 풀이 과정에서도 교사는 사고 과정을 나타내는 발문들을 학생들에게 직접 설명하면서 풀이를 하는 것이 매우 중요하다.

| 단원 | Ⅲ. 문자식과 일차방정식 | 소단원 | 2. 일차방정식<br>§ 3. 일차방정식과 그 풀이 | 대상 | 7-가 |
|---|---|---|---|---|---|
| 수업목표 | 교과내용목표 | 일차방정식을 풀 수 있다. | | | |
| | 사고기능목표 | 등식의 성질을 이해하고 이를 활용해서 일차방정식을 풀 수 있다. | | | |

**보기문제**

일차방정식 $\frac{1}{3}x-\frac{1}{2}=\frac{2}{3}$을 푸시오.

풀이 양변에 6을 곱하면 $2x-3=4$

$2x=4+3$

$2x=7$

$x=\frac{7}{2}$

(검산) $\frac{1}{3}\times\frac{7}{2}-\frac{1}{2}=\frac{2}{3}$, $\frac{7}{6}-\frac{1}{2}=\frac{2}{3}$, $\frac{4}{6}=\frac{2}{3}$(참)

▮ 발문에 따르는 학생들의 사고 활동 ▮

| 단계 | 교사의 발문 및 풀이 | 학생들의 사고 활동 |
|---|---|---|
| 이해 | • 방정식이 맞을까?<br>• 일차방정식은 맞는가?<br>• 방정식을 풀라는 의미는 무엇인가? | • 방정식의 뜻을 생각해 본다.<br>• 일차방정식의 뜻을 정리해 본다.<br>• $x$의 값을 구한다는 뜻임을 확인한다. |
| 계획 | • $x$의 값을 구하기 위해서는 어떤 식이 되어야 할까?<br>• 그러기 위해서 소거되어야 하는 수는 무엇인가?<br>• 어떻게 소거할 수 있을까? | • 좌변에 $x$만 있어야 한다는 것을 생각한다.<br>• $\frac{1}{3}$, $-\frac{1}{2}$이 소거되어야 한다는 것을 생각한다.<br>• 등식의 성질을 생각한다. |
| 실행 | • 등식의 성질을 이용하여 방정식을 풀이한다. | • 등식의 성질을 다시 한 번 새긴다. |
| 뒤돌아보기 | • $x$의 값에 대입하면 참이 될까?<br>• 또 다른 답은 없을까? | • 참이 되는지 생각해 본다.<br>• 일차방정식의 해는 하나밖에 없음을 상기한다. |

### 나) 일차함수와 연립방정식

다음은 일차함수와 연립방정식에 대한 발문이다.

| 단원 | Ⅲ. 일차함수 | 소단원 | 2. 일차함수의 활용<br>§ 2. 일차함수와 연립방정식 | 대상 | 8-가 |
|---|---|---|---|---|---|
| 수업목표 | 교과내용목표 | 일차함수와 연립방정식의 관계를 알고 이를 해결할 수 있다. | | | |
| | 사고기능목표 | 일차함수의 그래프의 성질을 이해할 수 있다. | | | |

**보기문제**

일차함수 $y=ax+2, y=5x+b$ 의 그래프가 모두 점(1, 4)를 지난다고 한다. 이 때 $a+b$의 값을 구하시오.

풀이 $y = ax + 2, y = 5x + b$의 식에 모두 (1, 4)를 대입하면

$4 = a \times 1 + 2, 4 = 5 \times 1 + b$

두 식을 풀면 $a = 2,\ b = -1$

따라서 $a + b = 1$

▌발문에 따르는 학생들의 사고 활동▐

| 단계 | 교사의 발문 및 풀이 | 학생들의 사고 활동 |
|---|---|---|
| 이해 | • 그래프가 점을 지난다는 것을 무슨 뜻인가?<br>• 그래프를 그림으로 그릴 수 있는가? | • 점을 지난다는 말의 의미를 생각해 본다.<br>• 그래프를 그림으로 나타내어 본다. |
| 계획 | • 풀이를 하기 위해서 그림으로 나타내는 것이 편리하겠는가?<br>• 식을 이용해서 풀이를 하는 것이 편리하겠는가? | • 그림으로 개략적으로 나타내어 본다.<br>• 식을 바로 풀 경우를 생각해 본다. |
| 실행 | • 식을 바로 풀어서 풀이를 한다. | • 두 식을 풀이한다. |
| 뒤돌아보기 | • 그림으로 나타내어 확인할 수 있을까?<br>• 또 다른 풀이나 답은 없을까? | • 참이 되는지 생각해 본다.<br>• 다른 경우의 그림을 상상해 본다. |

## 2.3 정리시 발문

정리시의 발문은 수업 내용에 대한 정리와 과제 제출에 대한 발문으로 크게 나눌 수 있다.

**정리시 발문**

2.3.1 수업 내용 정리시 발문
- 목표 도달 확인
- 지식의 오류 교정

2.3.2 과제 제출시 발문
- 학습된 지식의 내면화
- 유사 문제 제시(형성된 지식 체계의 확산)

### 2.3.1 수업 내용 정리시 발문

수업 내용 정리시의 발문은 크게 수업 목표를 도달했는지를 확인하는 발문과 학생들의 잘못 형성된 지식의 오류 교정에 대한 발문으로 나눌 수 있다.

#### 1) 목표 도달 확인

한 시간의 수업을 마치고 정리시에는 마인드맵을 이용하면서 전체적인 흐름을 정리하면 많은 도움이 된다. 다음은 수업 내용의 정리에 대한 발문의 예이다.

#### 가) 제곱근의 근사값

다음은 제곱근의 근사값을 배우고 난 다음 그 내용 정리와 더불어 그 시간에 배운 내용을 깊이 있게 이해하고 있는지 확인하기 위한 발문의 예이다.

| 단원 | Ⅰ. 실수와 그 계산 | 소단원 | 2. 근호를 포함한 식의 계산<br>§ 3. 제곱근의 근사값 | 대상 | 9-가 |
|---|---|---|---|---|---|
| 수업목표 | 교과내용목표 | 제곱근의 근사값을 구할 수 있다. | | | |
| | 사고기능목표 | 제곱근의 근사값을 계산할 수 있다. | | | |

: 자, 이번 시간에 배운 내용을 정리하여 봅시다. 이번 시간의 수업 목표를 알고 있습니까?

학생: 예, 제곱근의 근사값을 구하는 내용입니다.

: 제곱근의 근사값을 구하는 방법은 어떠한 것들이 있습니까?

학생1: 계산기를 사용할 수 있습니다.

학생2: 교과서 뒤의 제곱근표를 이용해서 구할 수 있습니다.

: 사용 방법이 어떻게 되는지 알고 있습니까?

학생1: 계산기를 사용할 때 숫자를 구하고자 하는 수를 누른 후 $\sqrt{\ }$ 기호를 누르면 됩니다.

학생2: 제곱근표에서 필요한 수를 찾으면 됩니다.

: 제곱근표에는 우리가 구하고자 하는 모든 수들이 있습니까?

학생: 그렇지는 않습니다. 제곱근표에는 1부터 99.9까지의 값들이 있습니다.

: 1보다 작은 수나 100 이상의 수는 어떻게 구하는지 알고 있습니까?

학생1: 예. 10의 거듭제곱을 이용해서 구할 수 있습니다.

: 예, 잘 알고 있는 것 같습니다. 그리고 제곱근의 근사값은 지금 여러분들이 배우지는 않지만 나눗셈처럼 직접 계산을 하는 방법도 있습니다. 나중에 고등학교에 가서 배우게 될 것입니다. 그럼 지금부터 이번 시간에 배운 내용에 대한 형성 평가를 실시하도록 하겠습니다.

(이하 생략)

### 2) 지식의 오류 교정

구성주의 교육의 문제점 중의 하나는 학생들이 학습 중에 가진 오류를 어떻게 찾아내고, 찾아낸 오류를 어떻게 교정할 것인가 하는 것이다. 따라서 여기에서는 교사의 발문을 통해서 학생들이 가진 오류를 발견하고 교정하는 방법을 제시할 것이다.

#### 가) 정비례 관계와 반비례 관계

다음은 정비례 관계를 배우고 난 다음 수업을 마무리하면서 학생들이 가지기 쉬운 오개념을 다시 강조하기 위한 발문이다.

| 단원 | Ⅳ. 규칙성과 함수 | 소단원 | 1. 정비례관계와 반비례 관계<br>§ 1. 정비례 관계와 반비례 관계 | 대상 | 7-가 |
|---|---|---|---|---|---|
| 수업목표 | 교과내용목표 | 정비례 관계를 알 수 있다. | | | |
| | 사고기능목표 | 정비례 관계를 이해할 수 있다. | | | |

(수업 도입 및 전개 부분 생략)

: 그럼, 지금부터 이번 시간에 배운 내용을 정리해 보겠습니다. (마인드 맵으로 그리면서) 이번 시간에는 무엇을 배웠습니까?

학생1: 정비례 관계요.

: 정비례가 무엇인지 말할 수 있습니까?

학생: 예, $y=ax$와 같은 관계가 있을 때, $x, y$의 관계를 정비례라고 합니다.

: 풀어서 이야기하면 어떻게 말할 수 있겠습니까?

학생1: $x$의 값이 커짐에 따라 $y$의 값도 커지는 관계를 말합니다.

> ☞ 학생들이 정비례 관계에 대해서 가지기 쉬운 오개념이다.

학생2: $x$의 값이 2배, 3배가 됨에 따라 $y$의 값도 2배, 3배가 되는 관계를 말합니다.

: (학생1, 2에게) 정비례 관계를 나타내는 것을 예로 들어볼 수 있겠습니까?

학생1: 지하철 승차권의 개수에 따르는 승차권 요금과 같은 것입니다.

학생2: 잘 모르겠습니다.

> ☞ 학생1은 정비례에 대한 뜻은 잘못 말했지만 정비례의 관계는 바르게 알고 있는 경우이며, 학생2는 정비례의 뜻에 대해서는 바르게 말을 하였으나 정비례의 관계에 대한 이해를 바르게 하지 못하고 있는 학생이다.

: 다음과 같은 관계는 정비례 관계가 성립할 수 있습니까?

**제시문제 1**

$y=2x+1$에서 $x$ 와 $y$ 사이의 관계

**제시문제 2**

내가 지금 가진 용돈은 10,000원이 있다. 그리고 매주 3,000원씩의 용돈을 받는다고 했을 때 $x$ 주 뒤에 내가 가진 전체 용돈 $y$ 에 대해서 생각을 해 보자. 이때, $x, y$ 에 대한 관계

학생3: 둘 다 정비례 관계가 된다고 말할 수 있습니다.

: (학생3에게) 정비례에 대해서 한 번 말해 보겠습니까?

학생3: 예, $x$의 값이 2배, 3배가 됨에 따라 $y$의 값도 2배, 3배가 됨을 뜻합니다.

: 그럼 제시문제 1의 값을 차례로 구할 수 있습니까?

학생3: 예, $x$의 2배, 3배로 커지면 $y$의 값도 2배, 3배로 커집니다.

> ☞ 여기에서 '커진다'라는 표현은 학생들이 정비례 관계에 대해서 가지기 쉬운 오개념이다.

: 그럼, 직접 구해서 확인해 볼 수 있겠습니까?

학생3: (자신 있게) 예.

| $x$의 값 | 1 | 2 | 3 | 4 |
|---|---|---|---|---|
| $y$의 값 | 3 | 5 | 7 | 9 |

(표를 작성한 다음) 아뇨, 잘못된 것 같습니다.

: 무엇이 잘못되었습니까?

학생3: $x$의 값이 2배, 3배가 됨에 따라 $y$의 값이 커지기는 하는데 2배, 3배로는 되지 않습니다.

: (학생3에게) 그럼, 제시 문제 2번은 정비례 관계가 성립하겠습니까?

학생3: (잠시 생각한 뒤) 아뇨, 그것도 커지기는 하지만 정비례 관계는 되지 않습니다.

: 다음의 관계식은 정비례관계가 성립한다고 말할 수 있습니까?

**제시 문제 3**

$y=-2x$에서 $x$와 $y$ 사이의 관계

학생4: 아뇨, 되지 않습니다.

학생5: 예, 될 것 같습니다.

: (학생4에게) 정비례의 뜻을 다시 한 번 말해 볼 수 있겠습니까?

학생4: (말하려다가) 아뇨, 정비례 관계가 성립합니다.

: (학생4에게) 왜 생각이 바뀌었습니까?

학생4: 처음에는 $-2$를 보고 아니라고 생각했는데, 정비례의 뜻을 생각하고 성립한다는 것을 알았습니다.

: 예, 여러분들은 $x$의 값이 커질 때, $y$의 값이 커지는 관계를 정비례라고 생각하기 쉬운데, 그것이 잘못된 것을 확실하게 알겠습니까?

☞ 학생들이 정비례에 대해서 가지는 가장 큰 오개념은 증가함수와의 구별 문제이다. 학생들이 아직 증가함수에 대해서 구체적으로 배운 적이 없어서 구체적으로 증가함수라는 말을 사용할 수는 없지만 정리시의 많은 발문을 통해서 개념 차이는 분명하게 할 필요가 있다.

학생들: 예.

: 다음 시간까지 우리 주위에서 성립할 수 있는 정비례 관계에 대해서 3개씩 생각해서 적어 오도록 합니다.

(이하 생략)

## 나) 삼각형의 합동조건

다음은 삼각형의 합동조건에 대해서 배우고 난 다음 수업을 마무리하면서 학생들이 가지기 쉬운 오개념을 다시 강조하기 위한 발문이다.

<table>
<tr><td>단원</td><td>Ⅲ. 도형의 성질</td><td>소단원</td><td>1. 평면도형의 성질<br>§ 1. 삼각형의 성질</td><td>대상</td><td>7-나</td></tr>
<tr><td rowspan="2">수업목표</td><td>교과내용목표</td><td colspan="4">삼각형의 합동조건을 알 수 있다.</td></tr>
<tr><td>사고기능목표</td><td colspan="4">삼각형의 합동조건을 발견할 수 있다.</td></tr>
</table>

(수업 도입 및 전개 부분 생략)

: 이번 시간에 배운 내용은 무엇인지 말할 수 있겠습니까?
학생들: 예, 삼각형의 합동조건에 대해서 배웠습니다.
: 삼각형의 합동조건을 모두 말해 볼 수 있겠습니까?
학생들: SSS, SAS, ASA 합동조건입니다.
: 그럼 다음에 주어진 두 삼각형은 서로 합동이겠습니까?

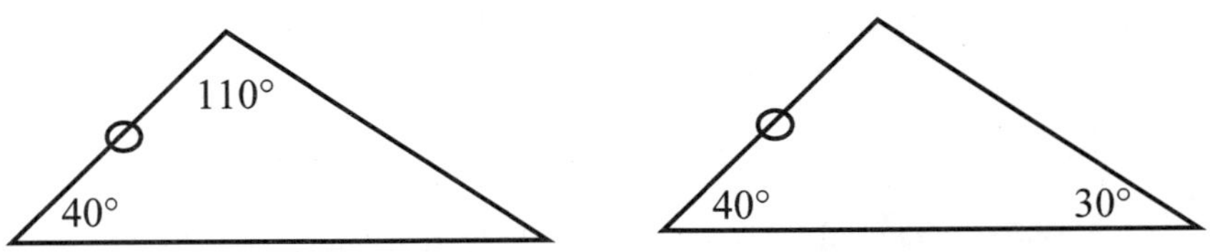


학생1: 아뇨, 서로 합동이 되지 않습니다.
: (학생1에게) 왜 그렇게 생각하는지 말할 수 있겠습니까?
학생1: 합동조건 3개 중에 해당되는 것이 없습니다.
: (학생1에게) 만일 합동이 된다고 가정한다면 합동 조건 3개 중에서 어떠한 조건을 적용시키는 것이 가장 좋을 것 같습니까?
학생1: 예, ASA 합동조건이 가장 적합할 것 같습니다.
: ASA 합동조건을 다시 한 번 말할 수 있겠습니까?

학생1: 예, 한 변의 길이가 같고 양 끝각이 같을 때입니다. (그림을 다시 한 번 살펴보면서) 아뇨, 합동이 맞아요!

: 왜 합동이 된다고 생각을 하게 되었습니까?

학생1: 예, 그림에서는 양 끝각이 주어지지 않았는데, 삼각형의 세 내각의 합이 180°이니까 계산을 하면 같아집니다.

: 다른 학생들은 어떻게 생각합니까?

학생들: 합동이 됩니다.

: 다음 그림은 합동이 되는지 살펴 봅시다.

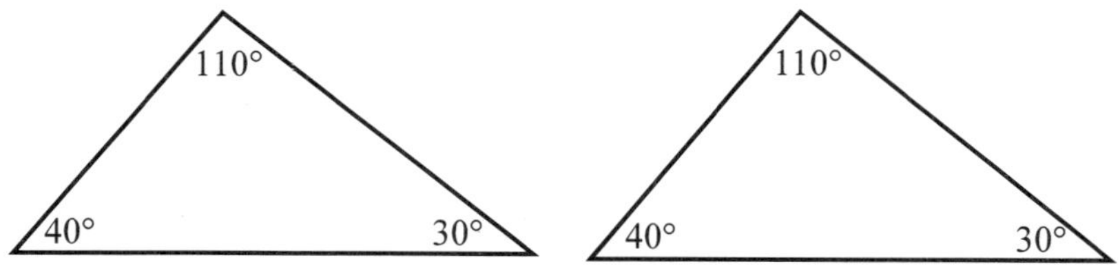


학생들: 합동이 됩니다.

☞ 학생들이 도형에 대해서 가지는 상당수의 오개념은 눈에 보이는 대로 믿는다는 사실이다. 정의, 정리를 생각하기 전에 눈에 보이는 것을 먼저 생각하고 믿기 때문에 발생하는 오개념이 상당히 많이 존재한다.

: 합동조건 중에서 어느 것에 해당하는지 말할 수 있습니까?

학생들: (잠시 생각하다가) 아뇨, 합동이 되지 않습니다.

: 조금 전에는 왜 합동이 된다고 생각했는지 말해 보겠습니까?

학생들: (멋쩍은 듯 웃으며) 똑같이 생겼잖아요. 각도 같고요.

: 여러분들이 도형 단원을 공부하면서 항상 눈에 보이는 것을 우선으로 생각을 하는데 그것도 중요하지만 그것보다도 먼저 배운 내용을 먼저 생각하는 습관이 필요하다는 것을 알겠습니까?

학생들: 예.

(이하 생략)

### 2.3.2 과제 제출시 발문

어떠한 내용의 수업이든 일방적인 과제의 제시보다는 발문을 통한 창의적인 과제 제시가 학생들의 학업 성취 및 동기 유발에도 도움이 될 것이다. 과제를 제시할 때에는 크게 학습된 지식을 내면화하기 위한 과제와 형성된 지식의 체계 확산을 위한 유사문제 만들기로 나누어 볼 수 있다.

#### 1) 학습된 지식의 내면화

#### 가) 십진법과 이진법

다음은 1학년 과정의 십진법과 이진법에 대한 내용을 배우고 난 뒤 과제를 제시할 때의 발문이다.

| 단원 | Ⅰ. 집합과 자연수 | 소단원 | 2. 자연수의 성질<br>§ 3. 십진법과 이진법 | 대상 | 7-가 |
|---|---|---|---|---|---|
| 수업목표 | 교과내용목표 | 십진법과 이진법 사이의 관계를 알고 이진법으로 나타낸 수의 덧셈과 뺄셈을 할 수 있다. | | | |
| | 사고기능목표 | 이진법의 개념을 이해하고 이진법의 수를 계산할 수 있다. | | | |

(전략: 수업 내용 및 수업 내용 정리 생략)

: 이번 시간에 여러분들이 배운 내용은 과연 우리들이 살아가는데 있어서 어떠한 도움이 되겠습니까?

학생: 선생님! 컴퓨터에서는 0과 1 두 개의 숫자만을 사용한다는 것을 본 적이 있습니다. 혹시 그것과 이번 시간에 배운 이진법과는 무슨 관계가 있나요?

: 예, 굉장히 좋은 질문입니다. 여러분들 생각에는 관계가 있을 것 같습니까?

학생: (잠시 생각한 후) 관계가 있을 것 같은데요.

: 그럼, 다음 시간까지는 우리 주변에서 십진법 이외에 사용되고 있는 진법과 그리고 방금 말한 컴퓨터의 수와 이진법은 관계가 있는지, 그리고 관계가 있다면 컴퓨터에서의 계산은 어떻게 연동이 되는지에 대해서 조사를 해오도록 합시다.

(이하 생략)

### 나) 피타고라스의 정리

다음은 피타고라스의 정리를 배우고 난 다음 신문에 나오는 피타고라스의 정리를 활용할 수 있는 과제 제시에 대한 발문이다.

<table>
<tr><td>단원</td><td>Ⅱ. 피타고라스의 정리</td><td>소단원</td><td>2. 피타고라스의 정리의 활용<br>§ 1. 평면도형에의 활용</td><td>대상</td><td>9-나</td></tr>
<tr><td rowspan="2">수업목표</td><td>교과내용목표</td><td colspan="4">피타고라스의 정리를 평면도형에 활용할 수 있다.</td></tr>
<tr><td>사고기능목표</td><td colspan="4">피타고라스의 정리를 이해하고 이를 실생활에서 발견할 수 있다.</td></tr>
</table>

(전략 : 수업 내용 및 수업 내용 정리 생략)

: 이번 시간에 여러분들이 배운 내용이 우리 실생활에서는 어떠한 모습으로 존재하는지 한 번 생각해 봅시다. 다음의 그림을 본 적이 있습니까?

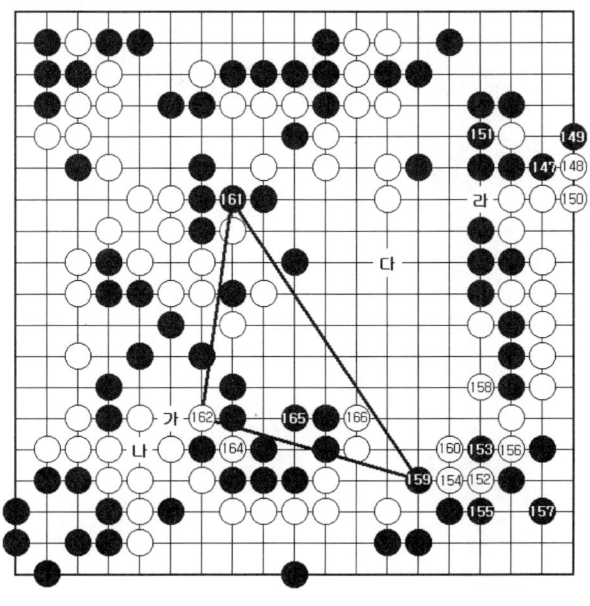

학생들: 예.

: 어디에서 보았습니까?

학생들: 신문에서요.

: 그런데 이 바둑판에서 선생님이 임의의 세 개의 바둑돌을 선택해서 연결해 보았습니다. 이 삼각형은 무슨 삼각형이 될 수 있겠습니까?

학생들: 둔각삼각형요.

: 왜 그렇게 생각을 합니까?

학생들: 그렇게 보입니다.

: 그럼, 실제로 이 삼각형이 무슨 삼각형인지를 알아보려면 어떻게 할 수 있겠습니까?

학생들: 세 변의 길이를 조사해서 알아보면 됩니다.

: 세 변의 길이는 어떻게 구할 수 있습니까?

학생들: 예, 피타고라스의 정리를 사용하면 됩니다.

: 예, 좋습니다. 우리가 실생활에서 볼 수 있는 여러 가지 사실들을 확인한 바와 같이 오늘 우리가 배운 피타고라스의 정리가 사용될 수 있습니다. 그래서 오늘의 과제는 이와 같이 우리 주위에서 피타고라스의 정리를 사용해서 해결할 수 있는 문제를 찾아 해결해 오는 것입니다.

(이하 생략)

### 2) 유사문제 제시시

한 시간의 수업을 마치고 형성된 지식의 체계 확산을 위한 방법의 일환으로 과제를 제시할 때 유사문제를 만들어 보게 하는 과제는 학생들의 창의적인 사고력 향상을 위해서 매우 좋은 방법이다. 다음은 이러한 과제를 제시하기 위한 발문의 예이다.

#### 가) 일차방정식의 활용

다음은 일차방정식의 활용 문제를 배우고 난 다음 이와 유사한 문제를 직접 만들어 보고 해결해 보도록 하기 위한 발문이다.

<table>
<tr><td>단원</td><td>Ⅲ. 문자식과<br>일차방정식</td><td>소단원</td><td>2. 일차방정식<br>§ 4. 일차방정식의 활용</td><td>단계</td><td>7-가</td></tr>
<tr><td rowspan="2">수업목표</td><td>교과내용목표</td><td colspan="4">일차방정식을 활용하여 소금물에 대한 문제를 해결할 수 있다.</td></tr>
<tr><td>사고기능목표</td><td colspan="4">일차방정식을 활용하여 다양한 문제를 해결할 수 있다.</td></tr>
</table>

(전략 : 수업 내용 및 수업 내용 정리 생략)

: 이번 시간에 여러분들이 배운 내용을 모두 알고 있습니까?

학생들: 예, 그런데 내용이 많이 어려워요.

: 예, 그래서 여러분들에게 다음과 같은 과제를 제시하려고 합니다. 여러분들은 소금물의 농도에 대해서 알고 있습니까?

학생: 예, 과학 시간에 배웠고 이번 시간에도 배웠습니다.

: 그럼, 소금물의 농도를 높일 수 있는 방법은 어떠한 것들이 있는지 알고 있습니까?

학생1: 예, 물을 증발시키면 됩니다.

학생2: 소금을 더 넣어도 소금물의 농도가 커집니다.

: 예, 좋습니다. 그럼, 소금물의 농도를 낮게 하기 위한 방법은 어떠한 것들이 있는지 알고 있습니까?

학생1: 예, 물을 더 넣으면 됩니다.

학생2: 농도가 더 낮은 소금물과 섞으면 됩니다.

: 예, 좋습니다. 그럼 소금물에 대한 활용 문제가 어떠한 방법으로 제시되는지 상상할 수 있겠습니까?

학생들: 어려워요.

: 여러분들이 조금 전에 말한 방법들이 바로 소금물에 대한 활용 문제의 전부라고 말할 수 있습니다. 그래서 이번 시간에는 다음과 같은 과제를 제시할 것입니다.

**과제 내용**

1. 소금물의 농도를 높이기 위한 활용 문제 2문항
2. 소금물의 농도를 낮게 하기 위한 활용 문제 2문항
3. 소금물을 두 개 이상 섞기 위한 활용 문제 2문항

: 문제는 교과서 문제를 중심으로 여러분들이 직접 만들어도 좋고, 그것이 어려운 친구들은 문제집의 문제를 찾아서 풀어도 좋습니다.

(이하 생략)

### 나) 상관도, 상관표와 상관관계

다음은 상관관계를 배우고 난 다음 과제를 제시하는 방법이다.

| 단원 | Ⅰ. 통계 | 소단원 | 1. 상관도와 상관표<br>§ 2. 상관도, 상관표와 상관관계 | 단계 | 9-나 |
|---|---|---|---|---|---|
| 수업목표 | 교과내용목표 | 상관도와 상관표를 보고 두 변량 사이의 상관관계를 알 수 있다. | | | |
| | 사고기능목표 | 자기 자신의 원하는 자료의 결과에 대한 상관관계를 유추하고 해결할 수 있다. | | | |

(전략 : 수업 내용 및 수업 내용 정리 생략)

: 이번 시간에 여러분들이 배운 내용은 무엇입니까?

학생들: 상관관계에 대해서 배웠습니다.

: 상관관계는 무엇을 보고 알 수 있습니까?

학생들: 상관도나 상관표를 보고 알 수 있습니다.

: 상관관계에는 어떠한 것들이 있습니까?

학생들: 예, 양의 상관관계와 음의 상관관계가 있습니다.

: 그럼, 여러분들이 궁금한 상관관계는 어떠한 것들이 있습니까?

학생1: 공부 시간과 성적 사이의 관계가 궁금합니다.

학생2: 독서 시간과 국어 성적과의 관계가 궁금합니다.

학생3: 컴퓨터를 사용하는 시간과 성적과의 관계가 궁금합니다.

: (발표한 학생 각자에게) 왜 그것이 궁금합니까?

학생1: 예, 저는 공부를 열심히 하고 나서 성적과 공부를 덜 했을 때에 성적에 큰 차이가 없었습니다. 그래서 다른 친구들은 어떠한지 그 결과를 알고 싶습니다.

학생2: 예, 저는 어머니께서 국어를 잘 하려면 독서를 많이 해야 한다고 늘 말씀을 하십니다. 그래서 저는 정말 그러한지 알고 싶습니다.

학생3: 예, 저는 컴퓨터를 많이 하는 편입니다. 그런데 어머니께서는 컴퓨터를 하면 머리가 나빠지고 성적이 내려간다고 늘 걱정을 하십니다. 그래서 정말 그러한지 직접 조사를 하고 싶습니다.

: 그 이외에 더 궁금한 사항은 없습니까?

학생들: 아뇨, 너무 너무 많아요.

: 그러면 이러한 과제는 어떠한 방법으로 해결할 수 있겠습니까?

학생들: 직접 조사를 해보면 됩니다.

: 조사를 할 때 주의할 점은 어떠한 것들이 있겠습니까?

학생1: 예, 솔직한 답을 얻어야 합니다.

학생2: 예, 자료의 수도 많아야 합니다.

학생3: 자료를 정확하게 처리해야 합니다.

학생4: 자료의 수는 어느 정도로 하는 것이 좋습니까?

: 예, 매우 좋은 의견들입니다. (학생4에게) 통계학적으로 의미 있는 수가 되기 위해서는 30개 이상의 수를 하면 충분하다고 합니다.

학생들: 알겠습니다.

: 그래서 이번 시간에 여러분들이 해결할 과제는 다음과 같습니다. 과제에 대해 질문이 있습니까?

**과제 내용**

1. 자기가 알고 싶은 것들의 자료를 조사하기
2. 구하고자 하는 값들에 대한 상관관계를 상상하고 적기
3. 상관도나 상관표를 그려보고 그 결과를 분석하기

학생: 우리가 원하는 것이면 아무거나 해도 되는 것입니까?

: 예, 평소에 자기가 궁금한 것들을 조사하면 더욱 더 좋겠습니다.

(이하 생략)

Chapter 3

# 발문을 중심으로 한 수업안

이 단원에서는 2000년 NCTM에서 제안한 '학교 수학을 위한 원리와 규준'에서의 5개의 내용 규준을 기준으로 <표 5>와 같이 구분하여 몇 개의 수업안을 제시할 것이다. 한 차시의 모든 발문을 기록하기는 어렵더라도 최대한 내용에 적합한 발문을 중심으로 기술한 것이다.

▌〈표 5〉 내용 규준과 규준에 따르는 내용 ▌

| 내용 규준 | 내 용 |
|---|---|
| 수와 연산<br>(Number and Operation) | ▶ 수, 수를 표현하는 방법, 수 사이의 관계, 수 체계를 이해한다.<br>▶ 연산의 의미와 그들이 서로 어떻게 관련되어 있는가를 이해한다.<br>▶ 유창하게 계산하고 합리적으로 어림산한다. |
| 대수<br>(Algebra) | ▶ 패턴, 관계 및 함수를 이해한다.<br>▶ 대수적 기호를 사용하여 수학적 상황과 구조를 표현하고 분석한다.<br>▶ 양적인 관계를 나타내고 이해하기 위해 수학적 모델을 사용한다.<br>▶ 다양한 문맥에서 변화를 분석한다. |
| 기하<br>(Geometry) | ▶ 2차원, 3차원인 기하학 모양의 특징과 성질을 분석하고, 기하 관계에 대한 수학적 논의를 전개한다.<br>▶ 좌표기하와 다른 표현 체계를 사용하여 위치를 특정짓고, 공간 관계를 기술한다.<br>▶ 수학적 상황을 분석하기 위해서 변환을 응용하고 대칭성을 사용한다.<br>▶ 문제를 풀기 위해서 시각화, 공간적 추론, 기하 모델링을 사용한다. |
| 측정<br>(Measurement) | ▶ 대상의 측정 가능한 속성, 특정의 단위, 시스템, 과정을 이해한다.<br>▶ 측정값을 결정하기 위해 적절한 테크닉, 도구, 공식을 사용한다. |

| 내용 규준 | 내 용 |
|---|---|
| 데이터 해석과 확률 (Data Alalysis and Probability) | ▶ 데이터를 가지고 다룰 수 있는 물음을 정식화하고, 그 문제에 답하기 위해서 관련된 데이터를 수집 · 조직 · 표시한다.<br>▶ 데이터를 분석하기 위해서 적절한 통계적 방법을 선택하고 사용한다.<br>▶ 데이터에 바탕을 둔 추정과 예측을 만들고 평가한다.<br>▶ 확률의 기초 개념을 이해하고 응용한다. |

## 3.1 수와 연산

이 절에서는 수와 연산에 관련된 수업안을 소개하고, 수업에서 활용할 수 있는 수와 연산에 관한 활동지들(3.1.1~3.1.7 참조)을 수록하였다.

다음은 7단계의 유리수의 덧셈에 대한 수업안이다.

<table>
<tr><th colspan="7">수 학 과 본 시 수 업 안</th></tr>
<tr><td>단원</td><td colspan="2">Ⅳ. 2.덧셈과 뺄셈<br>§1. 유리수의 덧셈</td><td>대상</td><td>1학년</td><td>장소</td><td>수학교과실</td></tr>
<tr><td>수업 목표</td><td colspan="6">조작 활동을 통해서 정수의 덧셈 원리를 발견하고 이를 유리수로 일반화시킬 수 있다.</td></tr>
<tr><td rowspan="2">수업 자료</td><td colspan="2">교 사</td><td colspan="4">학 생</td></tr>
<tr><td colspan="2">교과서, 수업안, 컴퓨터, PPT 자료, MM, 빙고 용지, 바둑자석, 형성 평가지</td><td colspan="4">교과서, 노트, 토론 학습지, 바둑돌, 멀티미디어 자료</td></tr>
<tr><td rowspan="2">수업 단계</td><td rowspan="2">수업내용</td><td colspan="3">교수-학습 활동</td><td rowspan="2">학습 형태</td><td rowspan="2">수업 자료</td></tr>
<tr><td>교사</td><td colspan="2">학생</td></tr>
<tr><td>도<br>입<br>전</td><td>· 학습 환경 정비<br><br>· 전시 학습 내용 확인<br><br><생각열기><br>박세리의 골프게임 소개 및 누가 승자인지를 예측해보기</td><td>· 인사 및 출결 확인<br>· 학습 분위기 조성<br>· 전시 학습 내용에 관한 원격 수업(심화) 과제의 해결 정도를 조사<br>T:다음과 같은 신문 자료에서 누가 승자인지를 알 수 있을까요?<br>T: 계산을 하는 데 어려움이 무엇인가요?</td><td colspan="2">· 인사<br>· 수업 준비 확인<br>· 원격 수업의 심화 문제해결<br><br>S:두 사람의 점수를 계산해 보아야 할 것 같습니다.<br><br>S:예, 음수에 대한 계산을 알 수 있어야 합니다.</td><td>일제 학습</td><td>· 원격 강의실<br><br>· NIE</td></tr>
</table>

| 수업단계 | 수업내용 | 교수-학습 활동 | | 학습형태 | 수업자료 |
|---|---|---|---|---|---|
| | | 교사 | 학생 | | |
| 도입전 | · 수업 목표 제시<br><br><br><br>· 덧셈의 원리를 발견할 수 있는 조작 활동 소개 및 조작 활동 실시 | T: 이번 시간에는 이것을해결하기 위해서 어떠한 것을 배우게 될까요?<br>T: 그럼, 지금부터 덧셈에 대한 원리를 발견할 수 있는 방법을 소개하겠습니다.<br>[바둑돌과 플래시 자료 소개 및 사용법 설명]<br><br>T:각 조별로 제재를 선택하였나요?<br><br>· 순회지도를 하면서 조별 수준에 알맞은 발문을 한다. | · 수업 목표에 대해서 궁금하게 생각한다.<br><br><br><br>·설명을 듣는다.<br><br><br><br>S:예.<br><br><br>· 조별로 토론을 통해서 원리를 발견한다. | 일제학습<br><br><br><br><br><br><br><br>일제<br>·<br>개별학습 | · PPT 자료<br><br><br><br><br><br><br><br>·PPT 자료 |
| 전개정리 | · 조작활동과 학습지를 통한 덧셈방법 발견하기 | T:자, 그럼 덧셈을 하는 방법에 대한 원리를 발견하였나요?<br>T:어떠한 성질을 찾을 수 있었나요?<br>T:지금부터 선생님이 제시하는 문제를 소집단별로 의논해서 풀어서 빙고 용지에 적어 보세요.?<br>T:빙고 규칙은 모두 알고 있나요?<br>[빙고 규칙 소개]<br><br>T:위의 게임에서 승자는 누구라고 말할 수 있을까요?<br>T:왜 그렇게 생각하나요? | S1:예<br><br><br>· 찾은 성질을 발표한다.<br><br>· 발견한 성질을 이용하여 유리수의 덧셈을 협동해서 계산한다.<br><br><br><br><br><br><br>S1:박세리요.<br><br><br>S2:점수를 계산해보면 알아요. | 조작활동<br><br><br><br><br>협동학습<br><br><br><br><br><br><br><br>일제학습 | ·바둑돌<br>·플래시 자료<br><br><br><br>· 빙고 용지 |

| 수업 단계 | 수업내용 | 교수-학습 활동 | | 학습 형태 | 수업 자료 |
|---|---|---|---|---|---|
| | | 교사 | 학생 | | |
| 전개정리 | · 수업 내용 정리 | T:자, 이번 시간에 우리가 배운 내용을 정리하여 볼까요? (MM으로 그리면서 단계별로 발문한다.) | S:유리수의 덧셈 원리에 대해서 배웠습니다. | 일제 학습 | · MM |
| | | T:유리수의 덧셈에 대한 원리는 어떠한 것들이 있었나요? | S1:두 수의 부호가 같을 때와 다를 때로 나누어서 계산했습니다.<br>S2:같은 부호일 때는 공통인 부호에 절대값을 더하면 됩니다.<br>S3:다른 부호일 때는 절대값이 큰 수의 부호에 절대값의 차를 구하면 됩니다. | 개별 학습 | |
| | · 형성평가 | · 형성 평가 실시 | · 배운 내용을 확인한다. | | |
| | · 과제 제시 및 차시예고 | T:오늘 배운 내용에 대한 내용을 모두 알고 있나요?<br>T:자기 말로 한 번 정리해 볼 수 있을까요?<br>T:이번 시간에 배운 내용에 대한 문제를 3문제 이상 내고 풀어 보세요. | · 배운 내용을 다시 한번 더 정리하고 과제를 기록한다. | 일제 학습 | · PPT 자료 |
| | | T:다음 시간에는 무엇에 대해 배울까요? | S:예, 뺄셈에 대해서 배울 것입니다. | | |
| | | · 차시 예고와 과제를 제시한다. | · 차시내용을 확인한다. | | |

### 3.1.1 수와 연산(7-가)

**활동지** 바둑돌 계산

반 조 이름 :

**◇ 준비물은?**

흰 바둑알, 검정 바둑알 각 10개 정도

옛날 원시인들은 다음과 같은 방법으로 계산을 하였다고 한다. 함께 이 규칙을 따라가 봅시다.

**◇ 예제 1** $(-3)+(+5)=2$

●●● + ○○○○○ = ●●● + ○○○ ○○ = ○○

(1) 검은 돌 3개를 놓은 후 흰 돌 5개를 같이 놓는다.
(2) 같은 수의 흰 돌과 검의 돌을 더하면 0이 되므로 검은 돌 3개와 흰 돌 3개를 함께 덜어 낸다.
(3) 흰 돌 2개가 남는다.
(4) 따라서 (-3)+(+5)=2 이다.

**◇ 예제 2** $(+3)+(-5)=-2$

○○○ + ●●●●● = ○○○ + ●●● ●● = ●●

(1) 흰 돌 3개를 가져와 놓은 후 검은 돌 5개를 가져와 같이 놓는다.
(2) 같은 수의 흰 돌과 검의 돌을 더하면 0이 되므로 흰 돌 3개와 검은 돌 3개를 함께 덜어 낸다.
(3) 검은 돌 2개가 남는다.
(4) 따라서 (+3) + (-5) =-2 이다.

▶ 바둑돌을 이용하여 다음을 계산하세요.

(1) $(+3)+(+4)=$ (2) $(-4)+(-3)=$

(3) $(-4)+(+2)=$ (4) $(-1)+(+5)=$

▶ 바둑돌 계산의 결과를 이용하여 다음을 계산하세요.

(5) $(+7)+(+5)=$ (6) $(-97)+(-10)=$

(7) $(+2)+(-11)=$ (8) $(-29)+(+41)=$

▶ 바둑돌 계산을 통하여 다음을 토론해 보세요.

하나, 같은 부호의 덧셈일 때 계산 방법은 어떤 것이 있나요?

둘, 다른 부호의 덧셈일 때 계산 방법은 어떤 것이 있나요?

### 3.1.2 정수와 유리수(7-가)

**활동지** 수직선 이야기수

____ 반 ____ 조 이름: ________________

**다음 수직선을 이용해서 덧셈의 원리를 찾아보도록 합시다.**

**◇ 준비물은?**

컴퓨터의 수직선 프로그램, 학습지

**1. 덧 셈**

**◇ 예제1** $(-3)+(+5)=2$

(1) 주어진 프로그램을 실행시킨다.(c:work-수학 폴더의 파일명: 덧셈(수직선).swf)
(2) 왼쪽 상자에 ↓를 3번 클릭해서 -3을 만든 후 나타난 캐릭터를 클릭한다.
(3) 오른쪽 상자에 ↑를 5번 클릭해서 +5를 만든 후 나타난 캐릭터를 클릭한다.
(4) 수직선을 보고 답을 확인한다.
(여기에서 덧셈의 원리를 발견할 수 없을 시에는 정답을 확인해서 힌트를 얻는다.)
(5) 다음 계산시 Reset을 클릭한다.

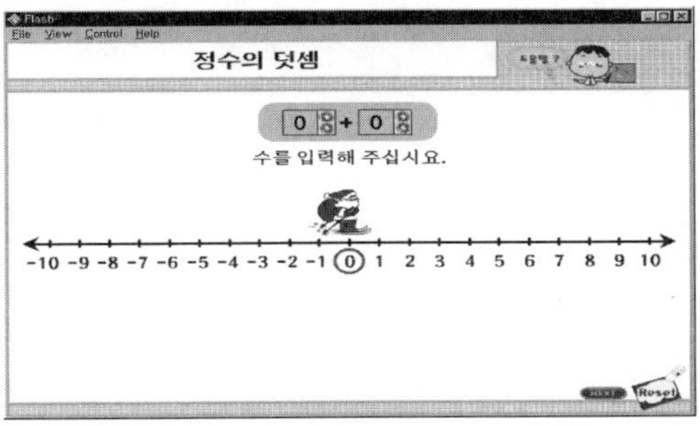


**◇ 예제 2** $(+3)+(-5)=-2$

▶ 수직선을 이용하여 다음을 계산하세요.

(1) $(+3)+(+4)=$ (2) $(-4)+(-3)=$

(3) $(-4)+(+2)=$　　　　(4) $(-1)+(+5)=$

▶ 수직선 계산의 결과를 이용하여 다음을 계산하세요.

(5) $(+7)+(+5)=$　　　　(6) $(-97)+(-10)=$

(7) $(+2)+(-11)=$　　　　(8) $(-29)+(+41)=$

▶ 수직선 계산법을 통하여 다음을 토론해 보세요.

하나, 같은 부호의 덧셈일 때의 계산 방법은 어떤 것이 있나요?

둘, 다른 부호의 덧셈일 때의 계산 방법은 어떤 것이 있나요?

### 3.1.3 수와 연산(7-가)

**활동지** 유리수의 덧셈

____ 반 ____ 조 이름: ________________

◇ **주어진 문제를 잘 읽고 계산 결과를 다음 빙고 용지에 적어 보세요.**

(단, 모든 조원이 참여할수록 결과는 빠르게 나타나며, 모든 조원은 그 과정을 설명할 수 있어야 한다.)

1. $(-4)+(+7)$
2. $(-12)+(-13)$
3. $\left(+\frac{1}{2}\right)+(-3)$
4. $\left(-\frac{4}{3}\right)+\left(-\frac{8}{3}\right)$
5. $(-15)+(+15)$
6. $(-\frac{5}{2})+(+\frac{5}{3})$
7. $\left(-\frac{1}{3}\right)+\left(+\frac{1}{2}\right)$
8. $\left(+\frac{7}{2}\right)+(-2)$
9. $(-20)+(+15)$

| | | |
|---|---|---|
| | | |
| | | |

### 3.1.4 인수분해(9-가)

**활동지** 복잡한 건 싫어

____ 반 ____ 조 이름: ________________

**◇ 마법사가 어떻게 우리 마을을 알았는지, 우리도 마법사의 마음을 알아보자.**

① 연속한 세 자연수를 생각한다. 가운데 수의 제곱에서 1을 뺀 수를 이용하여, 세 자연수를 구하려고 한다. 어떻게 구할 수 있을까?

② 연속한 두 짝수를 생각한다. 두 수 곱에 1을 더한 수를 이용하여, 두 짝수를 구하려고 한다. 어떻게 구할 수 있을까?

③ 연속한 두 짝수를 생각한다. 두 수 제곱의 차를 이용하여, 두 짝수를 구하려고 한다. 어떻게 구할 수 있을까?

④ 연속한 두 홀수를 생각한다. 두 수 제곱의 차를 이용하여, 두 홀수를 구하려고 한다. 어떻게 구할 수 있을까?

⑤ 연속한 세 자연수를 생각한다. 세 수를 곱해서 가운데 숫자를 더한 수를 이용하여, 세 자연수를 구하려고 한다. 어떻게 구할 수 있을까?

① 세 숫자를 생각하여 "계산된 값을 입력하세요." 밑에 있는 입력 박스 창에 계산된 숫자를 입력하여 확인할 수 있다. 수정키[Delete키, BackSpace키]를 이용하여 여러 번 실험할 수 있다.
② 재시작 버튼을 클릭하면 실험관찰의 첫 화면으로 이동한다.
③ 확인 버튼을 클릭하면 생각한 세 숫자가 화면에 나타나게 된다.

### 3.1.5 집합(7-가)

**태양계에 있는 행성을 찾을 수 있을까?**

1. 다음 그림에서 색칠된 부분은 각각 집합 U, A, B, C를 나타낸다고 한다. 아래 도형들을 밴다이어그램으로 생각하고 풀 수 있을까?

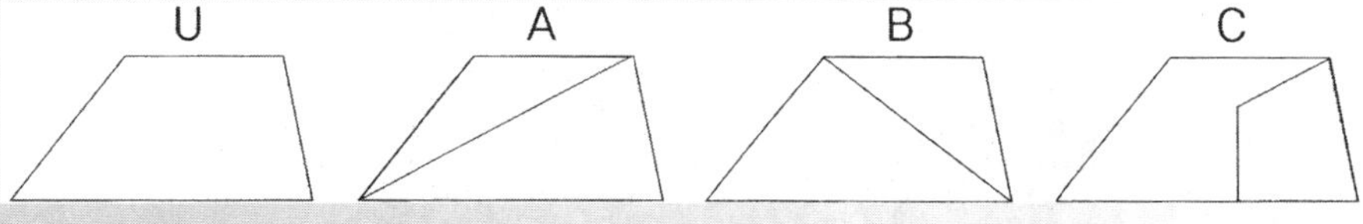


집합을 나타내는 영역에 색칠을 해 볼까요?

(1) $A \cup B$

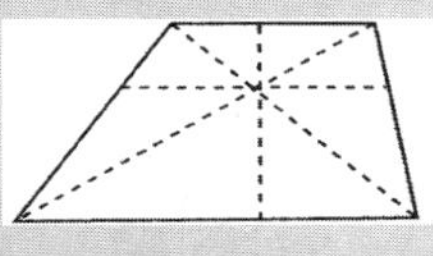

(2) $A \cap B$

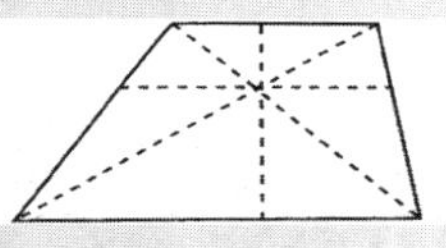

(3) $C \cap B$

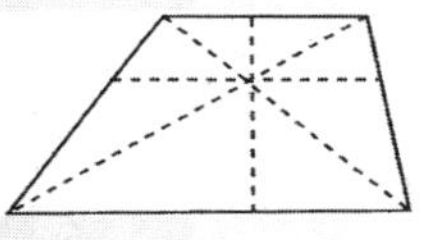

(1) $A \cup C$

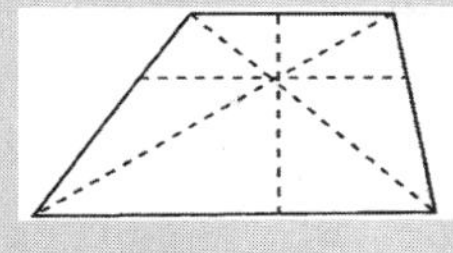

(2) A-B

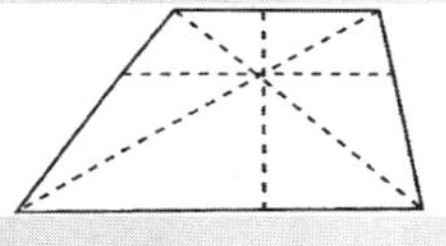

(3) B-A

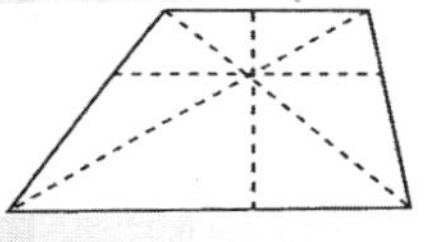

밴다이어그램의 뜻을 알아 볼까요?

경남 교수 학습 지원센터 교육포털(www.gnedu.net) 홈페이지 내 '우수 콘텐츠'의 창의력 개발 콘텐츠(중학교 수학)

### 3.1.6 공약수·공배수(7-가)

**특명! 마지막 수를 지워라.**

1. 정체 개수가 25개인 경우를 예를 들어보자. 한 번에 최대 3개까지 지울 수 있으므로 마지막 수를 지우기 위해 그 앞의 나의 순번에 지워야하는 수는 어디까지인가?

2. 그 수를 지우기 위해 내가 반드시 지워야 할 수들을 역으로 계속 찾아보아라.

3. 그 수들의 공통점들을 발견해보자.

4. 이 게임에서 반드시 이기기 위한 조건을 생각해보자.

   ① 처음에 지춰야하는 수는 무엇인가?

   ② 그 다음부터 어떤 규칙을 따라 지워야하나?

   ③ 전체 개수와 어떤 관계가 있는가?

   ④ 게임 순서와는 어떤 관련이 있는가?

### 3.1.7 유리수와 순환소수(8-가)

**이집트 분수를 알아보자.**

**피자 3판을 7명이 나누어 먹는 경우를 이집트 분수를 사용하여 나타내는 과정이다. 문제에 알맞은 답을 적어보자.**

① 3판을 7명이 나누어 먹을 때 한 사람이 먹는 양을 분수로 표현해보자. $\frac{\square}{\square}$

② 문제 1의 답보다 작은 단위 분수 중 가장 큰 것은 무엇인가? $\frac{\square}{\square}$

③ 문제 1의 답과 문제 2의 답의 차이는 얼마인가? $\frac{\square}{\square} + \frac{\square}{\square} = \frac{\square}{\square}$

문제(1) 문제(2)

④ 문제 3의 답이 단위분수인가? □ 예 □ 아니오

⑤ 문제 4에서 '아니오'를 선택하였다면 문제 3의 답보다 작은 단위 분수 중 가장 큰 것은무엇인가? $\frac{\square}{\square}$

⑥ 문제 3의 답과 문제 5의 답의 차이는 얼마인가? $\frac{\square}{\square} + \frac{\square}{\square} = \frac{\square}{\square}$

문제(3) 문제(4)

⑦ 문제 5의 답이 단위분수인가? □ 예 □ 아니오

⑧ 문제 7에서 '예'를 선택하였다면 다음을 완성하여보자.

$$\frac{\square}{\square} = \frac{\square}{\square} + \frac{\square}{\square} + \frac{\square}{\square}$$

문제(1) 문제(2) 문제(3) 문제(4)

⑨ 문제 8의 각 분수를 소수로 나타내어보자.

$\frac{\square}{\square} = \square$ 문제(1)

$\frac{\square}{\square} = \square$ 문제(1)

$\frac{\square}{\square} = \square$ 문제(1)

$\frac{\square}{\square} = \square$ 문제(1)

## 3.2 대수

이 절에서는 대수에 관련된 수업안을 소개하고, 수업에서 활용할 수 있는 대수에 관련된 활동지(3.2.1 참조)를 수록하였다.

다음은 9단계의 이차함수에 대한 수업안이다.

| 수 학 과 본 시 수 업 안 | | | | | |
|---|---|---|---|---|---|
| 단원 | Ⅳ.1. 이차함수와 그래프<br>2) 이차함수$y = ax^2$의 그래프 | 대상 | 3학년 | 장소 | 3학년 1반 교실<br>(선진화 교실) |
| 수업 목표 | 이차함수 $y = ax^2$의 그래프의 성질을 말할 수 있다. | | | | |
| 수업 자료 | 교 사 | | | 학 생 | |
| | 교과서, 컴퓨터, 캠코더, 원격수업 자료, 캔디, 레이저 포인트, 수업안, 마인드맵, 도전문제지, 형성평가지, 토론학습지 | | | 교과서, 노트, 자, 향상점수표(조장), 학습조사자료, 빙고 용지, 과제학습지 | |

| 수업 단계 | 수업내용 | 교수-학습 활동: 교사 | 교수-학습 활동: 학생 | 학습 형태 | 수업 자료 |
|---|---|---|---|---|---|
| 도입 | · 학습 환경 정비<br><br>· 과제확인<br>:우리 주변에서 볼 수 있는 포물선 모양 그래프 조사 | · 인사 및 출결 확인<br>· 학습 분위기 조성<br><br>· 전시 학습 내용에 관한 원격 수업(심화) 과제의 해결 정도를 조사<br>T:우리 주변에서 찾아볼 수 있는 포물선에 대해서 조사해 보았나요?<br>T:발표한 자료들이 모두 포물선 모양이 맞을까요? | · 인사<br>· 수업 준비 확인<br><br>· 원격 수업의 심화 문제해결<br><br>S:조사한 포물선에 대한 그림을 발표한다.<br><br>S:포물선 모양인지를 생각한다. | 일제 학습 | ·원격 강의실<br><br>·PPT 자료 (참고 자료) |
| 전개 | · 수업 목표 제시<br><br>· 이차함수 $y = ax^2$의 그래프의 성질 | T:이차함수 그래프인 포물선에서 a의 값에 따라서 그래프가 어떻게 바뀔 것인지 한 번 상상해 보세요?<br>T:지난 시간에 과제로 제시한 6개의 포물선의 그래프를 모두 그려보았나요?<br>T:그래프의 모양이 서로 어떠한가요?<br>T:지금부터 여러분들이 과제로 그려온 그래프로 $a$의 값에 따르는 그래프의 모양 변화를 발견해 보세요.<br>(중략) | · 수업 목표에 대해서 궁금하게 생각한다.<br><br>S:예.<br><br>S:그래프의 모양이 서로 달라요.<br>S:조별 학습을 통해서 $a$의 값에 따르는 그래프의 모양 변화를 관찰하고, 성질을 발견한다.<br>(중략) | 일제 학습<br><br>조별 학습 | ·PPT 자료 |

<table>
<tr><th rowspan="2">수업<br>단계</th><th rowspan="2">수업내용</th><th colspan="2">교수-학습 활동</th><th rowspan="2">학습<br>형태</th><th rowspan="2">수업<br>자료</th></tr>
<tr><th>교사</th><th>학생</th></tr>
<tr><td>전<br>개</td><td>· 조별 토론 학습을 통한 그래프의 성질 찾기</td><td>T:지금부터 여러분들이 발견한 내용을 빙고용지에 모두 적어 보세요.<br>T:먼저 완성한 조부터 성질을 발표해 볼까요? 성질은 구체적으로 그리고 많이 찾을수록 좋습니다.<br>[참고자료 참조]<br>T:$a$의 값에 따라 변하는 것은 무엇인가요?<br>T:다른 말로 표현하면?<br>T:구체적으로 말하면?<br>T:또 변하는 것은 무엇인가요?<br>T:구체적으로 말하면?<br>(이하 생략)</td><td>S:토론하면서 찾은 성질을 빙고 용지에 기록한다.<br>S:발견한 성질을 발표하면서 빙고 게임을 한다.<br>S:그래프의 모양이 변합니다.<br>S:그래프의 방향이 바뀝니다.<br>S: $a$의 값이 양이면 아래로 볼록한 포물선이고, 음이면 위로 볼록한 포물선입니다.<br>S:그래프의 폭이 변합니다.<br>S:절대값이 클수록 폭이 좁아집니다.<br>(이하 생략)</td><td>토론<br>활동<br><br>협동<br>학습</td><td>·빙고<br>용지<br><br>·과제<br>학습<br>지</td></tr>
<tr><td>정<br>리</td><td>· 수업 내용 정리<br><br>· 형성평가<br><br>· 과제 제시 및 차시예고</td><td>T:이번 시간에 우리가 배운 내용을 정리하여 볼까요?<br>T:$a$의 값에 따라 알 수 있는 그래프의 성질을 모두 말해 볼까요?<br><br>· 형성평가 실시<br><br>T:오늘 조사한 그래프에 대한 $a$의 값에 대해서 생각해 보세요?<br>T:이 그래프의 성질을 이용해서 우리가 해결할 수 있는 또 다른 문제는 무엇이 있을까요?<br>· 차시 예고와 과제를 제시한다.</td><td>S:$a$의 값의 변화에 따르는 그래프의 성질을 말한다.<br>S:(생각한 후) 생각나는 대로 대답한다.<br><br>형성평가 실시<br><br>· 배운 내용을 확인한다.<br><br>· 차시 수업내용에 대해서 생각한다.</td><td>일제<br>학습<br><br>개별<br>학습<br>일제<br>학습</td><td>·PPT<br>자료<br><br><br>·PPT<br>자료</td></tr>
</table>

### 3.2.1 규칙성과 함수(9-가)

1) 학생발표자료 : 우리주변에 존재하는 포물선 모양의 물건

[남해대교]

[금문교]

[파라볼라 안테나]

[하버브리지]

2) **이차함수 $y=ax^2$의 성질**

| | |
|---|---|
| ① 원점을 꼭지점으로 한다. | ② y축을 (대칭)축으로 한다. |
| ③ 포물선이다. | ④ a > 0, 아래로 볼록하다. |
| ⑤ a > 0, 위로 오목하다. | ⑥ a < 0, 위로 볼록하다. |
| ⑦ a < 0, 아래로 오목하다. | ⑧ a의 절대값이 클수록 폭이 좁다. |
| ⑨ $y=-ax^2$과 x축에 대칭이다. | ⑩ a의 절대값이 같으면 폭이 같다. |
| ⑪ a의 절대값이 적을수록 폭이 넓다. | |

### 3) 형성평가 문제지

* 다음 이차함수에서 그래프의 모양에 대해서 물음에 답하시오.

| | |
|---|---|
| ① $y=\frac{1}{2}x^2$ | ② $y=-2x^2$ |
| ③ $y=-\frac{1}{2}x^2$ | ④ $y=-4x^2$ |
| ⑤ $y=\frac{1}{3}x^2$ | ⑥ $y=3x^2$ |

1. 위로 볼록한 그래프는?(3점) (                    )
2. 그래프의 폭이 가장 좁은 것은?(2점) (                    )
3. 그래프의 모양(폭)이 서로 같은 것은?(2점) (          와          )

4. 다음 그림의 두 포물선 모양의 다리가 $y=ax^2$식으로 나타난다고 하자. 이때, 아래 다리의 포물선의 식이 $y=-x^2$이라면 위의 다리의 포물선의 식이 될 수 있는 것은?(3점)

① $y=2x^2$　　② $y=-2x^2$

③ $y=\frac{1}{2}x^2$　　④ $y=-\frac{1}{2}x^2$

## 3.3 기하

이 절에서는 기하에 관련된 수업안을 소개하고, 수업에서 활용할 수 있는 기하에 관한 활동지들(3.3.1~3.3.4 참조)을 수록하였다.

### 가. 정다면체

다음은 7단계의 정다면체에 대한 수업안이다.

| 수 학 과 본 시 수 업 안 | | | | | |
|---|---|---|---|---|---|
| 단원 | Ⅱ. 2. 입체도형의 성질<br>§1-2 정다면체 | 대상 | 1학년 1반 | 장소 | 수학교과실<br>(ICT모둠학습실) |
| 수업목표 | 정다면체의 뜻을 알고 정다면체의 성질을 알 수 있다. | | | | |
| 수업자료 | 교 사 | | | 학 생 | |
| | 교과서, 수업안, 자, PPT 자료, 실물화상기, 학습지, 형성평가지, 주사위 12개 | | | 교과서, 노트, 소집단별 정삼각형 30개 정도, 정사각형 10개, 정오각형 12개, 정육각형 3개, 스카치테이프, 가위 | |

| 수업단계 | 수업내용 | 교수-학습 활동: 교사 | 교수-학습 활동: 학생 | 학습형태 | 수업자료 |
|---|---|---|---|---|---|
| 도입 | · 학습 환경 정비 | · 인사 및 출결 확인<br>· 학습 분위기 조성<br>· 전시 학습 내용에 관한 원격 수업(심화) 과제의 해결 정도를 조사 | · 인사<br>· 수업 준비 확인<br>· 원격 수업의 심화 문제해결 | 일제학습 | ·원격 강의실 |
| | · 전시 학습 내용 확인<br><생각열기><br>주사위를 보여주며 주사위의 특징을 아는 대로 말해보기 | T:주사위를 살펴보고 이 주사위의 특징을 아는 대로 말해 보세요?<br>T:이러한 주사위와 같은 특징을 가진 다면체를 무엇이라고 할 수 있을까요?<br>T:이와 같은 정다면체는 어떠한 것이 있을까요? | S:아는 대로 대답한다.<br>· 여러 가지 대답 후 결국 정다면체라는 말이 나온다.<br>· 호기심을 가진다. | | ·주사위 |
| 전개 | · 수업 목표 제시 | T:이번 시간에는 주사위와 같은 성질을 가진 정다면체의 종류와 성질에 대해서 알아 보겠습니다.<br>T:그 이전에 먼저 정다면체의 조건에 대하서 다시 한 번 말해 볼까요? | · 수업 목표에 대해서 궁금하게 생각한다.<br>S:모든 면이 합동이다.<br>S:모든 면이 정다각형이다.<br>S:각 꼭지점에 모인 면의 수가 같다.<br>· 생각한다. | 일제학습 | ·PPT 자료 |
| | · 정다면체의 조건 알기 | T:그럼 이 분필통은 정다면체가 될 수 있을까요? (자료 제시)<br>T:정다면체의 세 가지 조건 중에서 만족하는 조건은 무엇인가요? | S:세 꼭지점에 모인 면의 수가 같아요.<br>S:모든 면이 합동이 아니고, 모든 면이 정사각형이 아닙니다. | 일제<br>·<br>개별학습 | ·직육면체 모양의 분필통 |

| 수업단계 | 수업내용 | 교수-학습 활동 | | 학습형태 | 수업자료 |
|---|---|---|---|---|---|
| | | 교사 | 학생 | | |
| 전개 | | T:정다면체의 조건 중에서 만족하지 않는 것은 무엇인가요? | | | |
| | | T:잘 알았습니다. 그러면 지금부터 또 다른 정다면체는 어떠한 것들이 있는지 생각해 봅시다. | ·생각한다 | 협동학습 | ·정다각형, 스카치테이프, 가위 |
| | ·구체적 조작활동을 통한 정다면체 만들기 | ·순회 지도를 하면서 소집단별 수준에 알맞은 발문을 한다. | ·구체적 조작 활동을 한다. | | |
| | | (중략) | (중략) | | |
| | | T:이제 여러분들이 제작한 정다면체는 모두 몇 가지인가요? | S1:다섯 가지 종류입니다. | | |
| | | T:다섯 가지의 이름을 모두 말할 수 있을까요? | S2:정사면체, 정육면체, 정팔면체, 정십이면체, 정이십면체입니다. | 일제학습 | ·정다면체의 성질에 대한 학습지 |
| | | T:지금부터 여러분들이 작성한 학습지를 보면서 정다면체의 성질에 대해서 말해 볼까요? | S:정다면체의 성질에 대해서 묻는 대로 답한다. | | |
| | | T:정다면체의 종류는 다섯 가지 이외에 또 더 있을까요? | S:생각한다. | | |
| | | T:없다면 왜 없을까요? | S:생각나는 대로 대답한다. | | |
| 정리 | ·수업 내용 정리 | T:자, 그럼 이번 시간에 우리가 배운 내용을 정리하여 볼까요? | S:(생각한 후) 차례대로 답한다. | 일제학습 | ·PPT 자료 |
| | | T:정다면체의 뜻은 무엇인가요? | S:생각한 후 나름대로 대답한다. | | |
| | | T:정다면체의 종류는 몇 가지인가요? | S:다섯 가지입니다. | | |
| | | T:정다면체의 종류는 왜 다섯 가지밖에 없나요? | S:배운 대로 대답한다. | | |
| | | T:각 정다면체의 성질을 말해 볼까요? | S:각 정다면체의 성질을 말한다. | 개별학습 | |
| | ·형성평가 | ·형성평가 실시 | ·형성평가 실시 | 일제학습 | ·PPT 자료 |
| | ·과제 제시 및 차시 예고 | ·차시 예고와 과제(원격수업 수강-수준별 과제)를 제시한다. | ·차시 수업 내용에 대해서 생각한다. | | ·원격수업 자료 |

## 나. 외심

다음은 8단계의 삼각형의 외심과 외접원에 대한 수업안이다.

<table>
<tr><th colspan="6">수 학 과 본 시 수 업 안</th></tr>
<tr><td>단원</td><td>Ⅱ. 도형의 성질<br>1. 삼각형의 성질<br>§4. 삼각형의 외심과 내심</td><td>대상</td><td>2학년 8반</td><td>장소</td><td>2학년 8반 교실<br>(선진화 교실)</td></tr>
<tr><td>수업<br>목표</td><td colspan="5">삼각형의 외심과 외접원의 뜻을 알고 이를 활용할 수 있다.</td></tr>
<tr><td rowspan="2">수업<br>자료</td><td colspan="2">교 사</td><td colspan="3">학 생</td></tr>
<tr><td colspan="2">교과서, 수업안, 자, 컴퓨터, PPT자료, 실물화상기, 삼각형 모양의 종이, 실생활 활용 학습지, 형성평가지</td><td colspan="3">교과서, 노트, 컴퍼스, 자, 필기도구, 사인펜, 풀, 삼각형 모양의 종이, B4용지</td></tr>
</table>

<table>
<tr><th rowspan="2">수업<br>단계</th><th rowspan="2">수업내용</th><th colspan="2">교수-학습 활동</th><th rowspan="2">학습<br>형태</th><th rowspan="2">수업<br>자료</th></tr>
<tr><th>교사</th><th>학생</th></tr>
<tr><td>도<br>입</td><td>· 학습 환경 정비<br><br>· 전시 학습 내용 확인<br><생각열기> 평양 시내에 세 지점으로부터 같은 거리에 있는 위치에 이동통신 중계기 설치하기</td><td>· 인사 및 출결 확인<br>· 학습 분위기 조성<br>· 전시 학습 내용에 관한 원격 수업(심화) 과제의 해결 정도를 조사<br>T:다음 그림에서 중계기를 어떤 지점에 설치하면 좋을까요?<br>T:세 지점에서 같은 거리에 있는 지점은 어떻게 찾아낼 수 있을까요?<br>T:이번 시간 수업이 끝나면 여러분들은 이 지점을 찾아낼 수 있게 될 것입니다.</td><td>· 인사<br>· 수업 준비 확인<br>· 원격 수업의 심화 문제해결<br><br>S:세 지점에서 같은 거리에 있는 점에 설치합니다.<br><br>· 생각한다.<br><br>· 호기심을 가진다.</td><td>일제<br>학습</td><td>·원격 강의실<br><br>·PPT 자료</td></tr>
<tr><td>전<br>개</td><td>· 수업 목표 제시<br><br>· 내접하는 삼각형과 외접하는 원의 모양 제시</td><td>T:이번 시간에는 이것을 해결하기 위해서 어떠한 것을 배우게 될까요?<br>T:그 이전에 먼저 새로운 두 가지의 용어에 대해서 알아 봅시다.<br>T:외접과 외접원이라는 용어는 어떻게 정의할 수 있을까요?(자료 제시)<br><br>T:밖에서라는 말은 구체적으로 무엇을 뜻하나요?</td><td>· 수업 목표에 대해서 궁금하게 생각한다.<br><br>S:외접은 밖에서 접한다는 의미입니다.<br>S:외접원은 밖에서 접하는 원입니다.<br>S:도형의 밖이라는 뜻입니다.</td><td>일제<br>학습<br><br>일제<br>·<br>개별<br>학습</td><td>·PPT 자료<br><br>·PPT 자료</td></tr>
</table>

| 수업<br>단계 | 수업내용 | 교수-학습 활동 | | 학습<br>형태 | 수업<br>자료 |
|---|---|---|---|---|---|
| | | 교사 | 학생 | | |
| 전<br>개 | · 구체적<br>조작활동<br>을 통한<br>삼각형의<br>외심<br>찾기 | T:예, 잘 알았습니다. 이번 시간에 배울 내용은 먼저 주어진 삼각형의 외심을 찾아내는 것입니다. 외심은 어떻게 찾을 수 있을까요? | S1:외접원을 적당히 잘 그리면 찾을 수 있을 것 같습니다.<br>S2:외접원보다 외심을 찾아야 외접원을 그릴 수 있을 것 같은데요. | 일제<br>학습 | 삼각<br>형<br>모양<br>의<br>종이 |
| | | T:그럼, 어렵게 생각하지 말고 소집단별로 주어진 삼각형을 가지고 접어가면서 외심을 한 번 찾아볼까요? | · 소집단 학습을 통한 외심을 찾는 작업을 한다. | 협동<br>학습 | |
| | | · 순회 지도를 하면서 소집단별 수준에 알맞은 발문을 한다.<br>(중략) | · 구체적 조작 활동을 한다.<br>(중략) | 조작<br>활동 | |
| | | T:이제 처음 여러분들에게 제시한 그림에서 중계기를 어떻게 설치를 해야 할까요?<br>T:구체적으로 어떻게 찾을 수 있을까요? | S1:세 지점에서 같은 거리에 있는 점에 설치합니다.<br>S2:외심을 이용하면 될 것입니다.<br>S3:세 지점을 연결한 삼각형의 외심을 찾으면 됩니다. | 일제<br>학습 | |
| 정<br>·<br>리 | · 수업<br>내용<br>정리 | T:이번 시간에 우리가 배운 내용을 정리하여 볼까요?<br>T:외심의 성질은 어떠한 것들이 있었나요? | S1:외심, 외접원의 뜻과 외심 찾는 방법에 대해서 배웠습니다<br>S1:세 꼭지점에서 같은 거리에 있는 점입니다.<br>S2:세 변의 수직 이등분선의 교점입니다. | 일제<br>학습 | ·PPT<br>자료 |
| | · 형성평가 | · 형성평가 실시 | 형성평가 실시 | 개별<br>학습 | |
| | · 과제<br>제시<br>및<br>차시예고 | T:그 이외에 외심과 관련되는 것들은 무엇이 있나요?<br>T:외심을 이용해서 우리가 해결할 수 있는 또 다른 문제는 무엇이 있을까요?<br>· 학생들의 답에 대해서 교정 작업을 해 준다.<br>· 차시 예고와 과제를 제시한다. | S:(생각한 후) 생각나는 대로 대답한다.<br>· 생각한 후 나름대로 대답한다.<br>· 배운 내용을 확인한다.<br>· 차시 수업 내용에 대해서 생각한다. | 일제<br>학습 | ·PPT<br>자료 |

### 3.3.1 삼각형의 무게중심(8-나)

**내 무게의 중심은 어디일까?**

어떤 종류의 삼각형이든지 삼각형의 세 중선은 한 점에서 만나고 그 점은 무게중심이 된다. 이 점에 손가락을 대거나 연필을 대면 삼각형이 떨어지지 않고 수평을 유지할 수 있다.

**1. 직접 실험해보자.**

1) 준비물 : 삼각형 모양의 두꺼운 종이, 연필, 자

2) 실험방법 :

① 삼각형 모양의 두꺼운 종이를 준비하여 연필의 뾰족한 부분 위에 수평을 유지하도록 올려놓는다.

② 위의 과정을 여러 번 시행하도록 하고, 수평을 이룬 점을 찾아 표시한다.

③ 삼각형의 한 꼭지점에서 ②에서 찾은 점을 지나는 선을 긋는다.

④ ③에서 그은 선이 삼각형의 변과 만난 점이 변의 중점인지 확인한다.

**2. 삼각형의 넓이(무게)를 반으로 나누는 선을 찾아보자.**

**3. 삼각형의 무게중심을 찾아보자.**

경남 교수 학습 지원센터 교육포털(www.gnedu.net) 홈페이지 내 '우수 콘텐츠'의 창의력 개발 콘텐츠(중학교 수학)

### 3.3.2 도형의 기초(7-나)

**빠짐없이 한 번에 갈 수 있을까?**

1. 다음 도형들은 한붓그리기가 가능한지 알아보자.

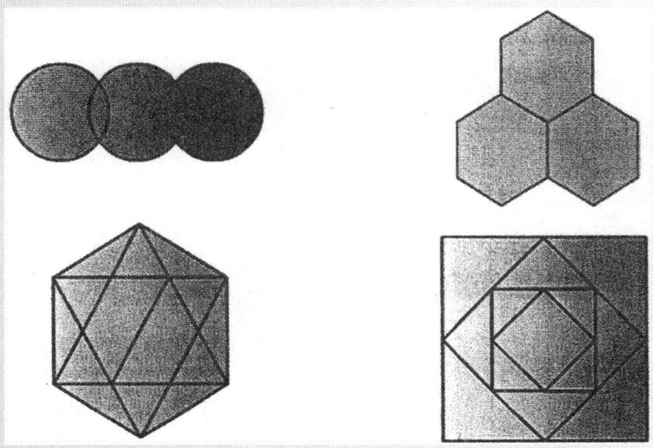

2. 한 번도 떼지 않으면서, 같은 선 위를 반복해서 지나지 않게 그릴 수 있는 다른 도형을 찾아보자.

3. 제시된 판에서 점과 선을 선택하여 다양한 도형을 만들어 보면서 한붓그리기의 비밀을 알아보자.

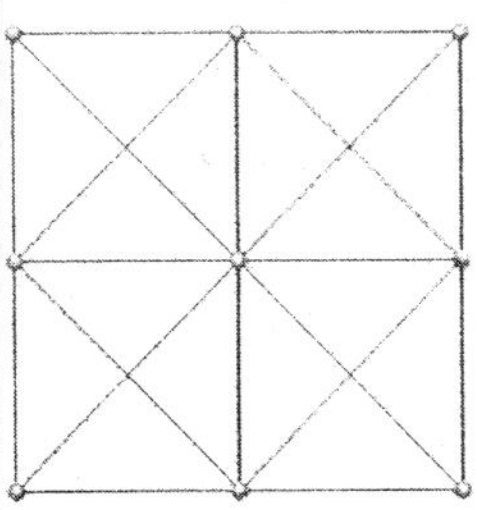

| 만든 도형 | 홀수 점의 개수 | 짝수 점의 개수 | 한붓그리기 여부 |
|---|---|---|---|
| | | | |
| | | | |
| | | | |

홀수 점 짝수 점

### 3.3.3 원과 직선(9-나)

**원의 세계로 빠져봅시다.**

**평행하지 않는 두 직선과 원이 만나서 생기는 선분의 교정이 원의 내부에 생기는 경우에 대해 생각해보자.**

① 원 위에 두 점을 찍고 선분을 그어보자.

② 이미 그려놓은 선분과의 교점이 원의 내부에 생기도록 원 위에 두 점을 찍고 선분을 그어보자.

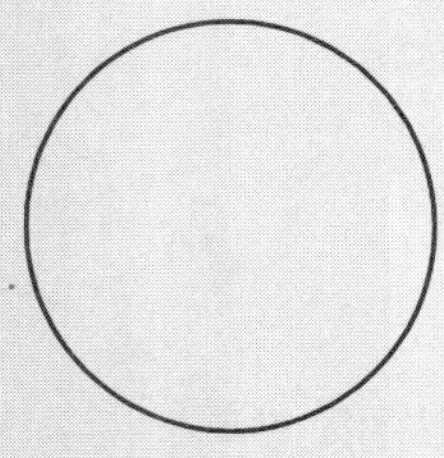

③ 원 위의 네 점과 원의 내부에 생기는 교점으로 이루어진 선분 사이에는 어떤 비례 관계가 있는가?

**평행하지 않는 두 직선과 원이 만나서 생기는 선분의 교점이 원의 외부에 생기는 경우에 대해 생각해보자.**

① 원 위에 두 점을 찍고 선분을 그어보자.

② 이미 그려놓은 선분과의 교점이 원의 외부에 생기도록 원 위에 두 점을 찍고 선분을 그어보자.

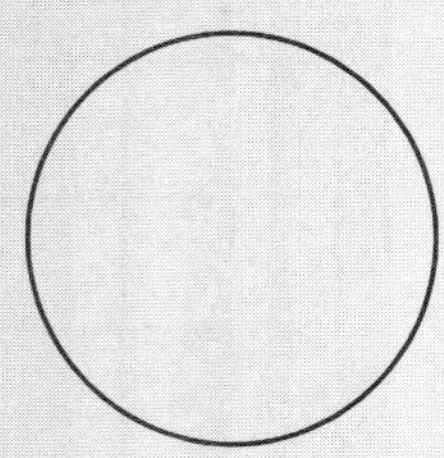

③ 원 위의 네 점과 원의 외부에 생기는 교점으로 이루어진 선분 사이에는 어떤 비례 관계가 있는가?

### 3.3.4 다각형(7-나)

**한지공예 작품 만들기**

**다음 그림을 보고 물음에 알맞은 답을 적어보자.**

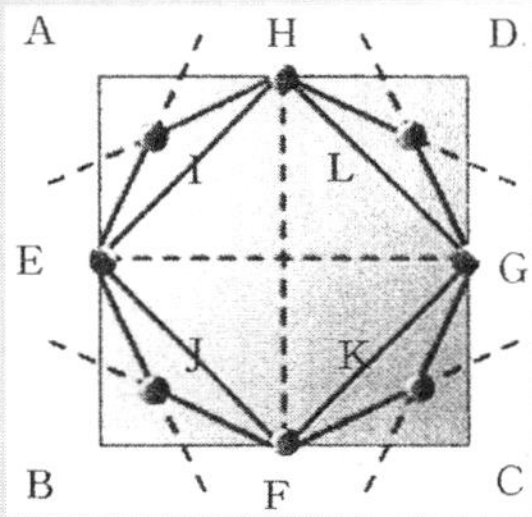


① 사각형 EFGH는 어떤 사각형인가?

② ∠HEF=∠EFG=∠FGH=∠GHE의 크기는 얼마인가?

③ △HAE, △EBH, △FCG, △GDH는 모두 합동인 ( ) 삼각형이다.

④ △HAE, △EBF, △FCG, △GDH는 양 끝각의 크기는 모두 ( )이다.

⑤ 점 I, J, K, L을 만들어내는 선분들의 특징은 무엇인가?

⑥ ∠AEI=∠IEH=∠AHI=∠IHE의 크기는 얼마인가?
(나머지 삼격형 △EBF, △FCG, △GDH에서도 같은 종류의 각의 크기를 모두 확인해보자.)

⑦ △HIE, △EJF, △FKG, △GLH는 합동인 ( ) 삼각형이므로 대응하는 변의 길이는 모두 같다.

⑧ ∠HIE=∠IEJ=∠EJF=∠JFK=∠FKG=∠KGL=∠GLH=∠LHI이고, 이 중 한 각의 크기는 ( )+( )+( )=( )이다.
(팔각형의 나머지 각의 크기도 모두 확인해보자.)

⑨ 팔각형 HIEJFKGL은 모든 변의 길이가 같고 모든 내각의 크기가 같으므로 ( )이며 내각의 크기의 총합은 ( )이다.

## 3.4 측정

이 절에서는 측정에 관련된 수업안을 소개하고, 수업에서 활용할 수 있는 기하에 관한 활동지들(3.4.1~3.4.4 참조)을 수록하였다.

다음은 7단계의 도형의 측정에 대한 수업안이다.

<table>
<tr><th colspan="6">수 학 과 본 시 수 업 안</th></tr>
<tr><td>단원</td><td>Ⅳ. 1. 입체도형의 측정<br>§1. 기둥의 부피</td><td>대상</td><td>1학년</td><td>장소</td><td>수학교과실</td></tr>
<tr><td>수업<br>목표</td><td colspan="5">기둥의 부피를 구할 수 있다.</td></tr>
<tr><td rowspan="2">수업<br>자료</td><td colspan="3">교 사</td><td colspan="2">학 생</td></tr>
<tr><td colspan="3">교과서, 수업안, 여러 가지 입체 사진 자료 및 실물, 컴퓨터, PPT 자료, 형성평가지, MM, 100원 동전 20개 정도</td><td colspan="2">교과서, 노트, 사진 자료 및 실물</td></tr>
</table>

<table>
<tr><th rowspan="2">수업<br>단계</th><th rowspan="2">수업내용</th><th colspan="2">교수-학습 활동</th><th rowspan="2">학습<br>형태</th><th rowspan="2">수업<br>자료</th></tr>
<tr><th>교사</th><th>학생</th></tr>
<tr><td rowspan="3">도<br>입</td><td>학습 환경 정비<br><br>전시 학습 내용 확인</td><td>· 인사 및 출결 확인<br>· 학습 분위기 조성<br>· 전시 학습 내용에 수업 내용을 MM과 발문을 통해서 정리 및 확인한다.</td><td>· 인사<br>· 수업 준비 확인<br>· 원격 수업의 심화 문제해결</td><td rowspan="3">일제<br>학습</td><td>·MM</td></tr>
<tr><td rowspan="2"><생각열기><br>준비된 사진 자료와 실물을 제시하면서 이것들의 부피를 어떻게 구할 수 있을는지를 생각해 보게 한다.</td><td>T:다음과 같은 물건의 부피를 어떻게 하면 측정할 수 있을까요?<br>T:여기 주어진 입체들을 분류할 수 있나요?</td><td>· 생각한다.<br>S1:다면체와 회전체로 분류할 수 있습니다.<br>S2:기둥과 뿔과 다른 모양으로 분류할 수 있습니다.</td><td rowspan="2">·PPT<br>자료</td></tr>
<tr><td>T:이번 시간에는 이러한 입체들 중에서 특히 기둥에 대한 것들의 부피를 구하는 것에 대해서 알아보도록 합시다.</td><td>· 관심을 가진다.</td></tr>
<tr><td rowspan="2">전<br>개</td><td>· 수업 목표 제시</td><td>T:기둥의 부피를 어떻게 구하면 될까요?</td><td>· 수업 목표에 대해서 궁금하게 생각한다.</td><td>일제<br>학습</td><td>·PPT<br>자료</td></tr>
<tr><td>· 기둥의 부피 구하는 방법 탐구</td><td>T:기둥하면 먼저 떠오르는 것이 무엇인가요?<br>T:(100원 동전을 20개 정도 쌓은 후) 이 입체도형의 모양은 무엇이라고 할 수 있나요?<br>T:(색종이를 쌓은 상자를 제시하면서) 이 입체도형의 모양은 무엇인가요?<br>T:이 두 개의 기둥의 부피를 어떻게 구할 수 있을까요?</td><td>S1:원기둥이오.<br>S2:사각기둥입니다.<br>S1:원기둥입니다.<br>S2:사각기둥입니다.<br>· 생각한다.</td><td>일제<br>·<br>개별<br>학습</td><td>·동전<br>·색종이</td></tr>
</table>

<table>
<tr><th rowspan="2">수업 단계</th><th rowspan="2">수업내용</th><th colspan="2">교수-학습 활동</th><th rowspan="2">학습 형태</th><th rowspan="2">수업 자료</th></tr>
<tr><th>교사</th><th>학생</th></tr>
<tr><td rowspan="4">전<br><br>개</td><td>· 기둥의 부피 구하는 방법 탐구 및 기둥의 부피 구하기</td><td>T:각각의 부피를 어떻게 구하면 좋을까요?<br>T:각각은 무엇에 따라서 부피가 달라질까요?</td><td>· 생각한다.<br>S1:동전의 크기와 색종이의 크기에 따라 달라집니다.<br>S2:동전과 색종이의 개수에 따라 부피도 달라집니다.</td><td>일제 학습</td><td>·삼각형 모양의 종이</td></tr>
<tr><td></td><td>T:그 관계를 말할 수 있을까요?<br>T:그럼 기둥의 부피는 어떻게 구할 수 있을까요?</td><td>S:예, 정비례 관계입니다.</td><td></td><td></td></tr>
<tr><td></td><td>T:그럼 지금부터 각 소집단별로 준비된 입체도형 중에서 기둥을 먼저 찾고 그 기둥에 대한 부피를 구할 수 있겠습니까?</td><td>· 기둥의 부피를 구하는 방법을 생각하고 대답한다.<br>S:예.<br><br>· 학생들 소집단별로 기둥의 부피를 구한다.</td><td>협동 학습</td><td></td></tr>
<tr><td></td><td>T:구한 것을 모두 발표할 수 있나요?</td><td>· 소집단별로 구한 것을 발표한다.</td><td></td><td></td></tr>
<tr><td rowspan="3">정<br><br>리</td><td>· 수업 내용 정리</td><td>T:이번 시간에 우리가 무엇에 대해서 배웠습니까?<br><br>T:기둥의 부피는 어떻게 구할 수 있습니까?</td><td>S1:기둥의 부피를 구하는방법에 대해서 배웠습니다.<br>S2:밑넓이와 높이를 곱하면 됩니다.</td><td>일제 학습</td><td>·PPT 자료</td></tr>
<tr><td>· 형성평가</td><td>· 형성평가 실시<br>T:이번 시간에 미처 구하지 못한 입체도형에 대한 것들을 다음 시간까지 모두 구할 수 있나요?</td><td>형성평가 실시<br>S:예.</td><td>개별 학습</td><td></td></tr>
<tr><td>· 과제제시 및 차시 예고</td><td>· 차시 예고와 과제를 제시한다.<br><br>T:다음 시간에는 무엇에 대해서 배울 것 같은가요?</td><td>· 차시 수업 내용에 대해서 생각한다.<br>S1:뿔입니다.<br>S2:구입니다.</td><td>일제 학습</td><td></td></tr>
</table>

### 3.4.1 닮은 도형의 넓이와 부피(8-나)

**얼마만큼이 절반인가?**

1. 원뿔의 부피를 이등분하려면 어떤 방법을 사용하면 되는가?

2. 오른쪽 그림과 같은 원뿔에 부피의 절반만큼 물을 부으려고 한다. 원뿔 높이의 몇분의 몇까지 물을 부으면 될지 눈짐작으로 생각해 보자.

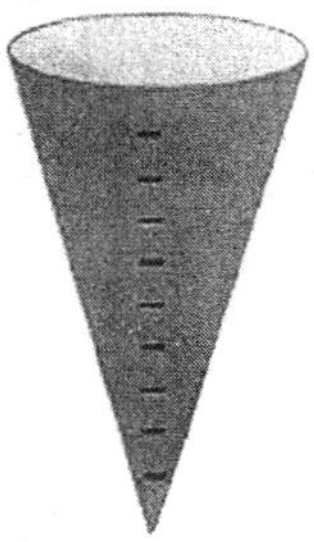

3. 오른쪽 그림처럼 물이 가득 든 원뿔과 그 원뿔과 밑면의 반지름과 높이가 똑같은 속이 비어있는 원기둥이 있다. 원뿔에 들어있는 물을 원기둥에 절반만 옮기려고 한다. 원기둥에 얼마만큼 부어야 할 지 생각해 보자.

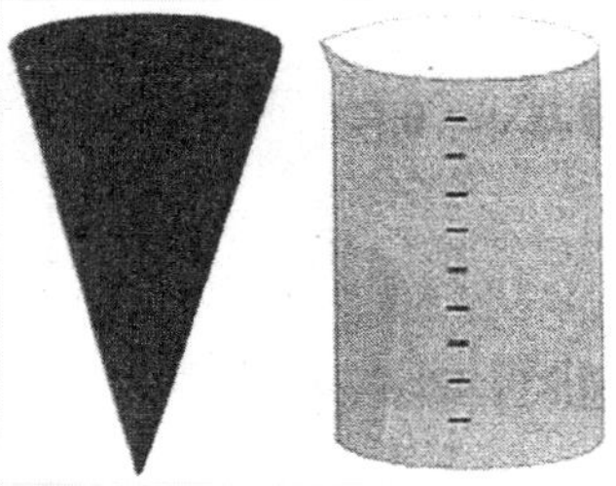

4. 오른쪽 그림에서 닮음인 도형을 찾아보고 두 원뿔의 부피의 비를 관찰해 보자. 작은 원뿔의 부피가 전체 부피의 절반에 가까우려면 원뿔 높이의 몇 분의 몇까지 물을 부으면 될지 계산해 보자.

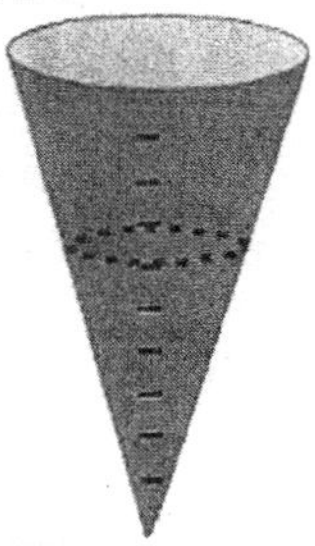

경남 교수 학습 지원센터 교육포털(www.gnedu.net) 홈페이지 내 '우수 콘텐츠'의 창의력 개발 콘텐츠(중학교 수학)

### 3.4.2 구의 겉넓이와 부피(7-나)

**아르키메데스와 함께!**

1. 밑면의 반지름의 길이와 높이가 같은 원뿔과 반구에 물을 가득 채웠을 때, 원뿔의 물로 반구를 채우기 위해서는 원뿔의 물을 몇 번 부어야 할까?

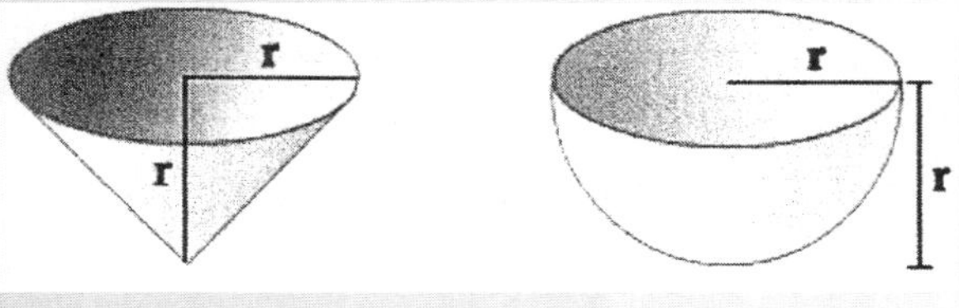


2. 밑면의 반지름의 길이와 높이가 같은 원뿔과 구에 물을 가득 채웠을 때, 원뿔의 물로 구를 채우기 위해서는 원뿔의 물을 몇 번 부어야 할까?

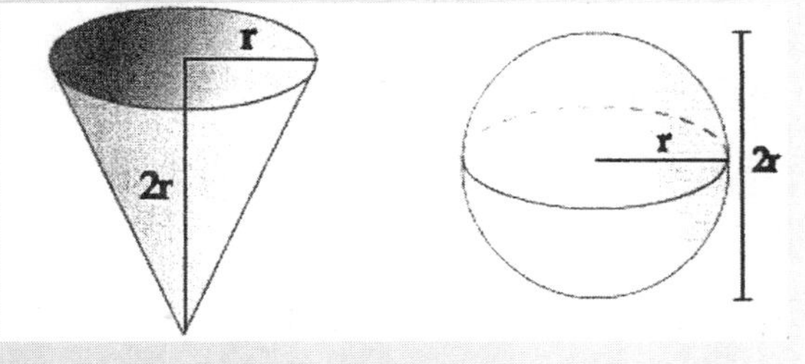


3. 밑면의 반지름의 길이와 높이가 같은 원뿔과 원기둥에 물을 가득 채웠을 때, 원뿔의 물로 원기둥을 채우기 위해서는 원뿔의 물을 몇 번 부어야 할까?

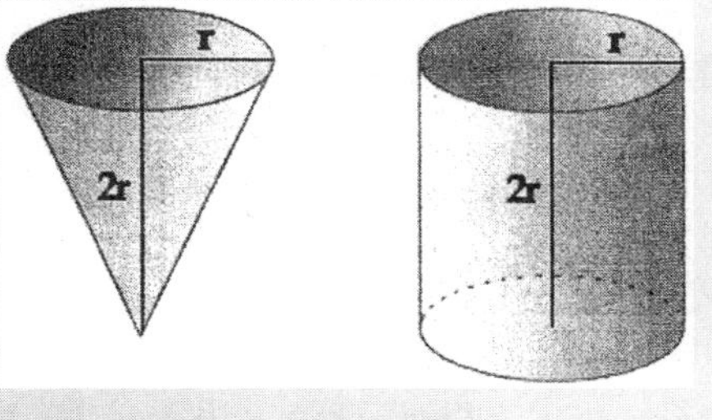


4. 밑면의 반지름의 길이와 높이가 같은 원뿔, 반구 그리고 원기둥이 주어졌을 때, '원뿔의 부피 : 반구의 부피 : 원기둥의 부피'를 구해보자.

5. 밑면의 반지름의 길이와 높이가 같은 원뿔, 구 그리고 원기둥이 주어졌을 때, '원뿔의 부피 : 반구의 부피 : 원기둥의 부피'를 구해보자.

### 3.4.3 삼각비의 활용(9-나)

**삼각비로 되찾은 사랑**

1. 정다각형이 무엇인지 생각해보자.

2. 원에 내접하는 정다각형의 한 변에 대한 중심각을 생각해 보자.

3. 원주 위에 정다각형의 꼭지점을 어떻게 주어야 하는지 생각해 보자.

4. 주어진 꼭지점을 연결하여 정다각형을 그려 보자.

5. 정다각형은 무엇으로 구성되어 있는지 관찰하여 보자.

6. 원에 내접한 정다각형을 보고, 넓이를 구하는 방법을 생각해 보자.

### 3.4.4 근사값(8-가)

**내 키는 정확히 얼마일까?**

**1. 다음 문장에서 참값과 근사값을 구분해 보자.**

**창의중학교 신체검사 결과보고서**

창의중학교 학생의 수 : 953명
여학생의 수 : 453명, 남학생의 수 : 500명
키가 제일 큰 학생의 키 : 185cm
키가 제일 작은 학생의 키 : 145cm
전체 학생들 중 키가 150cm 이상인 학생의 수 : 750명

참값 :

근사값 :

**2. 다음 문장에서 참값과 근사값을 구분해 보자.**

**어느 것이 가장 빠를까?**

1. 단거리 선수들은 100m를 10초대에 달리므로 속력이 10m/초쯤이다.
2. 마라톤 선수들은 42.195km를 2시간 10분대에 달리므로 속력이 5.4m/초쯤이다.
3. 고속도로를 달리는 버스의 속력은 108km/시, 즉 30m/초이다.
4. 소리의 속력은 0°의 공기속에서 약 340m/초이다.
5. 전투기의 속력은 소리보다 약 800m/초이다.
6. 우주왕복선은 속력은 약 8000m/초이다.
7. 지구가 자전 운동을 할 때 적도 지역은 하루에 한 바퀴, 즉 대략 40000km를 움직이므로 지구의 자전 속력은 약 463m/초이다.
8. 지구가 1년 동안 태양의 주위를 공전하는 거리는 94200만 km쯤이므로 공전속력은 30km/초쯤이다.
9. 빛의 속력은 30만km/초, 지구의 공전속력보다 1000배 정도 빠르다.

참값 :

근사값 :

## 3.5 데이터 해석과 확률

이 절에서는 데이터해석과 확률에 관련된 수업만을 소개하고, 수업에서 활용할 수 있는 데이터해석과 확률에 관한 활동지(3.5.1 참조)를 수록하였다.

다음은 8단계의 확률에 대한 수업안이다.

| 수 학 과 본 시 수 업 안 | | | | | |
|---|---|---|---|---|---|
| 단원 | Ⅰ. 확률 2. 확률의 계산<br>§2. 사건 A와 B가 동시에 일어날 확률 | 대상 | 2학년 | 장소 | 2학년 교실<br>(선진화 교실) |
| 수업 목표 | 사건 A와 B가 동시에 일어날 확률의 계산을 할 수 있다. | | | | |
| 수업 자료 | 교 사 | | | 학 생 | |
| | 교과서, 수업안, 컴퓨터(인터넷), MM, PPT자료, 실생활 활용 학습지, 형성평가지 | | | 교과서, 노트, 학습지 | |

| 수업 단계 | 수업내용 | 교수-학습 활동: 교사 | 교수-학습 활동: 학생 | 학습 형태 | 수업 자료 |
|---|---|---|---|---|---|
| 도입 | · 학습 환경 정비<br>· 전시 학습 내용 확인 | · 인사 및 출결 확인<br>· 학습 분위기 조성<br>· 전시 학습 내용에 관한 내용 복습 | · 인사<br>· 수업 준비 확인<br>· 내용을 확인하고 질문 | 일제 학습 | ·MM |
| | <생각열기><br>인터넷에 등장하는 아바타의 옷과 액세서리 코디하는 방법 제시 | T:여러분들은 인터넷상의 아바타를 알고 있나요?<br>T:이러한 아바타에게 주어진 옷과 악세서리를 코디할 수 있는 방법은 몇 가지나 되며, 특정한 것을 입힐 수 있는 확률은 어떻게 될까요? | S:예.<br>· 호기심을 가지고 생각한다. | | ·인터넷 자료 |
| 전개 | · 수업 목표 제시 | T:이번 시간에는 이것을 해결하기 위해서 어떠한 것을 배우게 될까요? | · 수업 목표에 대해서 궁금하게 생각한다. | 일제 학습 | ·PPT 자료 |
| | [문제 제시]<br>· 한 개의 동전과 한 개의 주사위를 던졌을 때 주사위는 2의 배수의 눈이 나오고, 동전은 앞면이 나올 확률은? | T:다음 문제에서 먼저 모든 경우의 수를 적을 수 있을까요?<br>T:그 중에서 우리가 원하는 경우에 대한 것은 몇 개나 될지 계산할 수 있나요?<br>T:조금 더 쉬운 방법으로 이것을 계산할 수 있는 방법은 없을까요? | S:예, 12가지가 됩니다.<br>S:예, 헤아려 보면 알아요.<br>· 생각한다. | 일제 · 개별 학습 | ·PPT 자료 |

| 수업 단계 | 수업내용 | 교수-학습 활동 | | 학습 형태 | 수업 자료 |
|---|---|---|---|---|---|
| | | 교사 | 학생 | | |
| 전개 | ·토론 활동을 통한 학률의 계산 방법조사 | T:지금부터 이것을 좀더 쉽게 구할 수 있는 방법에 대해서 각 소집단별로 토론을 해 보도록 합시다. | ·소집단 학습을 통한 확률 계산법을 탐구한다. | 일제 학습 | ·토론 학습지 |
| | | [중략] | [중략] | | |
| | | T:지난 시간에 배운 방법과 어떻게 다르며, 어떠한 공통점이 있는지 알 수 있나요? | S1:차이점은 지난 시간에 배운 내용은 두 사건이 동시에 일어나지는 않았습니다.<br>S2:공통점은 2개 이상의 사건이 일어난다는 점입니다. | 일제 학습 | |
| | | T:확률을 구하는 방법에 있어서 어떻게 다른지 구별할 수 있겠습니까?<br>T:예를 들어서 설명할 수 있을까요?<br>T:여기 두 사건이 서로 영향을 끼쳐도 될까요?<br>T:처음에 제시한 아바타의 코디 방법을 계산할 수 있나요? | S:예, 2개 이상의 각 확률을 서로 곱하면 될 것 같습니다.<br>·예를 들어서 설명한다.<br>S:아뇨. 그것은 경우의 수가 달라지기 때문에 곤란할 것 같습니다.<br>S:예, 두 가지 경우의 확률을 곱하면 됩니다. | | ·컴퓨터(인터넷) |
| 정리 | ·수업 내용 정리 | T:이번 시간에 우리가 배운 내용을 정리하여 볼까요?<br>T:어떠한 조건이 따라야 하나요? | S1:이번 시간에는 두 확률의 계산 방법에 대해서 배웠습니다.<br>S2:두 사건이 동시에 일어나며, 서로 영향을 끼치지 않는 사건에 대한 확률입니다. | 일제 학습 | ·PPT 자료 |
| | ·형성평가 | ·형성평가 실시<br>T:이와 관련된 문제를 제시할 수 있나요? | ·형성평가 실시<br>S:(생각한 후) 생각나는 대로 대답한다. | 개별 학습 | |
| | ·과제 제시 및 차시예고 | T:이와 관련해서 우리 주변의 문제를 해결할 수 있겠습니까?<br>·차시 예고와 과제를 제시한다. | ·생각한 후 나름대로 대답한다.<br>·차시 수업 내용에 대해서 생각한다. | 일제 학습 | ·PPT 자료 |

### 3.5.1 확률(8-나)

**이번 여름휴가는 어디로?**

**1. 상자 안에 사탕 8개와 초콜릿 9개가 들어 있다. 다음 확률을 구해보자.**

① 한 번 꺼낼 때 사탕을 꺼낼 확률을 구해보자.

② 한 번 꺼낼 때 초콜릿을 꺼낼 확률을 구해보자.

③ 두 번 꺼낼 때 처음에는 사탕을 두 번째는 초콜릿을 꺼낼 확률을 구해보자. (꺼낸 것은 다시 넣지 않는다.)

**2. 추첨함 1에는 사탕 5개와 초콜릿 3개, 추첨함 2에는 사탕 4개와 초콜릿 5개가 들어있습니다. 다음 경우의 확률을 구해보자.**

추첨함 1

추첨함 2

① 추첨함 1에서 초콜릿 하나를 꺼내고, 추첨함 2에서는 사탕 1개를 꺼낼 확률을 구해보자.

② 눈을 가리고 추첨함을 골라서 초콜릿을 하나 꺼낼 확률을 구해보자.

③ 눈을 가리고 추첨함을 하나 골라 처음에는 초콜릿을 꺼내고 다시 추첨함을 하나 골라 사탕을 꺼낼 확률을 구해보자.

경남 교수 학습 지원센터 교육포털(www.gnedu.net) 홈페이지 내 '우수 콘텐츠'의 창의력 개발 콘텐츠(중학교 수학)

# 참고문헌


[1] 명지대학교 창의공학 연구회, 창의적 문제해결과 공학설계(파워북), 2001.

[2] 문정화·변순화, 창의성을 내것으로, (서울: 학지사), 1999

[3] 박병기, 창의성교육의 기반, (서울: 교육과학사), 1998.

[4] 변홍규, 질문제시의 기법, (서울: 교육과학사), 1994. pp.77-91.

[5] 신건권, 창의성 경영의 비밀, (도서출판 두남), 2004.

[6] 이규홍, 자기학습력을 기르는 교사의 발문, (서울: 교육연구사), 1993. p.116. 경북대학교 사범대학 부속중학교, 수업방법 개선을 통한 창의적 문제해결력 신장 방안, 1996 p.13.에서 재인용

[7] 이동원, 교육마당.

[8] 최부현, 수학적 발문 수준에 따라 학업구성도에 미치는 영향, 미간본 석사학위논문, 강원대학교, 1995.

[9] 최기봉, 발문 유형에 따른 사고력 신장의 차이, 미간본 석사학위논문, 한국교원대학교, 1992.

[10] 한순미, 비코츠키와 교육 문화-역사적 접근, (서울: 교육과학사), 1999. pp.141-143.

[11] 경북대학교 사범대학 부속중학교, 학습활동 단계에 따른 발문 모형의 개발과 적용, 서울: 정각사, 1993.

[12] 황혜정 외, 수학교육학신론(문음사), 2003

[13] NCTM. Principle and Standards for school mathematics, 2000.

[14] Blosser, P. E. (1973). Handbook of Effective Questioning Techniques, Worthington, Ohio: Education Associates, Inc., 송용의 역(1987). 『효율적인 교사의 발문기법』,(서울: 배영출판사), pp. 13-57.

[15] G. Polya, 어떻게 문제를 풀 것인가?, 수학적 사고 방법 우정호 역. (서울: 천재교육), 2001.

# 찾아보기

10 생각하는 수학

수학과 창의성 계발을 위한

# 발문의 실제 제2판

지은이 김향숙 · 박정미 · 박진석
배화수 · 방승진 · 박혜정
펴낸이 박문규
펴낸곳 KM 경문사
펴낸날 2007년 3월 31일 1판 1쇄
2010년 9월 1일 2판 2쇄
등 록 1979년 11월 9일 제9-9호
주 소 121-818, 서울특별시 마포구 동교동 184-17
전 화 (02)332-2004 팩스 (02)336-5193
이메일 kms2004@kyungmoon.com

값 16,000원

ISBN 978-89-6105-062-3
ISBN 89-7282-735-5(세트)